부의 시나리오

부의 시나리오

불확실성을 기회로 만드는 4가지 투자전략

오건영 지음

P page2

무차별적 상승세의 타성에서
벗어나야 할 때

금융시장의 한복판에서 콘텐츠를 만드는 일을 시작한 지도 3년 반이 넘었다. 투자자들을 위한 유익한 콘텐츠를 만든다는 보람이 크기에 안색이 나날이 거무튀튀해져도 최선을 다하고 있다. 「삼프로TV」 운영의 또 한 가지 즐거움은 다방면의 뛰어난 인재들과 늘 교류할 수 있다는 것이다.

적잖은 뛰어난 인재들 중에서도 매번 만날 때마다 그 지식의 깊이에, 그리고 그보다 더 대단한 열정에 놀라게 되는 이가 있다. 바로 이 책의 저자 오건영 부부장이다.

2년 전쯤 그가 『앞으로 3년 경제전쟁의 미래』라는 다소 무겁고 생경한 제목의 첫 책을 냈을 때 우연히 방송에 한 번 출연했는데, 그게 이 출중한 분석가와의 첫 만남이었다.

당시의 흥분과 충격을 아직도 잊을 수가 없다. 지혜의 넓이도 그러려니와 어찌나 열정적으로 말을 이어가는지 방송을 처음 해본다는 그의 말을 도대체 믿을 수가 없을 정도였다. 방송을 거듭할수록 그의 명성은 커졌고, 단숨에 우리나라 최고의 국제 금융시장 분석가로 자리를 잡았다. 그리고 두 번째 책 『부의 대이동』이 공전의 히트를 하면서 베스트셀러 작가로도 이름을 알리게 되었다.

『부의 대이동』은 코로나19가 가져다준 대변혁의 시기에 부가 어디로 이동하는지에 대한 명쾌한 설명을 해주면서 무수히 많은 독자의 호응을 받았고, '2020년을 빛낸 올해의 책'에 선정되기도 했다. 그 책의 제작자로서 내게도 정말 뜻깊은 일이었는데, 책의 그 수많은 독자들 역시 혼돈의 시기에 오건영 저자의 선명한 전망과 충실한 설명으로 부를 잃지 않고 축적하는 행운을 누릴 수 있었다. 고마운 일이다.

이제 근 1년 만에 그의 세 번째 책 『부의 시나리오』를 세상에 알리게 되어 자못 흥분된다. 최근 들어 '인플레이션이 과연 어떻게 진행될 것이며 미국을 비롯한 글로벌 경제 성장은 어떤 방향타를 잡게 될지' 묻는 분들이 많다. 우리는 또 어떤 '부의 시나리오'를 써 내려가야 할지 오건영 부부장 특유의 활력 넘치는 문체와 단단한 논리는 꼭 주목해봐야 한다. 그에 더해 이번엔 다채로운 일러스트까지 적절히 활용해서 누구나 쉽고 흥미롭게 읽을 수 있도록 더 특별히 배려한 점도 돋보인다.

부자가 되기 위해서는 금융시장의 큰 흐름을 꿰차고 있어야 한다. 큰 흐름을 읽지 못한 채 지엽적인 이벤트에 열중하다 보면 올한 해 정말 힘든 여정이 될 것이다. 지난해의 무차별적인 상승세의 타성에 젖은 투자자들이나 상승장만을 경험한 초보 투자자들의 경우라면 더욱 그러할 것이다.

물론 오건영 부부장의 이번 책에서도 '무엇을 언제 사고팔라'는 얘기는 없다. 그러나 그가 보여주는 '부의 시나리오'를 읽어 내려가다 보면 자연스레 '지금 해야 할 투자'와 '하지 말아야 할 투자'가 점점 더 선명하게 보일 것이다. 여러분들만의 '부의 시나리오'를 써보기를 권한다. 맥락의 이해가 전략적 사고를 만들고 흔들림 없는 투자를 가능하게 하는 근력을 만든다.

「삼프로TV」구독자들에게 방송에서 약속한 게 있다. '언젠가는 오건영 부부장의 미국 금융시장 해설을 미국에 수출해서 미국 투자자들을 깜짝 놀라게 해주겠다'고 한 것이다. 농담처럼 얘기했지만, 분명히 말하건대 나는 오건영 부부장을 세상에 알린 사람으로서 언젠가 미국을 비롯한 세계 시장에도 그 지혜를 나누도록 할 것이다. 그것도 길지 않은 시간 안에 말이다.

5월의 햇살이 노을이 되어간다. 반쯤 지나가고 있는 2021년에도 여러분들의 투자가 크게 성공해 꼭 부자가 되기를 간절히 기원한다. 코로나19가 좀 잠잠해져 너무 늦지 않은, 날씨 좋은 어느 날에 여러분을 만나기를 소망한다. 늘 감사드린다.

여의도 사무실에서 「삼프로TV」 김동환

인플레 공포를 넘어
다음 스텝을 준비합시다

부족한 실력이지만, 그리고 서툰 글솜씨지만 많은 사람들의 격려 덕분에 힘을 내서 세 번째 책을 쓰게 되었습니다. 첫 번째 책인 『앞으로 3년 경제전쟁의 미래』에서는 과거 금융시장을 뒤흔들었던 주요 위기 국면을 환율과 금리의 관점에서 살펴보았습니다. 그리고 각 위기에서 과열과 부채의 문제가 있었음을 짚어보았죠. 두 번째 책인 『부의 대이동』에서는 향후 세계 경제가 부채의 늪에서 빠져나와 정상적인 성장 궤도로 진입할 때까지는 상당한 마찰이 있을 수 있음을, 이런 마찰에 대응하기 위해서는 포트폴리오에 새로운 자산을 넣는 것이 필요하다고 했습니다. 그런 대안자산으로 '달러'와 '금'을 제안했죠.

첫 책에서 위기라는 암초가 도사릴 수 있음을, 그리고 두 번째 책에서는 그런 위기에서 내 포트폴리오를 방어할 수 있는 무기가 무엇인지를 설명했다면 이번 책에서는 향후 어떤 포트폴리오를 구성해야 하는가에 초점을 맞추고 있습니다.

포트폴리오 분산투자라고 하면 '그냥 단순히 이것저것 나누어서 잡탕식으로 투자하는 거다' 혹은 '매우 지루한 투자 방식이다'라는 인식을 가진 사람들이 많습니다. 그렇지만 그런 지루한 투자라면 왜 수많은 투자의 구루들이 분산투자의 중요성을 역설하는 것이고, 왜 금융학계에서는 포트폴리오 분산투자에 대한 수많은 방법론을 쏟아내는 것일까요? 그리고 전 세계의 대형 기금들은 왜 엄격한 분산투자의 룰을 지키고 있을까요? 답은 간단합니다. 미래의 상황을 알 수 없기 때문입니다. 어떤 자산이 언제 오르고 언제 떨어질지 명확하게 알 수 있다면 분산투자만큼 비효율적인 방식이 없겠죠. 그렇지만 사실상 이런 것들을 정확히 예측하는 것은 어렵기에 분산투자에 관심을 가질 수밖에 없는 겁니다.

그렇다고 이것저것 아무 데나 투자하는 것이 분산투자는 아니죠. 무언가를 분산하는 논리가 필요할 겁니다. 저는 거시경제 관점에서 분산투자의 논리를 제시하고자 했습니다. 그리고 그 논리를 거시경제에서 가장 중요하게 바라보고 있는 '성장과 물가'라는 팩터에서 찾고자 했습니다.

　과거 우리는 고성장 시대에 살았지만 글로벌 금융위기 이후 고성장이라는 단어는 실종되었습니다. 그리고 고물가 시대 역시 집을 나간 지 오래된 것 같습니다. 이번 책에서는 고성장·고물가 시대부터 시작해서 지금의 저성장·저물가 시대까지 각 국면의 특성에 대해서 살펴보고자 했습니다. 그리고 이런 특성을 설명하기 위해 성장과 물가에 대한 실제 이슈들을 정리했습니다. 현재의 저성장·저물가 국면에서 벗어나기 위한 각국 정부와 중앙은행들의 노력을 중점적으로 다루었고, 이것을 글로벌 금융시장의 중요한 변곡점이라고 할 수 있는 코로나19 사태와 연계해서 설명하고자 합니다.

　세 번째 책을 기획하면서 가장 고민했던 것은 연속과 변화입니다. 앞서 말한 것처럼 지난 두 권의 책에서 이어져온 흐름을 메워가면서 추가적인 포트폴리오 투자의 아이디어를 제시하는 것이 '연속'이라고 한다면, 기존 책에서 어떤 '변화'를 주는 것이 좋을지에 대한 고민을 아울러 했습니다. 내용의 흐름은 연속을 따라가는 것이 맞다고 봤고, 표현의 방식에서는 변화를 주는 것이 핵심이라고 생각했습니다.

　쉽고 친숙하게 금융 경제를 접할 수 있도록 구어체는 그대로 살렸고, 그래프에는 보다 상세한 설명을 하나하나 달았습니다. 그리고 실제 신문 기사들을 다수 인용하면서 일상에서 경제신문 등을 읽으며 만나게 되는 이야기들이 다른 세상의 이야기가 아님을, 지금 이 책이 우리의 삶 속에서 나타나는 현상들을 설명하고 있음을 느낄 수 있도록 했습니다. 이는 지난 두 권의 책과 큰 차이가 없습니다.

이번 책에서는 각 장의 호흡을 지난 책에서보다 짧게 가져가는 변화를 주었습니다. 그리고 실제로 투자자들과 대화를 하거나 페이스북과 네이버 카페를 운영하면서 가장 많이 받았던 질문들 중에서도 성장과 물가의 관점에서 부의 시나리오를 수립하는 데 연관이 되는 질문들을 정리하여 17가지 주제로 구분했습니다. 주제를 세세하게 나누고 에세이처럼 글을 작성해 기존의 책보다 각 장의 호흡이 짧습니다. 읽어나갈 때의 부담이 다소나마 줄어들었으리라 기대합니다.

또한 삽화 형식의 이미지들을 여러 개 삽입해보았습니다. 삽화 하나로 복잡한 금융 이론을 설명할 수는 없지만 중요한 페이지에서 등장하는 삽화가 해당 파트의 내용을 이해하는 데, 그리고 그 내용을 각인하는 데 도움이 되도록 했습니다. 저 역시 책을 읽을 때 너무 형식적이고 딱딱한 것보다는 그림도 들어가고 쪽마다 읽는 부담이 적은 책이 좋더라고요. 그런 느낌을 살려서 책에 여백을 두고자 했고, 그 여백에 이해를 돕기 위한 그림을 배치했으니 관심 깊게 봐주시길 바랍니다.

그리고 2020년 이후 있었던 코로나19 사태에 대한 내용을 제1장에서 자세히 다루었습니다. 금융시장이 평온할 때보다는 크게 흔들릴 때에 과거에는 볼 수 없었던 대응책이 나오고, 그 과정에서 보다 뚜렷한 금융과 자산 간의 상관관계를 발견할 수 있습니다. 저 역시 과거 금융위기를 통해서 참 많은 것을 배우고 느낄 수 있었는데요, 코로나19 사태 또한 중요한 변곡점입니다. 현재의 국면을 최대한 생생히 전달함으로써 보다 친숙하게 금융투자에 대한 이해를 높일 수 있도록 했습니다. 그러다 보니 내용 자체가 상당히 복잡한 것들도 수록하게 되었습니다. 대신 난이도 '상' 표시를 해두었으니 어렵게 느껴지면 해당 부분은 우선 넘긴 후 다른 부분부터 읽어 보는 것을 권합니다.

책의 전체적인 흐름을 간단히 말해보겠습니다. 제1장과 제2장에서는 코로나19 사태 이후 발표된 각종 경기부양책을 다룹니다. 그런 부양책들 하나하나가 어떤 의미가 있고, 금융시장의 흐름과 투자에 어떤 영향을 주었는지 구체적으로 이야기할 겁니다. 코로나19 사태라는 전대미문의 충격이 부양책이라는 날개를 달고 역설적인 성장으로 이어져나가는 과정을 적었습니다. 제3장에서는 디플레이션과 인플레이션에 대한 기초부터 시작해서 디플레이션 국면에서 헤어나오지 못하고 있는 상황, 그리고 여기서 빠져나오기 위한 매크로 경제 차원에서의 대응에 대해 설명할 겁니다.

제4장은 이 책의 핵심이죠. 앞에서 다양한 주제를 통해 성장과 물가에 대한 설명을 했다면, 제4장에서는 이를 바탕으로 성장과 물가가 만들어내는 네 개의 시나리오를 그려내고, 각각의 시나리오와 그 시나리오를 어떻게 포트폴리오 분산투자에 적용할 수 있는지를 이야기할 겁니다. 그런데 그냥 네 개의 시나리오만 말하고 지나가면 심심하겠죠. 낙관의 편향이 분명히 존재하지만 제가 바라보는 성장의 시나리오 역시 제4장의 말미에 담았습니다. 저성장·저물가라는 현재의 국면에서 언젠가는 벗어날 수 있다는 믿음을 갖고 작성해봤습니다.

마지막 부록에는 제가 가장 많이 받았던 질문에 대한 간단한 에세이를 담았습니다. '금융에 대한 공부를 어떻게 하면 되나요?'라는 질문이 바로 그것인데요. 어디서부터 어떻게 답변을 하는 것이 좋은지 참 어려운 질문이지만, 제가 공부해왔던 경험을 바탕으로 차근차근 적어보았습니다.

나름 강한 의욕을 가지고 세 번째 책을 열심히 기획했습니다. 이런 저런 다양한 시도를 많이 녹여보았지만 원고를 탈고한 지금 돌아보면 여전히 부족한 것이 참 많아 보입니다. 이 책을 읽을 때 불편함이 느껴진다면 그건 모두 저자인 저의 불찰이라고 생각하고 주시는 의견 겸허히 받도록 하겠습니다.

끝으로 이 책을 쓸 때 아낌없는 격려와 가르침을 준 고마운 분들께 인사를 전할까 합니다. 먼저 저에게 가장 큰 힘이 되어주시는 4만 명의 페친 분들과 3만 3000명의 카페 회원님들, 제가 몸담고 있는 소중한 터전인 신한은행의 선후배님들, 특히 저희 부서인 IPS 본부 동료분들께 깊은 감사 말씀드립니다. 부족한 후배에게 많은 기회를 주시는 김동환 소장님, 책을 쓰는 과정에서 현업의 노하우를 적극적으로 가르쳐주신 페이지2북스 김선준 대표님, 원고 수정과 그림까지 신경 써주신 한보라 팀장님께도 감사의 말씀 올립니다.

아울러 저를 낳아주신 어머니와 형, 장인어른, 장모님, 그리고 세 번째 책을 쓴다고 주말에도 항상 방에 틀어박혀 즐거운 시간을 만들어주지 못했는데도 묵묵히 참고 격려해주고 사랑해준 아내와 주환이, 윤재에게 너무나 깊은 고마움을 전합니다. 마지막으로 하늘에서 항상 저 같은 불효자를 돌보아주시는 아버지께도 죄송하고 감사하다는 말씀을 드리고 싶습니다.

이 모든 분들 덕분에 부족한 제가 이렇게 과분한 기회와 은혜를 받고 있음을 잘 알고 있습니다. 매 순간 최선을 다하는 것이 이런 은혜에 보답하는 길이라 생각하고 앞으로도 지금처럼 성심껏 정진하겠습니다. 다시 한번 감사드립니다.

오건영

부의 시나리오

차례

제2장 우리나라의 금리 상황

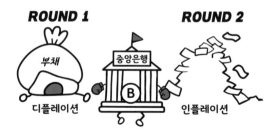

제3장 모두의 목표는 저물가 탈출

제4장 시나리오를 그려 다음 스텝을 선점하라

회복의 양극화

부의 시나리오

기초 다지기

금리, 환율, 채권
이해하기

- 금리와 환율은 공급과 수요가 결정
- 채권은 금리와 기간에 따라 손익 발생

부의 시나리오

금리와 환율은
공급과 수요가 결정

본격적으로 이야기를 시작하기 전에 기본적으로 알아두었으면 하는 내용을 간단히 정리해보았습니다. 금리와 환율에 대한 설명인데요, 금리와 환율을 볼 때 무엇에 주목하면 좋은지 적었습니다. 자연스럽게 금리나 환율의 개념, 그리고 금리와 환율에 영향을 미치는 요소를 설명할 수 있을 듯합니다.

금리나 환율이나 모두 '돈의 값'이죠. 이런 분류는 사실 저도 마음에 들지 않지만 금리는 대내적인 돈의 값이고, 환율은 대외적인 돈의 값이라고 생각하면 됩니다. '대내적인', 혹은 '대외적인'이라는 단어보다는 '돈의 값'이라는 부분에 주목해보죠. 값, 즉 가격은 수요와 공급에 의해서 결정됩니다. 그럼 대내적인 돈의 값이라는 금리는 어떤 수요와 공급에 의해 결정되는지부터 살펴보겠습니다.

| 금리 − 은행과 기업이 좌우

돈의 공급이 늘어납니다. 그러면 시중에 돈이 넘치기 때문에 돈 구하기가 편해지죠. 너도나도 돈을 빌려주려고 하는데, 돈을 빌리려는 사람은 많지 않습니다. 그럼 돈 빌리는 사람들은 가장 낮은 금리를 부르는 사람에게 돈을 빌리겠죠. 네, 돈의 공급이 많다면 돈 값인 금리는 내려가게 됩니다.

공급이 많으면 금리가 떨어진다

돈의 가치

반면 돈의 공급이 모자라면 어떤 일이 벌어질까요? 돈을 원하는 사람은 많은데 그만큼의 돈을 공급하지 못합니다. 그럼 돈이 급한 사람들이 보다 높은 금리를 부르면서 돈을 빌리게 되겠죠.

돈의 공급이 줄어들게 되면 돈의 값인 금리는 상승하게 됩니다.

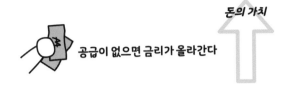

그럼 여기서 돈의 공급자가 누구인지가 중요해지는 건데요, 자본주의 경제 체제에서 돈을 공급하는 주체는 은행입니다. 시중은행들은 대출이라는 형태로 경제 전체에 돈을 공급하는 역할을 하죠. 은행이 대출을 줄이게 되면 시중에 자금 공급량이 줄어서 금리가 오르게 되고, 대출을 늘리면 시중 자금 공급이 늘어나기에 돈의 값인 금리는 하락하게 되는 겁니다.

그런데 2008년에 유명한 사건이 하나 일어납니다. 바로 글로벌 금융위기입니다. 금융위기는 말 그대로 금융기관들이 위기에 처한 것을 말합니다. 미국의 시중은행들이 위기에 처하게 되니 이들이 대출을 해주기가 참 어려워지겠죠. 그럼 은행의 위기로 인해 실물경제 전체에 돈이 흘러가지 못하는 문제가 생기게 됩니다. 은행이 아파서 시중에 돈을 공급하지 못하니 돈의 값인 금리가 상승하는 문제에 봉착하겠죠. 가뜩이나 경기도 좋지 않은데 금리까지 올라가고 시중에 돈이 말라버리니 실물경제도 빠른 속도로 침체됩니다.

이 상황을 극복하기 위해 등장한 것이 바로 중앙은행이죠. 중앙은행은 시중은행들의 은행입니다. 한국의 중앙은행은 한국은행 (Bank of Korea)인데, 이 책을 읽는 그 어떤 분도 한국은행 신용대출, 한국은행 정기예금을 갖고 있지 않을 겁니다. 한국은행은 시중은행들만 거래할 수 있으니까요. 여기서 '거래할 수 있다'는 의미는 시중은행들이 '한국은행에 계좌를 개설할 수 있다'는 의미입니다. 일반적으로는 중앙은행이 시중은행에 돈을 주고, 시중은행은 그렇게 받은 돈으로 대출 등을 하면서 실물경제에 자금을 공급하는 것이죠.

중앙은행은 시중은행의 은행이다

중앙은행　　　　　　　시중은행

그런데 금융위기 때 시중은행이 혼수상태에 빠진 겁니다. 중앙은행이 나설 수밖에 없었던 것이죠. 이런 상황이 오면 중앙은행이 과거와는 달리 다양한 방법으로 자금을 공급하게 되는데, 신문 기사 등에서 종종 보이는 양적완화(Quantitative Easing) 등이 이에 해당합니다. 제1장에서 이런 중앙은행의 통화정책에 대해 코로나19 사태 당시의 대응을 바탕으로 최대한 쉽게 설명해볼 예정입니다.

금리는 수요와 공급이 중요하다고 말했습니다. 공급 측면에서 봐야 할 것은 시중은행과 중앙은행이죠. 그래서 금리에 관심을 가지는 사람들이 중앙은행, 특히 강력한 파괴력을 가진 미국의 중앙은행인 연방준비제도(Federal Reserve: '연준'이라고도 하고 'Fed'라고도 합니다)의 일거수 일투족에 주목하는 겁니다.

Fed는 달러화를 찍을 수 있는 권한을 갖고 있습니다. 달러화의 공급 및 흡수를 통해 미국 경제 전체의 통화량을 조절합니다. 경기가 좋지 않으면 돈의 공급을 늘려서 금리를 낮추죠. 반면 경기가 좋고 과열 양상을 보이면 돈의 공급을 줄이거나 혹은 공급했던 돈을 빨아들이면서 금리를 살짝 올리려고 합니다.

이렇게 Fed는 미국 기준금리나 전체적인 미국 경제의 통화량을 조절하는데요, 45일에 한 번씩 정기적으로 위원회를 개최합니다. 거기에서 그 유명한 Fed의 의장인 제롬 파월(Jerome Powell)부터 시작해서 부의장과 각 지역 총재들이 모여서 미국의 금리 등 통화정책을 결정하죠. 그 회의를 FOMC(Federal Open Market

Committee, 연방공개시장위원회)라고 합니다. 45일에 한 번씩 개최하니까 FOMC는 1년에 8회 있겠죠(365 나누기 45하면 8이 조금 넘습니다). 글로벌 금융위기 이후, 그리고 코로나19 사태를 겪으면서 Fed의 통화정책이 돈 공급에 핵심 역할을 하고 있기 때문에 전 세계에서 FOMC를 숨죽여 지켜보고 있습니다.

가장 강력한 중앙은행은 Fed(미국의 중앙은행)다

금리는 돈의 값이고, 값을 결정하는 것은 수요와 공급이라고 했습니다. 돈의 공급 측면에서는 중앙은행과 시중은행의 스탠스(Stance)를 보는 게 가장 중요하다고도 했고요. 그럼 수요 측면도 생각해봐야겠죠. 돈의 수요, 이게 뭘까요? 돈의 수요는 돈을 빌리는 사람들을 의미합니다. 대출을 받으려는 모두가 돈의 수요자가 될 수 있겠죠. 그렇지만 경제 전체 관점에서 봤을 때 적은 돈의 수요보다는 큰돈을 빌리려는 거대한 수요를 보는 것이 중요합니다. 쉽게 말해서 수천만 원, 수억 원을 빌리는 작은 대출 수요자보다는 수십억 원, 수백억 원, 수천억 원을 빌리는 기업의 대출이 보다 핵심적인 요소라는 것이죠.

기업이 투자를 늘리려고 합니다. 그럼 당연히 큰돈이 필요할 것이고, 이 과정에서 대출을 많이 받게 되겠죠. 즉, 투자가 늘어나면 큰돈을 대출 받으려는 수요가 늘어나게 되고, 이는 돈의 값인 금리의 상승 요인이 될 겁니다. 그래서 돈의 수요는 기업 대출, 그리고 이것과 연계된 기업 투자에 주목해야 합니다. 관련 내용이 뒤에서 지겹도록 나오니까요, 여기서는 이렇게 큰 틀만 이야기하고 넘어가겠습니다.

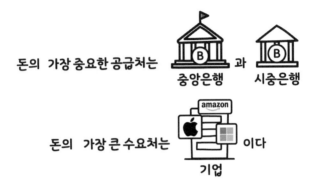

| 환율 — 각국의 은행, 성장성, 금리가 중요

이제 환율을 설명해보죠. 환율은 대외적인 돈의 값이라고 했습니다. 우리나라 돈을 다른 나라 돈과 비교해서 그 교환 비율을 결정해둔 것이 환율입니다. 환율이 1달러에 1000원이라면 우리나라 돈 1000원이 있어야 1달러와 교환할 수 있죠.

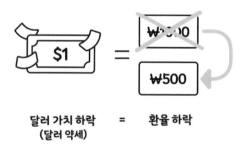

$1 = ₩1000

'달러/원 환율이 1000원'이라고 말한다

환율도 돈의 값이니까 당연히 공급과 수요에 의해 결정이 될 겁니다. 예를 들어 달러의 공급이 크게 늘어난다면 어떤 일이 벌어질까요? 달러의 가치가 하락하게 될 겁니다. 그럼 달러와 원화의 교환 비율인 환율에도 변화가 생기겠죠. 1달러의 가치가 하락하게 되면서 과거에는 1달러를 살 때 1000원이 필요했지만 이제는 500원만 필요한 겁니다. 그럼 환율이 1달러에 500원으로 바뀌게 되는 것이죠. 네, 달러 약세는 달러·원 환율 기준으로 보면 '1달러에 1000원'에서 '1달러에 500'원으로 환율이 하락했음을 의미합니다.

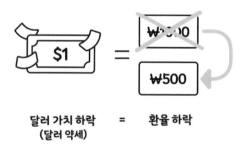

달러 가치 하락   =   환율 하락
(달러 약세)

반대로 달러 강세는 똑같은 1달러를 사들일 때에 더 많은 원화가 필요하다는 것을 의미합니다. 1달러에 1000원에서 1달러에

2000원으로 환율이 상승하게 되는 겁니다.

그럼 달러 공급에 큰 영향을 주는 주체는 누구일까요? 앞서 설명한 금리와 크게 다르지 않습니다. 미국의 시중은행과 중앙은행이 그 중심에 서게 되겠죠. 미국의 시중은행이나 중앙은행이 시중에 달러 공급을 확대하면 달러화의 약세 요인이 될 겁니다. 그럼 환율은 하락하겠죠. 반대로 미국의 은행들이 달러 공급을 죄어버리려고 한다면, 이른바 '긴축'을 하려 한다면 달러의 공급이 줄어들기 때문에 달러 값이 상승하면서 달러·원 환율은 상승하게 될 겁니다.

네, 환율을 볼 때에도 미국의 시중은행 대출과 중앙은행인 Fed의 스탠스를 봐야 하는 것이죠. 금리와 조금 다른 것은 환율은 상대가치이기 때문에 미국 중앙은행뿐 아니라 한국의 중앙은행인 한국은행의 스탠스도 함께 봐야 한다는 겁니다.

Fed가 돈의 공급을 늘리는데 한국은행은 돈의 공급을 줄인다면 어떻게 될까요? 달러 공급은 늘어나는데 원화 공급은 줄어듭니다. 그럼 달러가 넘치고 원화가 부족하니 달러는 원화 대비 약세를 보이겠죠. 반대로 Fed가 돈의 공급을 줄이는데 한국은행이 돈의 공급을 늘리게 되면? 달러는 부족한데 원화는 넘쳐나니 달러는 원화 대비 강세를 보이게 될 겁니다. 환율을 볼 때에도 공급측면, 즉 각국 중앙은행의 정책 움직임에 주목해야 함을 설명했습니다.

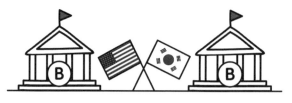

환율을 볼 때는 달러 공급처(Fed), 원화 공급처(한국은행)의
정책이 모두 중요하다

마지막으로 환율의 수요 요인입니다. 여기서는 성장과 금리라
는 이야기가 나옵니다. 미국이 금리를 인상합니다. 당연히 미국 돈
인 달러를 보유했을 때 받을 수 있는 이자가 늘어난 만큼 달러의
매력이 높아지겠죠. 누구나 매력 있는 달러를 사려고 할 겁니다.
그럼 너도나도 원화를 팔고 달러를 사들일 테니 달러 가치가 상승
하고 원화 가치는 하락하겠죠. 하나 더, 미국이 그 어느 나라보다
강한 성장세를 보입니다. 누구나 미국에 투자해서 그 성장의 과실
을 얻고 싶습니다. 그럼 너도나도 원화를 팔고 달러를 사들이게
되겠죠. 달러는 강세를 보이고 원화는 약세를 보일 겁니다. 네, 특
정 국가의 성장이 강하고 금리가 높다는 것은 일반적으로 해당 국
가 통화의 강세를 의미합니다.

돈은 금리가 높은 곳,
성장이 강한 곳에 몰린다

다만 앞에서 환율은 상대가치라고 말했죠? 미국의 성장과 금리만 봐서는 안 됩니다. 환율에서 비교하고 있는 대상, 예를 들어 달러·원 환율이라고 한다면 미국의 성장과 금리뿐 아니라 한국의 성장과 금리를 함께 봐야겠죠. 미국의 성장이 강하다 해도 한국의 성장이 좀 더 강하면 오히려 원화가 달러 대비 강세를 보일 수 있으니까요. 미국의 금리가 2퍼센트 올랐는데, 한국의 금리가 10퍼센트 올랐다면? 미국 금리가 올랐음에도 불구하고 달러는 10퍼센트 금리가 오른 한국 원화보다 약세를 보이게 될 겁니다. 네, 그 나라 통화를 사들이고 싶게 하는 요인들이 바로 성장과 금리죠. 환율을 볼 때 큰 틀에서 주의해야 할 요소들을 짚어봤습니다.

각국의 성장과 금리는
환율 결정의 키포인트다

이제 정리합니다. 금리나 환율이나 모두 돈의 값이죠. 가격은 수요와 공급에 의해 결정됩니다. 금리에서 공급은 중앙은행과 시중은행을 봐야 하겠죠. 수요는 기업들의 투자에 주목해야 할 겁니다. 환율은? 공급은 금리 때와 마찬가지로 중앙은행과 시중은행을 봐야 하는데, 비교 대상 국가의 은행들의 정책과 비교해야 합니다.

그리고 환율의 수요에서는 각국의 성장과 금리를 함께 봐야 합니다. 이 내용들은 책 전반에 걸쳐 종종 등장할 겁니다. 처음 경제를 접하거나 이 책을 읽기에 부담을 느끼는 분들은 이 기초편 내용을 숙독하고 접근하기를 권합니다.

채권은
금리와 기간에 따라 손익 발생

앞으로 국채, 회사채라는 단어도 종종 만나게 될 겁니다. 둘 다 채권의 한 종류인데, 먼저 채권이 무엇인지부터 알아보겠습니다.

| 채권 — 해지 불가, 고정금리 정기예금

채권은 돈을 빌린 사람이 돈을 빌려준 사람에게 주는 돈을 빌렸음을 확인해주는 일종의 차용증(돈을 빌렸음을 확인해주는 증서)과 같은 겁니다. 고정금리부채권(Straight Bond)의 줄임말인데, 그냥 정기예금이라고 생각하면 쉽습니다. 오늘 제가 은행에 가서 10년짜리로 중도해지가 안 되는 정기예금을 가입하고, 연 1퍼센트의 금리를 받기로 했다고 합시다.

그런데 다음 날 아침에 일어나 보니 금리가 폭등했다는 뉴스가 나오는 겁니다. 깜짝 놀라서 은행에 뛰어가 보니 금리가 올라서 이제부터는 10년 정기예금을 가입하면 연 5퍼센트를 받을 수 있다고 하네요. 와, 이건 좀 너무하는 것 아닌가 싶을 겁니다. 하루만 늦게 왔어도 10년 동안 매년 5퍼센트씩 받을 수 있는데, 어제 가입을 했기 때문에 10년 동안 매년 1퍼센트씩 받는 거죠. 10년간 풀리지 않는 저주를 받은 겁니다.

그럼 이 채권을 누군가에게 넘기고 싶겠죠. 그런데 아무도 이 채권을 사주지 않아요. 그런데 그때 한 사람이 사주겠다고 합니다. 단, 조건이 있답니다. 10년간 매년 4퍼센트씩 이자 손실을 보게 되

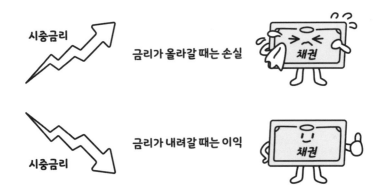

시중금리   금리가 올라갈 때는 손실   채권

시중금리   금리가 내려갈 때는 이익   채권

었으니 정기예금 원금에서 그만큼을 빼고(할인하고) 사주겠다고 합니다. 울며 겨자 먹기로 손실을 떠안고 정기예금을 넘기게 되죠. 네, 금리가 뛰면 채권의 가격은 하락합니다. 채권이 고정금리부채권이기 때문에 그렇습니다. 하나 더, 장기채권의 경우 그 손실 폭이 더 큽니다.

| 국채 — 가장 안전한 채권

국채는 국가가 돈을 빌리고 난 후, 국가에 돈을 빌려준 사람들에게 제공하는 차용증입니다. 국가가 돈을 빌린 것인 만큼 그 돈을 갚지 않을 가능성은 그리 높지 않겠죠. 채무자가 국가이기 때문에, 국가가 발행한 국채는 채권들 중에서 가장 안전하다고 할 수 있을 겁니다.

국채   =   가장 안전한 채권

물론 2010년대 초반의 그리스처럼 국가 자체가 부도 위기를 겪게 되면 이런 국채 역시 위험해질 수 있습니다. 당시 그리스는 부채가 워낙 커졌기에 도저히 그 빚과 이자를 감당할 수 없었죠. 그리스뿐만이 아닙니다. 자체 경제 규모가 작고 충분한 성장을 만들어내지 못하는 신흥국의 경우 종종 국채임에도 돈을 갚지 않고, 이른바 '배 째'라는 '디폴트(Default)'를 선언하곤 하죠. 아르헨티나가 대표적인 사례입니다.

그래서 국채 중에서도 선진국, 특히 미국의 국채가 전 세계에서 가장 안전하다는 평가를 받는 겁니다. 그리고 독일, 프랑스, 일본, 호주, 캐나다 등의 국채도 안전하다는 인식이 강합니다. 글로벌 금융시장에서 한국 국채 역시 나름 좋은 평가를 받고 있죠. 안전한 국채인 만큼 외국인들의 한국 국채 선호도는 상당히 높은 편입니다.

반면 신흥국의 국채는 앞서 말한 아르헨티나처럼 다소 불안한 자산으로 평가받곤 하죠. '그럼 저런 국채에 왜 투자를 할까?'라는 생각이 들 겁니다. 신흥국은 불안한 만큼 금리를 더 얹어 줍니다. 미국 국채금리가 1~2퍼센트 수준일 때 신흥국 국채금리는 5퍼센트를 넘는 것도 많이 볼 수 있죠. 투자자들은 다소 불안하지만 그 불안함을 무릅쓴 만큼 더 높은 금리를 받게 됩니다. 혹시 '고위험 고수익(High Risk High Return)'이라는 이야기를 들어본 적 있나요? 보다 큰 위험을 감수할수록 보다 높은 수익을 기대할 수 있다는 말이죠. 국채시장에서도 고위험 고수익이라는 말은 그대로 통용됩니다.

| 회사채 − 신용평가 점수가 높을수록 안전한 채권

국채를 이해했다면 바로 느낌이 올 겁니다. 국가가 아닌 회사가 돈을 빌리고 차용증을 써준 것을 회사채라고 합니다. 국가에 따라 국채의 성격이 조금씩 달랐던 것처럼, 회사채라고 모두 똑같은 회사채가 아닙니다. 애플(Apple)이나 삼성전자 등 재무 상태도 우량하고 신용이 거의 웬만한 국가급에 달하는 기업이 돈을 빌릴 수도 있고, 신용도가 높지 않은 기업이 돈을 빌릴 수도 있을 겁니다.

워낙 많은 기업이 회사채를 발행하기 때문에 각 기업의 신용도를 체크할 필요가 있습니다. 그런데 누가 그 신용도를 평가할 수 있을까요? 평가하는 기준에 따라, 그리고 누가 평가하는지에 따라 기업의 신용도가 사뭇 다르게 보일 수 있습니다. 그래서 공신력

회사채 = 신용평가 점수가 높을수록 안전한 채권

있는 신용평가 회사가 등장했죠. 종종 언론에 회자되는 스탠다드 앤푸어스(Standard&Poor's, 아마 S&P가 더 친숙한 단어일 겁니다)나 무디스(Moody's), 피치(Fitch)와 같은 세계적인 신용평가 회사들이 바로 여기에 해당합니다.

이들이 기업을 평가할 때에 일정 수준 안정적인 기업들의 회사채 그룹을 '투자등급(Investment Grade) 회사채'로 분류하고요, 투자등급 회사채에 미치지 못하는 신용을 가진 기업의 회사채를 '투기등급(Speculative Grade) 회사채'로 분류합니다. 전자는 재무 상태가 우량한 기업, 후자는 상대적으로 재무 구조가 취약한 기업이 발행한 회사채를 가리킵니다.

'당연히 안정적인 투자등급 회사채에 투자하지 누가 투기등급 회사채에 투자를 할까?' 하는 생각이 드는 순간 직전의 국채 이야기가 떠오를 겁니다. 신용도가 낮은 만큼, 위험도가 높은 만큼 보다 높은 이자를 줍니다. 고위험 고수익을 안겨주는 것이죠. 그래서 높은 금리를 주는 투기등급 회사채를 고수익 채권, 혹은 하이일드(High Yield) 채권, 혹은 정크본드(Junk Bond)라고 부르죠. 신용도가 낮을수록 더 높은 금리를 받을 수 있어서 이런 이름들이 붙은 것이라 생각하면 됩니다.

그런데 저는 예전에 이런 질문을 받았습니다. "기업이 은행에서 대출을 받는 '기업대출'도 있는데, 은행에서 돈을 빌리면서 은행에 차용증을 써주면 이게 회사채인가요?"

기업이 돈을 빌리는 방법은 두 가지가 있습니다. 하나는 은행에서 돈을 빌리는 것이고, 다른 하나는 기업이 직접 채권시장에 나가서 돈을 빌리는 것이죠. 은행에서 돈을 빌리면 은행에 기업대출 약정서를 비롯한 차용증을 제출하게 됩니다. 은행은 보관했던 차용증을 근거로 기업에게 돈을 갚으라고 할 수 있습니다.

그렇지만 회사채는 다소 다르죠. 기업이 채권시장에 나가서 돈을 빌리면서 차용증, 즉 회사채를 써줍니다. 이 회사채는 유통이 됩니다. ㈜홍길동이라는 기업이 채권시장에 나가서 채권자들에게 돈을 빌리면서 회사채를 발행해주면, ㈜홍길동 회사채가 채권시장에서 유통이 되곤 하죠. 유통된다는 것은 이 회사채를 누군가에게 팔 수 있다는 의미입니다. 회사채를 사고 파는 과정에서 가격이 결정되는 것이고요. 은행에서 돈을 빌리는 기업 대출과 기업이 채권시장에서 돈을 빌리는 회사채 발행은 이런 점에서 차이가 있습니다.

제1장

코로나19 이후
글로벌 경제 환경

- 코로나19는 어떻게 금융시장을 뒤흔들었을까?
- 미국 중앙은행 Fed의 위기 대처법
- Fed의 새로운 통화정책, 양적완화는 무엇인가?
- 마이너스 금리 문턱까지 온 미국(난이도 상)
- 투자 패턴이 확 바뀐 개인투자자
- 서민경제 살리는 정부의 재정정책

부의 시나리오

코로나19는 어떻게
금융시장을 뒤흔들었을까?

코로나19 사태는 인류 역사의 크나큰 비극으로 남을 사건입니다. 역사에 남을 정도의 사건이라면 당연히 우리 사회와 경제에 준 충격 역시 상당하겠죠. 예를 들어 이런 겁니다. 2000년대 초반에는 지하철을 타면 많은 사람들이 책을 읽거나 신문을 보곤 했습니다. 전화 통화를 하는 사람들도 있었지만 공공장소인지라 그리 많은 숫자는 아니었던 것 같습니다. 2009년 이후 스마트폰이라는 킬러 애플리케이션(Killer Application, 경쟁 제품을 밀어내고 시장을 차지하는 새로운 상품이나 서비스)이 대중화되면서 지하철을 타면 모든 사람들이

스마트폰을 바라보게 되었습니다. 지금은 책을 보거나 신문을 보는 사람들을 찾아보기가 정말 어려워졌죠. 그리고 지하철 풍경은 한 번 더 큰 변화를 겪게 됩니다. 네, 지금은 지하철을 타면 모든 사람들이 마스크를 쓰고 있는 모습을 볼 수 있습니다. 지하철에서 마스크를 쓰지 않는 게 불법이 되어버렸으니까요.

어느 날은 제가 출근할 때 깜빡하고 마스크를 집에 두고 나왔습니다. 그때 느낀 당황스러움이란……. 초등학생 때 선생님이 가져오라 하신 준비물을 챙기지 못해 놀라 당황했던 마음을 회상시킬 정도였습니다. 이왕 초등학교 이야기가 나왔으니 조금 더 이어가면, 당시 대기오염을 주제로 한 포스터 경연대회가 있었는데 그때 누군가가 도시의 모든 사람들이 방독면을 쓰고 있는 세상, 공해가 만들어낸 디스토피아를 그린 그림이 인상 깊었습니다. 당시에는 그런 사회가 눈앞에 펼쳐질 것이라 생각조차 못했죠. 그런데 지금 지하철을 타면, 버스를 타면, 그리고 강남 거리를 걸으면 그런 풍경을 너무나도 쉽게 볼 수 있습니다. 물론 방독면까지는 아니지만 마스

크를 쓴 모습만으로도 정말 예상하지 못했던 일이 일어났음을 깨닫게 됩니다.

사회가 크나큰 단절을 겪은 만큼 금융시장에 미친 충격 역시 역대급이었죠. 실제로 2020년 3월 당시 글로벌 금융시장, 특히 주식시장이 무너져 내리던 정도와 속도를 보면 코로나19의 영향은 금융위기 때보다 훨씬 빠르고 강했습니다.

금융위기 때를 기억해보면 2007년 10월 말 글로벌 주식시장이 고점을 찍은 이후에(단기적으로 고점을 형성하고) 시간을 두고 천천히 무너지기 시작했죠. 2008년 1월 은행권 실적이 둔화되면서 한 차례 무너졌고, 2008년 3월에 첫 번째 희생자로 베어스턴스(Bear Stearns Companies)라는 당시 미국 내 5위 투자은행이 파산하면서 2차 충격이 찾아왔습니다. 2008년 7~8월 사이에 미국의 공적 모기지 회사(우리나라의 주택금융공사라고 할 수 있죠)인 패니메(Fannie Mae)와 프레디맥(Freddie Mac)이 무너지면서 긴장감을 조성하더니, 2008년 9월 미국의 4대 투자은행이었던 리먼 브라더스(Lehman Brothers Holdings)가 파산하면서 본격적인 금융위기가 펼쳐지게 되었습니다.

미국 주식시장 기준으로 2007년 10월 말 고점부터 2009년 3월 10일 저점까지 약 1년 5개월 동안 하락했답니다. 당시 주식시장의 붕괴가 충격적이었던 것은 사실이지만, 실제 그 하락의 속도는 지금의 코로나19 사태에 비할 바는 아니었습니다.

2020년 2월 20일경부터 본격화되었던 코로나19 사태에 대해 잠시 말해보면 2월 20일 미국 S&P500 지수 기준으로 3386포인트를 기록한 이후 급전직하하여, 3월 24일 2237포인트로 34퍼센트가량 급락했습니다. 하락 폭은 금융위기 당시보다 약하기는 했지만 불과 1개월여 만에 이 정도 하락세가 나타났다는 것 자체가 이례적이라고 할 수 있습니다.

금융시장을 모니터링하던 저 역시 이 정도의 급락을 목격한 적이 없었기 때문에 적지 않게 당황했고, 당시 하나하나 나오는 정책 발표를 소화하기도 바빴습니다. 잠시 당시 상황을 돌아보는 의미에서 그래프를 하나 살펴보고 가겠습니다(그래프 1).

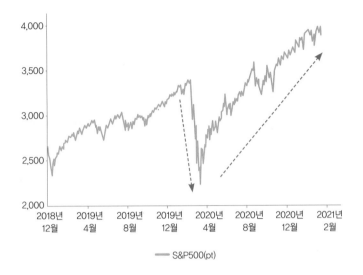

그래프 1 ◆ 2019년 이후 S&P500 지수

S&P500(pt)

2018년 4분기에 미국 주식시장이 크게 하락한 이후 2019년에는 1년 내내 주식시장이 큰 폭으로 상승했습니다. 그러던 중 일어난 것이 2020년 2월의 코로나19 사태였습니다. 그래프를 딱 보면 가운데 큰 폭의 하락을 볼 수 있는데요. 그 폭이나 속도는 금융위기 당시의 레벨을 넘어서는 수준이었답니다. 급락 이후 나타난 되돌림 현상 역시 역대급이었죠. 초단기에 34퍼센트 가까이 주가가 급락한 후 80퍼센트에 가까운 반등세를 보였으니까요.

저는 2004년부터 금융시장을 공부하기 시작했는데요, 지금도 매우 부족하지만 당시에는 그야말로 초보자 그 자체였습니다. 당시 금융시장에 몸담으면서 고생한 분들께는 죄송한 말이지만, 금융위기는 초보자였던 저의 금융시장 이해도를 한 단계 레벨업시켜준 사건이었습니다. 세상이 평온할 때에는 깊이 있는 분석, 혹은 인사이트 넘치는 경고, 시스템의 내부를 깊이 있게 고민해볼 수 있는 정책들을 만나기 어렵습니다. 그런데 금융위기 때에는 1주일이 멀다 하고 이런 정책들이 하나씩 나오면서 경제 시스템의 붕괴를 막기 위한 노력이 이어졌죠. 그럼 코로나19 사태 당시에는 어땠을까요? 금융위기 때 1주일에 한 번씩 정책을 만날 수 있었다면, 코로나19 사태에는 매일매일 그런 정책들이 쏟아져 나왔습니다. 2020년에 2008년 금융위기 당시 만났던 정책들과 다시 조우했고, 절박함을 다시금 느낄 수 있었죠. 여기서 포인트는 금융위기 때에는 1주일이 멀다 하고 나왔던 정책들이 거의 매일매일 쏟아져 나왔다는 겁니다. 짧은 시간이었지만, 그리고 괴로웠지만 너무나 강렬하게 많은 것을 느끼고 배울 수 있는 기회였습니다.

그럼 여기서 이런 질문들을 제기해볼 수 있을 겁니다. "코로나19 사태는 왜 금융시장에 그렇게 큰 충격을 주었던 것일까? 그리고 전대미문의 감염병이 만들어낸 금융시장의 혼란을 누가 해결

할 수 있었을까? 어떤 정책으로 문제를 해결해나갈 수 있었을까?"
제1장에서는 다소 먼 금융위기보다는 시기적으로도 가깝고 우리
에게는 직접적으로 와닿는 코로나19 사태를 통해서 부채의 위기,
양적완화와 같은 다양한 통화정책, 금융위기 이후 완화적 통화정
책이 만들어낸 부작용 등에 대해 공부해볼까 합니다.

누구도 예측할 수 없었던 감기 바이러스

중국 우한에서 치명적인 감기 바이러스가 돌고 있다는 뉴스를 접
했던 2020년 1월 중순, 누구도 그 감기 바이러스가 금융시장을 초
토화시킬 것이라고, 그리고 세상을 이렇게 바꾸어놓을 것이라고
예상하지 못했죠. 만약 어떤 금융 애널리스트가 코로나19 사태 초
기에 이번 바이러스가 시장을 뒤흔들 것이고, 글로벌 주식시장을
불과 1개월 새에 30~40퍼센트씩 무너뜨릴 것이라고 예상했다면
모두들 코웃음을 쳤을 겁니다.

그런데 지금은 마켓을 보는 모든 애널리스트들이 각국의 코로나19 확진자 수 추이를 모니터링하고, 남아공에서 새롭게 불거져 나온 변종 바이러스 뉴스에 집중합니다. 백신 뉴스에 환호하고, 백신의 보급이 언제쯤 다 가능하게 될지, 그리고 집단 면역이 언제쯤 가능할지를 가늠하면서 실물경제 및 금융시장의 회복 속도를 예측합니다. 저도 마켓을 보는 사람이지만 이런 변수를 본 적이 없기에 솔직히 생소할 정도입니다.

그런데 여기서 이런 질문을 던져보죠. 코로나19 바이러스가 왜 금융시장에 그렇게 큰 충격을 준 것일까요? 우선 직관적으로 '누구도 예상하지 못했던 바이러스, 즉 방역의 문제였으니까'라는 답이 나올 겁니다. 네, 정확하죠. 금융시장은 예상한 악재가 터져 나왔을 때에는 그리 민감하게 반응하지 않습니다. 예를 들어보죠. 미국의 고용 지표는 각종 경제 지표 중에서 금융시장에 미치는 파괴력이 가장 강한 지표입니다. 전 세계의 소비를 미국이 주도하고 있고, 제조업 기반의 수많은 이머징(Emerging) 국가들이 미국에 수출을 하기 때문입니다. 미국의 소비가 강해야 다른 국가들의 수출을 받아줄 수 있습니다.

만약 미국의 고용이 약하면? 네, 미국의 소비 역시 둔화될 것이고 이는 이머징 국가들의 제조업 역시 타격을 받을 것이라는 합리적 추측을 가능하게 합니다. 그래서 전 세계 투자자들이 미국 고용 지표에 주목하고 있는 것이죠.

미국 고용 지표가 크게 악화되었다는 소식이 들려옵니다. 그럼 시장이 크게 긴장을 하겠죠? 그런데 만약 시장 참여자들이 실물경

제가 하 수상하여 고용 지표가 악화될 것을 이미 다 예상하고 있었다면? 이 경우 금융시장은 예방 주사를 강하게 맞았기에 크게 동요하지 않습니다.

반면 시장 참여자들이 고용 지표가 크게 개선될 것이라고 기대했는데, 예상을 깨고 큰 폭으로 둔화된 고용 지표가 발표되면? 이 경우에는 '미국 고용 쇼크, 금융시장을 강타하다!'와 같은 뉴스를 지면에서 만나게 될 겁니다.

이런 맥락에서 보면 코로나19 사태가 금융시장에 충격을 줄 것이라 예상한 시장 참여자가 전혀 없었던 상황에서 코로나19가 덮친 주요국의 경제활동이 멈춰버렸기에 금융시장이 크게 요동을 쳤던 겁니다. 아무도 예상하지 못한 사건이 현실화되면서 금융시장을 뒤흔드는 것, 이를 '블랙스완(Black Swan)'이라고 합니다. 검은 백조의 영어 표현인데요, 우리는 백조가 나타났다고 하면 하얀 백조를 떠올리죠. 그런데 갑자기 검은 백조가 나타난 겁니다. 이렇게 전혀 예상하지 못했던 사건의 발생을 블랙스완이라고 하고, 코로나19 사태는 그런 블랙스완 중의 하나였던 것이죠.

| 세계 곳곳에 쌓여 있는 부채 더미들

그런데 예상치 못한 보건의 위기만으로는 조금 설명이 부족한 느낌이 있습니다. 그 부족함을 채우는 게 바로 '부채의 위기'죠. 이렇게 생각해보죠. 코로나19 사태가 터져서 실물경제가 멈춥니다. 만일 홍길동에게 그동안 모아둔 돈이 있다면 그 돈으로 버틸 수 있겠죠. 혹은 산 속에 들어가서 고사리만 캐 먹으면 살아남을 수는 있을 겁니다. 블랙스완을 만나도 그 충격을 최소화할 수 있는 예비 수단이 있는 겁니다. 그런데 홍길동이 그간 빌렸던 부채가 워낙에 많다면? 고사리를 캐 먹기 위해 들어간 산 속까지 채권자들이 쫓아와 도저히 버티기 어려운 상태로 내몰릴 수도 있습니다.

　2008년 전 세계를 강타했던 글로벌 금융위기는 글로벌 금융기관들이 과도한 부채를 짊어지고 투자를 했기에 벌어진 문제였죠. 그리고 2011년, 선진국의 대표라고 인식되던 유럽의 위상을 흔들어놓았던 유럽 재정위기가 있었죠. 재정위기는 각국 정부가 과도한 부채를 갖고 있기에 나타난 문제였답니다. 금융위기나 재정위기나 그 주체의 차이가 있을 뿐, 둘 다 부채의 문제라는 공통점이 있는 겁니다. 마지막으로 2015~2016년 중국의 위안화 위기가 불거졌을 당시에 부각되었던 이슈는 중국 국영기업들의 과도한 부채였습니다. 그리고 전 세계 정부와 중앙은행은 이런 위기를 극복하기 위해 부채를 갚아나가는 것이 아니라 부채를 더욱더 많이 늘리면서 기존의 부채 문제를 봉합하는 데만 초점을 맞추었죠.

2019년을 우리는 미·중 무역전쟁의 시대로 기억합니다. 전 세계가 과도한 부채에 신음하는 만큼, 그리고 먹고살 수 있는 성장의 동력을 찾기가 어려운 만큼 내 나라의 먹거리를 지키고자 하는 극단적인 의사 표현을 하게 되었는데, 그게 바로 미·중 무역전쟁이었죠. 미국과 중국의 무역 분쟁은 이 둘에 그치지 않고 미국과 유럽, 한국과 일본, 인도와 중국 등 전 세계의 무역 분쟁으로 퍼져나갔던 바 있습니다. 이런 어려운 경제 여건하에 미국 중앙은행인 Fed는 기준금리를 인하하고 시중에 유동성을 공급하면서, 즉 낮은 금리의 대출 공급을 늘리면서 경기부양에 나섰죠. 그래서 금융위기 이후부터 코로나19 사태 직전까지 전 세계의 부채가 크게 늘어나 있었던 겁니다.

| 거대하고 막강한 중국의 부채

앞서 2015~2016년의 중국 위안화 위기를 언급했는데요, 중국의
부채가 워낙에 많기에 생긴 문제를 말하죠. 글로벌 금융위기 이후
중국은 경제 성장을 유지하기 위해 부채를 크게 늘릴 수밖에 없었
습니다. 이해가 어려울 수 있으니 조금 길지만 이 부분에 대해 설
명을 하고 지나가죠.

글로벌 금융위기가 터집니다. 금융위기의 중심에는 미국이 있
었죠. 미국 경제가 위축되었는데요, 미국은 전 세계 소비의 핵심입
니다. 중국은 15억의 인구가 있음에도 불구하고 소비보다 수출 성
장에 집중하고 있었습니다. 가장 큰 이유는 중국인들의 소득이 크
지 않아서 소비 여력이 낮았기 때문입니다. 이런 상황에서 미국의
소비가 위축되니 당연히 중국의 수출 역시 타격을 받을 수밖에 없
겠죠.

중국은 공산당 일당 독재 국가죠. 때문에 중국의 실업률이 높아지면 단순히 경제적인 문제를 넘어 정치적인 이슈, 즉 공산당 정권에 대한 불만으로 이어질 수 있습니다. 그래서 중국 당국은 일정 수준의 경제 성장을 유도해서 안정적으로 일자리를 공급하려고 하죠. 그런데 금융위기 이후 중국 일자리 창출의 핵심이 되는 수출이 타격을 받은 겁니다. 내수 역시 소득의 증가가 느리다 보니 성장에 큰 기여를 하지 못하는 상황이었습니다. 이제 마지막 남은 보루는 바로 투자라고 할 수 있죠. 중국 당국은 국영 기업들을 중심으로 투자에 시동을 걸고, 이는 중국의 설비 투자 활성화를 자극하게 됩니다.

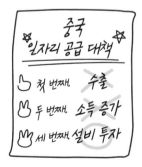

투자가 늘어난 만큼 일자리가 창출되었기에 중국 경제는 일시적으로 강한 모습을 보였죠. 이게 2010~2011년 중국의 투자 중심 고성장을 만들어낸 겁니다. 당시 한국 주식시장은 자동차, 화학, 정유를 중심으로 한 '차화정' 랠리로 뜨거운 모습을 보였답니다.

투자의 가장 큰 문제점은 돈이 많이 필요하다는 겁니다. 그럼 그 돈을 어디서 마련했을까요? 바로 부채를 통해서 조달한 거죠. 중국 국영기업들은 중국의 국영은행들에서 엄청난 자금을 대출받아서 투자를 늘리게 되었답니다.

문제는 이렇게 투자해서 설비를 늘렸으니까 이 설비에서 만들어내는 제조업 제품들이 어딘가에 팔려야 한다는 겁니다. 그런데 금융위기 이후 전 세계가 저성장 기조를 이어가게 되니 잔뜩 만들어낸 제품들이 고스란히 과잉 공급, 과잉 생산 제품으로 전락하게 된 겁니다. 공급 과잉 상태가 이어지니 제품의 가격은 하락할 거고요. 제품 가격의 하락은 중국 기업들의 마진을 압박하면서 이들의 실적을 무너뜨리게 됩니다. 그래서 중국 내 좀비기업, 즉 조금씩 돈을 벌어 이자만 갚으면서 간신히 살아남아 있는 기업들을 양산해내기 시작한 거죠.

중국의 기업 부채가 이렇게 많다 보니 '중국 경제가 불안하다'라는 이야기가 힘을 얻었습니다. 그래서 '외국인 투자자들이 중국에서 탈출하는 이른바 엑소더스(Exodus)가 일어날 것이고, 중국 경제는 큰 위기를 맞이할 것이다'라고 했던 것이 앞서 말한 2015~2016년의 중국 위안화 위기입니다. 위안화 위기라고 하는 이유는 외국인 투자자들이 중국에서 탈출할 때 중국에 있던 자산을 팔고, 그렇게 받은 위안화를 달러로 환전해서 탈출하기 때문이죠. 이 과정에서 중국의 자산 가격이 하락합니다. 또한 위안화를 팔고 달러를 사기 때문에 위안화 가치는 하락하고 달러는 강세를 보이게 됩니다. 위안화 가치가 큰 폭으로 하락하면 위안화를 보유하고 있던 다른 투자자들까지 불안해져서 이들의 연쇄적인 탈출을 자극하게 되죠. 그래서 위안화 위기라는 말을 쓰는 겁니다.

길게 돌아왔습니다. 중국의 부채 문제가 심각하다는 말을 했는데요, 저 같은 사람도 알고 있을 정도면 전 세계 모든 투자자들도 이를 익히 알고 있겠죠. 다만 거대한 부채 문제를 정부가 잘 통제하고 있기에 큰 문제가 된 적이 없고, 큰 문제가 되지도 않을 것이라고 생각하고 있는 겁니다.

아프리카 초원의 사파리 여행을 하고 있다고 생각해보죠. 여행 가이드가 차에서 내려서 잠시 드넓은 초원을 감상하라고 합니다. 다 같이 차에서 내려 탁 트인 들판을 바라보는데 깜짝 놀랍니다. 왜냐고요? 저기 불과 50미터 떨어진 곳에 거대한 회색 코뿔소 한 마리가 앉아 있는 겁니다. 깜짝 놀랐지만 이미 답은 없습니다. 그 코뿔소가 달려오면 이미 피할 방법이 없기 때문이죠. 그래서 얼음이 되어 있는데 가이드가 말합니다. 저 코뿔소는 사람을 해치지 않는다고, 10년째 그런 일이 없었다고 말이죠.

그런데 만약 코뿔소가 달려오면? 정말 큰 사건으로 이어지겠죠. 누구나 다 알고 있습니다. 회색 코뿔소가 달려오면 문제가 된다는 것을요. 중국의 부채 역시 마찬가지입니다. 모두가 다 알고 있습니다. 부채 문제가 이슈화되면 정말 심각하다는 것을요. 그런데 아직 크게 문제가 되지 않았기에, 그리고 계속해서 문제가 되지 않을 것이라고 생각하기에 애써 외면하고 있는 겁니다. 이렇게 중국의 부채가 거대한 리스크임에도 표면화되지 않을 것이라 생각하고 있는 상황을 가리켜 '회색 코뿔소(Gray Rhino)'라고 표현합니다. 조금 생소할 수 있으니 언론 보도 하나 보고 가죠.

시진핑 "블랙스완·회색 코뿔소 대비해야"…'위험' 또 경고

시진핑(習近平) 중국 국가주석이 '블랙스완'(검은 백조)과 '회색 코뿔소'를 언급하며 중국이 당면한 위험을 강조했다.

30일 중국 관영 CCTV에 따르면 시 주석은 지난 28일 열린 공산당 중앙정치국 집체학습에서 발전과 안전을 강조하면서 "각종 위험과 도전을 잘 예측해야 하며 각종 '블랙스완'과 '회색 코뿔소' 사건에 잘 대비해야 한다"고 말했다.

'블랙스완'은 발생할 확률은 매우 낮지만 일단 일어나면 큰 충격을 주는 위험을, '회색 코뿔소'는 예상할 수 있지만 간과하기 쉬운 위험을 말한다.

《연합뉴스》, 2021.1.30

| 블랙스완과 회색 코뿔소의 만남

앞의 기사에서 시진핑 중국 주석이 회색 코뿔소와 블랙스완을 모두 언급하고 있죠? 앞서 설명한 맥락으로 보면 기사는 쉽게 이해가 될 겁니다. 와, 생각보다 길게 돌아왔습니다. 코로나19 사태는 팬데믹이라는 블랙스완이 거대한 부채라는 회색 코뿔소가 있는 상황에서 닥쳐온 사건입니다.

각국의 경제 주체들은 경제 활동, 즉 일을 하고 있죠. 이들은 자신들의 생활을 위해서도 일을 하지만 빚이 워낙에 많기에 이자를 갚기 위해서도 일을 하고 있는 겁니다. 그런데 코로나19 사태라는 블랙스완이 발생하면서 전 세계가 락다운(Lock-down)에 돌입했습니다. 경제 활동이 멈추게 된 것이죠. 그럼 경제 활동을 통해 이자를 갚던 경제 주체들은 어떻게 될까요? 네, 일을 할 수 없으니 이

자를 지불할 수 없고 파산 위기에 몰리게 됩니다. 그야말로 블랙
스완이 날아와서 회색 코뿔소를 깨워버린 상황이죠. 이게 코로나
19 사태였던 겁니다. 둘의 조우가 글로벌 금융시장을 초토화시킨
거죠.

그럼 어떻게 이 문제를 해결해야 할까요? 블랙스완도 잡아야
하지만 회색 코뿔소도 잡아야 하는 것 아닐까요? 네, 다음으로 정
부와 중앙은행이 어떤 대응을 했는지 이어가겠습니다.

미국 중앙은행
Fed의 위기 대처법

앞에서 블랙스완과 회색 코뿔소에 대해 설명했죠. 블랙스완은 예상치 못했던 보건의 위기인 코로나19를, 그리고 회색 코뿔소는 모두가 알지만 발생 가능성이 낮기에 애써 외면했던 부채의 위기를 의미했습니다. 이 둘이 함께 나타났기에 금융시장이 크게 흔들린 것이고요.

2020년 3월 글로벌 금융시장이 무너질 때에는 투자자들 모두가 공포에 질려 있었습니다. 전례를 찾아보기 어려운 사태였기에 향후 어떻게 전개될지 예측하기가 어려웠던 점도 컸지만, 이런 보건 위기에서 백신이 없으니 상황을 극복할 방법이 없다는 회의론 역시 공포에서 벗어나기 힘들게 했죠. 당시에 Fed가 나서서 기준 금리를 0퍼센트, 즉 제로까지 인하했을 때에도 전혀 효과가 나타나지 않자 이런 이야기가 나왔더랍니다. "아무리 Fed라고 해도 바이러스를 치료할 수는 없다"고요. 속된 말로 '답이 없다'라는 자조적인 회의감을 표현한 문장이라고 할 수 있습니다. 이런 상황에서 과연 Fed를 비롯한 전 세계 중앙은행과 정부는 어떤 대응을 했을까요? 그들이 과연 바이러스를 치료할 수 있었을까요?

만약 코로나19 사태를 보건의 위기 그 자체, 즉 블랙스완의 이슈로만 판단한다면 정부나 중앙은행이 할 수 있는 역할은 거의 없다고 할 수 있죠. 직관적으로도 그 어떤 의학 전문가도 쉽게 답하지 못하는 백신에 대한 이야기, 혹은 바이러스의 전염 효과 등을 경제·금융 전문가인 Fed가 분석하고 대응할 수는 없습니다. 네, 중앙은행은 바이러스를 치료할 수 없죠. 이건 팩트입니다. 그럼 이들이 무엇을 할 수 있는가 궁금해지는데요, 코로나19 사태를 블

랙스완만의 이슈가 아닌 회색 코뿔소, 즉 거대한 부채의 이슈까지 함께 놓고 판단한다면 정부나 중앙은행이 할 수 있는 역할이 분명히 있을 겁니다. 거대한 부채의 문제 앞에서, 코로나19로 인해 경제 주체들의 활동이 멈추었을 때, 그 부채로 인해 파산할 가능성이 높은 경제 주체들을 정부나 중앙은행이 지원해줄 수 있을까요? 쉬운 문제는 아니겠지만 대응할 수 있는 부분이 분명히 존재하죠. 중앙은행이 존재하는 이유 중 하나가 바로 '최종 대부자(Lender of Last Resort)' 역할입니다.

현금이 말라버린 시장에 유일한 돈 줄기

'최종 대부자'라는 표현이 조금 어렵게 느껴질 수 있는데요, 대부자는 대출을 해주는 사람이라고 해석하면 됩니다. 즉 최종 대부자는 다들 대출을 안 해주려고 할 때, 그 어려운 상황에서 대출을 해주는 사람이라고 보면 되죠. 일단 단어 자체의 뜻은 알겠는데, 이게 무슨 의미가 있을까요?

2008년 글로벌 금융위기 때로 가보죠. 당시 리먼 브라더스라는 세계 4위의 글로벌 투자은행이 파산하면서 전 세계 금융시장이 큰 충격에 휩싸이게 됩니다. 다들 서로가 서로를 믿지 못하는 분위기가 되었습니다. 리먼 브라더스 같은 큰 은행이 파산하는데, 다른 은행들도 어떤 상황일지 알 수가 없다는 생각이 든 거죠. 또 은행이 이 정도인데, 그럼 은행 외 다른 기업들은 어땠을까요? 당연히 돈 빌리기가 어려웠을 겁니다. 다들 서로가 서로를 믿지 못하니 대출이라는 게 일어나지 않겠죠. 돈 구하기가 어려워지면 시중에 돈이 말라버리는 현상, 이른바 '신용경색(Credit Crunch)'이 현실화됩니다.

그럼 기업들이나 은행들 중에 저는 아주 튼튼하고 우량한 자산이나 설비들을 많이 보유하고 있음에도 불구하고 신용경색 때문에 단기로 자금을 구하지 못해서 억울하게 파산해버리는 경우도 있었겠죠. 이들은 운 나쁘게도 대출 만기가 되어 대출 연장을 하려던 상황이었는데 리먼 브라더스가 파산하면서 신용경색 상황이 닥쳐온 겁니다. 이렇게 건강한 기업이나 은행들이 파산하게 되면 경제에 미치는 연쇄 충격이 보다 클 겁니다. '이렇게 좋은 기업도 파산했다!'라는 식의 뉴스가 연일 이어지게 될 테니까요. 그렇지만 어떤 은행도 선뜻 돈을 빌려주지 않으려 하죠. 괜히 빌려줬

다가 자신들도 위험해질 수 있으니까요. 이런 때 나서서 대출을 적극적으로 늘리면서 시중에 자금을 공급하는 은행이 하나 있는데요, 그게 바로 중앙은행입니다. 당시 미국의 중앙은행인 Fed는 양적완화라는 새롭고 효과적인 프로그램을 도입하면서 유동성 공급을 해주었죠. 네, 이른바 '최종 대부자'로서의 역할을 제대로 수행한 겁니다.

2008년 금융위기 이후 12년의 시간을 넘어서 코로나19 사태를 다시 맞이하게 됩니다. 바이러스 치료는 능력 밖의 이야기겠지만 일시적인 도시의 락다운, 그리고 경제 활동의 일시적인 마비 상황으로 인해 파산해버리는 우량한 기업이나 가계에 유동성을 지원해줄 수 있지 않을까요?

이 시기에는 어떤 시중은행들도 코로나19 사태가 어디까지 번져나갈지, 누가 언제 어떻게 파산할지 알 수 없기에 몸을 사리고 있었죠. 그때 Fed가 나서서 최종 대부자로서의 역할을 수행하게 된 겁니다. 블랙스완이 날아다니는 것은 어쩔 수 없겠지만 거대한 부채를 상징하는 회색 코뿔소만큼은 억제하려는 노력을 할 수 있었겠죠. 그게 바로 Fed의 대응이었습니다.

계속 금융위기와 코로나19 사태를 비교해서 말하고는 있지만 사실 이 두 위기는 성격상 큰 차이가 있습니다. 글로벌 금융위기는 리먼 브라더스의 파산부터 시작해서 글로벌 금융기관 및 기업들의 연쇄 도산 등 상당한 상흔을 남긴 사건이었죠. 죽어버린 경제 주체들이 많을수록 회복 과정에서 재건의 시간이 많이 필요할 겁니다. 실제 글로벌 금융위기의 상흔을 치료하기 위해 전 세계 정부와 중앙은행은 상당한 재정 지출을 통해, 그리고 저금리 유지를 통해 아직까지도 경기부양을 이어오고 있죠.

반면 코로나19 사태는 자연재해와 비슷하다고 할 수 있습니다. 경제 주체들이 죽은 것이 아닙니다. 눈보라가 몰아치고 있기에 집에 숨어 있을 뿐이죠. 눈보라가 매섭게 몰아치는 그 순간 잠시 경제 활동을 멈추고 있는 겁니다. 그럼 눈보라가 지나가면 어떻게 될까요? 그땐 다시 집에서 나와 경제 활동을 재개하면 되는 거죠. 그런데 문제는 바로 부채입니다. 빚이 많기에 눈보라가 몰아치는 동안 경제 활동을 멈추면 바로 파산으로 이어질 수 있는 거죠. 중앙은행의 역할은 눈보라, 즉 코로나19가 창궐해서 경제 주체들이 스트레스를 심각하게 받는 동안 풍부한 유동성을 공급해서 경제 주체의 파산을 막는 것입니다. 영구적인 상흔을 남기지 않도록 최선을 다해서 말이죠.

| 양적완화 ─ 은행에 무제한 달러 공급

그럼 Fed는 어떤 대응을 했을까요? 우선 앞서 말한 것처럼 코로나19 사태가 부채 문제까지 건드려버리자 금융시장에 돈이 돌지 않게 됩니다. 주식시장을 비롯한 투자자산들은 모두 큰 폭으로 무너져 내렸고, 투자자들은 안전자산이라고 할 수 있는 장기국채마저도 팔고 현금을 확보해야 하는 상황으로 내몰리게 됩니다.

문제는 장기국채도 이때는 팔리지 않는다는 거죠. 현금이 모자라서 다들 아우성을 치고 있는데, 누가 현금을 주고 장기국채를 사들이겠어요. 이때 Fed가 최종 대부자로, 그리고 든든한 구원투수로 등판합니다. 그러면서 장기국채를 무제한으로 사들이는 무제한 양적완화를 선언합니다.

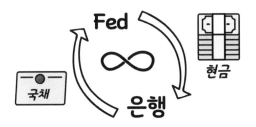

이렇게 해서 장기국채를 보유하고 있지만 이걸 팔고서 현금을 확보하지 못해 발을 동동 구르고 있던 시중은행들에게 달러 유동성을 공급하는 데 성공합니다. 생동감을 살리기 위해 당시 신문 기사를 인용해봅니다.

미 연준, 무제한 '달러 찍어내기' 돌입…"회사채도 매입"

미국 중앙은행인 연방준비제도(Fed·연준)가 신종 코로나바이러스 감염증(코로나19) 사태에 대응해 사실상 '무제한 양적완화(QE)'에 들어갔다. 지난 2008년 글로벌 금융위기 당시 벤 버냉키 연준 의장처럼 제롬 파월 의장도 무제한적인 '달러 찍어내기'에 들어간 것이다. 유동성 위기에 직면한 회사채 시장도 투자 등급에 한해 지원하기로 했다.

연준은 23일(현지시간) 성명을 통해 "도전적인 시기의 미국 경제를 뒷받침하기 위해 모든 범위의 도구를 사용할 것"이라며 "연방공개시장위원회(FOMC)는 시장기능을 지원하기 위해 필요로 하는 만큼(in the amounts needed) 국채와 주택저당증권(MBS)을 매입하기로 했다"고 밝혔다.

《연합뉴스》, 2020.3.24

기사를 통해서도 느껴지겠지만 당시 Fed의 노력은 과거 그 어느 시기보다 컸습니다. 이렇게 설명해보겠습니다. 홍길동이 암에 걸렸어요. 그리고 Fed라는 의사는 홍길동을 치료하기 위해 고심하고 있습니다. 다만 그 암을 치료할 수 있는 치료약이 나오려면 시간이 꽤 걸린다는 이야기를 들은 거죠. 의사 Fed는 치료약이 나올 때까지 홍길동의 몸이 더 악화되는 것을 막아야 하겠죠.

우선 신체의 다른 부위로 전이되는 것을 막아야 하는데요, 불과 수년 전에 심장으로 그 병이 전이가 되면서 목숨이 위태로울 정도로 고전을 했던 기억이 있기에 심장으로의 암 전이를 차단하기 위해 노력합니다. 그리고 그 병이 다른 사람들에게 퍼져나가는 것도 막아야 하겠죠.

Fed는 치료제와 후속 의료팀이 도착할 때까지 시간을 끌기 시작합니다. 그 핵심은 신체 다른 부위로의 전이 및 다른 사람에게 전염되는 것을 차단하는 것, 그리고 후속 지원이 도착하기 전까지 생명을 유지시키는 겁니다.

이 사례를 코로나19 사태로 가져와봅니다. 미국 금융시장이 흔들리는 모습을 보면서 Fed는 고심을 하게 되죠. Fed는 중앙은행입니다. 뒤에서 보다 자세히 말하겠지만 중앙은행은 유동성을 공급하는 통화정책을 쓸 수 있습니다.

반면 선출직 공무원(Elected Officials, 대통령 포함)이 집행하는 정부는 재정정책을 쓸 수 있죠. 재정정책이 나오기 위해서는 의회의 승인이 필요합니다. 승인을 받기 위해서는 의견도 수렴해야 하고, 미국의 경우 상원과 하원의 승인을 모두 거쳐야 하기 때문에 시간이 상당히 소요됩니다. 우선 코로나19 사태의 파고 앞에서 Fed는 재정정책의 지원이 나오기까지 시간이 필요하다는 것을, 그리고 백신이 나오려면 더 많은 시간이 소요될 것임을 알고 있었겠죠. 그럼 앞서 홍길동의 경우처럼 시간 끌기에 들어가야 합니다. 이 과정에서 핵심은 코로나19 사태로 인한 부채의 위기가 곳곳으로 전이되는 것을 차단하는 겁니다.

우선 코로나19 사태가 아주아주 튼실한 은행권으로 흘러들어가는 것을 제어해야겠죠. 미국의 시중은행들은 글로벌 금융위기 때 너무나 큰 충격을 받았던 만큼 상당히 많은 현금을 쌓아두고 있습니다. 그렇기 때문에 금융위기 당시와는 비교할 수 없을 정도로 강한 체력을 보여줍니다. 그러나 코로나19 사태라는 전대미문의 사건 앞에서는 어떤 상황이 펼쳐지게 될지 예측하기 어렵죠. 그렇기 때문에 우선 Fed는 시중은행들이 보유하고 있는 장기국채를 무제한으로 사들이면서 시중은행들에게 현금을 주입하기 시작합니다. 베이스 자체가 튼튼한데 현금 확보가 크게 늘어나게 되니 시중은행들이 흔들리는 일은 없게 되겠죠.

중앙은행 덕에 현금 확보 성공!

은행은 자본주의 시장 경제에서 심장과 같은 역할을 합니다. 심장은 혈액을 온몸에 뿌리는 역할을 하죠. 심장이 튼튼하면 손끝과 발끝까지 혈액을 펑펑 뿜으면서 혈액 순환을 원활히 하여 건강한 신체를 유지하도록 해줄 겁니다. 그런데 심장이 약하다면? 네,

Fed는 과거 금융위기의 트라우마가 있죠. 코로나19 시대에는 심장으로 이 병이 전이되는 것을 차단하고자 은행권이 대규모로 보유하고 있던 장기국채를 사들이는 양적완화를 단행한 거죠. 코로나19라는 암이 심장으로 전이되는 것을 사전에 차단한 겁니다.

| 회사채 매입 ─ 부채 부담 최소화

그럼에도 문제는 남습니다. 시중은행권에 현금을 주입하면서 이들의 문제를 사전에 봉쇄했음에도 은행권을 제외한 다른 경제 주체들이나 혹은 다른 국가들, 특히 경제 시스템 자체가 취약한 이머징 국가들은 타격을 입을 수 있죠. 이를 위해서 Fed는 제로 금리를 도입해서 시중 경제 주체들의 이자 부담을 최소화해줍니다. 그리고 코로나19로 인해 자금을 구하지 못해서 쩔쩔매는 부채가 많은 기업들을 위해 이례적으로 회사채를 매입하는 프로그램을

도입하죠. 돈을 구하지 못하는 기업들이 회사채를 발행하면 Fed
가 나서서 그 회사채를 사들입니다.

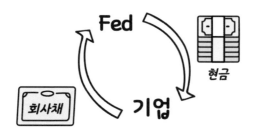

　　회사채를 산다는 것을 어렵게 생각하지 마시고요, 기업의 회사
채를 Fed가 받고 대신에 현금을 찍어서 주는 겁니다. 그럼 기업들
은 회사채를 주고, 현금을 빌려오게 되는 거죠. 네, Fed는 은행 이
외의 경제 주체들에게 가해지는 충격 역시 최소화하려고 노력했
습니다. 당시 회사채를 매입했다는 기사를 참고만 하고 가죠. 회
사채 매입은 과거 금융위기 때에도 볼 수 없었던 조치라는 마지막
문장이 인상깊네요.

美 연준, 회사채 ETF 매입 개시…시장 돈풀기 가속

코로나19 대비 대규모 돈풀기 전략을 예고했던 미국 연방준비제도(연준)가
12일(현지시간)부터 회사채 상장지수펀드(ETF)를 매입한다. (……) 월스트리트
저널(WSJ)은 이러한 움직임이 과거 ETF를 매입하지 않았던 연준에 있어
서 역사적인 이정표가 될 것이라고 보도했다. 신문은 연준이 ETF를 사면

신용 시장에 직접적이고 신속하게 유동성을 공급할 수 있다고 설명했다. 앞서 연준은 여러 차례 자산 매입을 통한 돈풀기 전략(양적완화)을 실시하면서도 국채 등 비교적 안전한 자산을 사들였다. 회사채, ETF 매입은 글로벌 금융위기 때도 나오지 않은 조치다.

《파이낸셜뉴스》, 2020.5.12

| 통화 스와프 ─ 이머징 국가의 달러 부족 해결

마지막으로 다른 국가로의 전이가 문제인데요, 이머징 국가들은 달러를 찍을 수 없죠. 자국 통화만 찍을 수 있습니다. 그런데 이들 국가들은 대부분 국제 금융 거래를 자국 통화로 하지 못하고 달러로 하고 있는 게 문제가 됩니다. 조금 어렵게 느껴질 듯하여 예를 들어보면 인도, 브라질, 인도네시아 등의 국가들이 해외에서 자금을 빌려올 때 각국의 통화인 루피나 헤알화로 돈을 빌려오기가 쉽지 않죠. 다른 나라에서는 이런 통화를 잘 쓰지 않으니까요. 해외에서 자금을 조달할 때 가장 많이 쓰이는 통화가 바로 달러입니다. 그래서 이들 국가들은 달러로 자금을 빌려오게 되죠. 그 무섭다는 달러 빚이 여기서 탄생하게 됩니다. 달러 빚이 생기면 당연히 나중에 돈을 갚을 때 달러로 갚아야 하겠죠.

한국에 홍길동이 있다고 가정해보죠. 홍길동은 해외에서 달러로 자금을 빌려왔습니다. 이렇게 빌린 달러를 팔고 한국 원화를 산 다음에 이 돈으로 국내에 공장을 짓는 설비 투자에 나서게 되죠. 그런데 이 대출은 1년 만기라는 겁니다. 1년이 지난 후에는 갚아야 하는 것이죠. 그런데 글로벌 금융시장에 돈이 넘칠 때에는 빌려주는 쪽에서 돈을 빌려주지 못해서 난리입니다. 돈이 넘치니 약간이라도 높은 이자를 주는 쪽에 돈을 빌려주고 이자 수익을 늘려야 하기 때문이죠. 이런 때에는 한국의 홍길동이 빌렸던 대출이 1년이 지나 만기가 되어도 쉽게 연장을 해줍니다. 만기가 1년이라도 계속해서 연장, 또 연장을 할 수 있는 거죠.

그런데 문제는 시절이 하 수상할 때 생기게 됩니다. 코로나19 사태 등으로 인해 미국 금융시장 내에 돈이 돌지 않으면, 거기에서조차 달러 현금이 부족하게 되면 문제가 생기겠죠. 달러 현금이 부족하기에 홍길동에게 미안하지만 더 이상 연장을 해줄 수 없으니 만기일에 바로 돈을 갚으라고 하는 거죠.

　문제는 시절이 하 수상하기에 홍길동이 달러를 구할 수가 없는 겁니다. 미국의 금융기관들마저 달러 현금이 부족하니 돈을 빌려주려고 하지 않는 상황에서 홍길동이 대출을 갚기 위한 달러를 어디서 마련할 수 있을까요? 가장 좋은 방법은 현재 보유하고 있는 공장 설비를 팔고, 그렇게 받은 한국 원화를 달러로 바꿔서 갚는 거겠죠. 그런데 이것도 쉽지 않은 것이 홍길동 같은 처지에 있는 사람들이 너무나 많은 겁니다. 글로벌 금융 거래의 80퍼센트 이상이 달러로 이루어지는데요, 이 말은 돈을 빌리고 받는 대부분의 행위가 달러화로 이루어진다는 겁니다. 돈을 갚아야 하는 처지에 있는 사람이 홍길동만 있는 건 아니겠죠. 다들 달러 빚을 갚아야 하는데, 이를 위해서는 달러를 사서 갚아야 합니다.

모두들 달러를 사려고 하면? 달러 가치는 큰 폭으로 상승하게 되겠죠. 이른바 달러 초강세가 나타나는 겁니다. 그럼 공장 설비를 팔고 받은 한국 원화로 달러를 사려던 홍길동은 눈이 튀어나오는 경험을 하게 되죠. 달러 값이 달러당 1000원 수준에서 1300원까지 튀어오른 겁니다. 네, 상황도 어려운데 달러 빚은 갚아야 합니다. 이마저도 절망적인데 달러 값(달러·원 환율이겠죠)마저 크게 뛰면 빚 부담이 가중되겠죠.

태생적으로 국내 자본이 부족하기에 해외에서 달러를 빌려야 하는, 그리고 자체적으로 달러를 찍지도 못하는 이머징 국가들의 경우 이런 어려운 상황이 벌어지게 되면 필연적으로 달러 부족으로 인한 위기를 맞게 됩니다. 코로나19 사태가 한창 진행되고 있던 당시에 이머징 국가들의 상황 역시 비슷했죠. 이머징 국가의 경제 주체들이 달러를 구하기 어려워 허덕이고 있지만 해당 국가의 중앙은행은 그야말로 속수무책입니다. 왜냐고요? 해당 국가의 중앙은행은 미국 달러화를 찍을 수가 없기 때문이죠. 미국에서야 Fed가 달러를 찍어서 지원을 해준다지만 한국, 인도, 브라질 등에서는 달러를 찍을 방법이 없으니까요.

은행 시스템 지원을 위해서 장기국채를 사들이는 양적완화를, 은행 이외의 실물경제 지원을 위해 제로 금리 정책을 도입하고 회사채를 사들이는 초강수를 둔 Fed는 다른 국가들, 특히 취약한 이머징 국가들을 지원하기 위한 대책도 마련하게 됩니다. 그게 바로 통화 스와프(Swap)입니다. 스와프라는 단어가 어렵게 느껴질 수 있는데요, 그냥 교환한다는 뜻의 영어입니다. 통화를 서로 교환하는 것이 바로 통화 스와프입니다.

Fed가 달러를 찍을 때에는 무언가 담보가 있어야 합니다. 그냥 마구 찍으면 달러의 신뢰도가 하락하기 때문이죠. 그래서 Fed는 미국의 초단기 국채를 담보로 해서 달러를 찍고 있죠.

통화 스와프는 Fed가 300억 달러를 찍을 때 이걸 미국 초단기국채를 담보로 해서 찍는 게 아니라 특별히 한국 원화를 담보로 해서 찍겠다고 말하는 겁니다. 그러면서 한국은행이 찍어낸 원화를 담보로 가져오고, 그걸 담보로 300억 달러를 찍어서 한국은행에게 넘겨주는 것이죠. 담보라는 이야기가 나오기에 조금 복잡해 보이지만 흐름은 간단하죠. 미국 Fed는 원화를 담보로 받고 한국은행에 300억 달러의 현금을 공급해준 겁니다. 그럼 한국은행은 원화를 찍고서 300억 달러를 받은 셈이고, 달러 부족으로 허덕이는 자국의 경제 주체들에게 달러를 공급할 수 있게 됩니다.

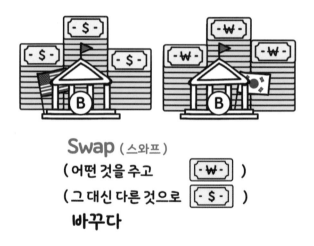

Fed는 통화 스와프를 써서 달러화를 이머징 국가에도 공급해 줍니다. 이렇게 해서 달러를 구할 수도 없고 찍을 수도 없어 어려움에 처해 있던 다른 국가로 코로나19의 충격이 전이되는 것을 사전에 차단한 것이죠. 당시 Fed가 한국을 비롯한 아홉 개 국가

와 통화 스와프를 체결했다는 관련 뉴스를 잠시 인용하고 가겠습니다.

600억 달러 한미 통화 스와프 금융시장 안정 촉매제될까

한국은행은 19일 오후 10시 미국 연방준비제도(연준·Fed)와 600억 달러 상당의 양자 간 통화 스와프 계약을 체결하기로 했다고 밝혔다. 기간은 최소 6개월(2020년 9월 19일)이다. (……)

한미 간 통화 스와프 체결 발표는 이날 전 세계적인 신흥국 통화 불안 상황과 연동된 것으로 보인다. 코로나19가 팬데믹(전 세계 대유행)으로 확산하면서 세계 경제 침체가 불가피할 것이라는 우려가 고조되면서 위험자산에 대한 투매가 초래됐다. 이에 신흥국 통화 가치가 급전직하하는 상황이 연출되자 미 연준이 행동에 나선 것이다. 미 연준은 이날 한국 이외 8개국과도 통화 스와프를 맺었다.

《연합뉴스》, 2020.3.19

이번 챕터를 정리해보겠습니다. Fed가 바이러스를 치료하는 것은 단연코 불가능하다는 말을 했습니다. 다만 부채의 문제로 인해 파산하는 것을 최대한 제어할 수는 있다고 했죠. Fed는 은행 시스템이 붕괴되는 것을 막으려고 무제한 양적완화를 통해 은행권에 달러 유동성을 주입했습니다. 은행 이외의 경제 주체들에도 달러화를 공급하기 위해 제로 금리를 도입해서 이자 부담을 낮추고,

회사채를 매입하는 프로그램을 가동하여 기업들에게도 달러 유동성 공급을 위한 물꼬를 터주었습니다. 마지막으로 타 국가들이 달러화 부족으로 신음하는 것을 막고자 통화 스와프를 체결하면서 이머징 국가들에도 달러화 공급의 물꼬를 터준 것이죠.

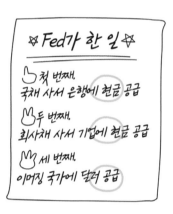

생각보다 촘촘한 이른바 '우주 방어'를 하는 Fed의 면모를 엿볼 수 있죠? 이런 정책들은 사실 금융위기 당시에도 상당 부분 선보였던 정책들입니다. 당시에는 조금 어설픈 면이 있었는데요, 과거의 경험 덕분에 12년이 지난 이후 맞이한 코로나19 사태에서는 훨씬 담대하게, 그리고 신속하게 정책을 도입하면서 금융시장을 살려내는 데 성공하게 되었죠.

이번에 다룬 정책들을 옛날 이야기라고 무시해서는 안 됩니다. 언제가 될지 모르지만 먼 미래에 다시 한번 위기가 찾아올 수도 있지 않을까요? 그때에도 비슷한 정책을 쓰게 되겠죠. 그때 이런 내용을 알고 있다면 시장의 흐름을 보다 원활하게 읽어낼 수 있을 겁니다. 마치 2008년도에 비해 2020년도에 보다 담대한 액션을 보여준 Fed처럼요.

마지막으로 2020년을 회상하는 파월 의장의 코멘트를 담은 기사를 인용해볼까 합니다. 당시 '코로나19와 같은 보건의 위기 속에서 중앙은행이 무엇을 할 수 있는가'라는 질문을 받았던 파월 의장의 생생한 증언을 편하게 읽어보기 바랍니다.

파월 "완전한 회복에서 멀어…필요한 만큼 오래 지원할 것"

파월 의장은 신종 코로나바이러스 감염증(코로나19)이 지난해 2월 말 전 세계로 퍼질 것이라고 확신하게 됐다고 회고했다. 당시 파월 의장은 G20 국가의 재무장관, 중앙은행 총재들의 해외 회의에 참석 중이었다.

그는 "그때 미국은 사상 최장기 경제 확장을 즐기고 있었고, 연준 동료들과 나는 코로나19를 모니터링했지만, 국내에서 큰 영향을 미칠 것 같지는 않았다"며 "그러나 그 주말 바이러스가 빠르고 광범위하게 퍼지고 있다는 게 분명해졌다. 그 여파가 생각했던 것처럼 먼 나라에 국한되지 않고 지구촌 곳곳으로 미치게 될 것이라는 확신을 가친 채 떠나게 됐다"고 말했다.

이에 따라 1주 후 연준은 긴급 정책 회의를 열게 됐다고 파월 의장은 설명했다. 어떻게 하면 사람들이 끔찍하게 힘든 시기를 이겨낼 수 있도록 도울 수 있을까가 유일한 어젠다였다.

파월 의장은 빠르게 변하는 팬데믹을 다루는 것은 주로 의료진, 전문가들의 영역이어서 일부에서는 중앙은행이 실제로 무엇을 할 수 있는지 질문도 나왔다고 전했다. 그러나 심각한 여파와 지속 기간을 제한해 장기간 피해를 방지해야 한다는 게 문제였고, 강력하게 행동해야 한다고 결론 내렸다고 설명했다. 그는 "그 이후 이어진 경기 하강은 속도와 폭, 강도 면에서 전례 없었으며 위기의 범위를 볼 때 전면적인 정부의 대응이 필요했다"면서 "연준은 금융 붕괴를 막고 신용이 가계와 기업으로 계속 흘러갈 수 있도록 쓸 수 있는 모든 도구를 썼다"고 설명했다.

《연합인포맥스》, 2021.3.20

5

Fed의 새로운 통화정책,
양적완화는 무엇인가?

코로나19 사태 이후 가장 많이 받는 질문 중 하나가 "도대체 양적완화는 무엇인가요?"입니다. 이 질문을 받을 때마다 막막하다는 생각이 들곤 하는데요, 그 이유는 어디서부터 설명을 드려야 할지 감을 잡기 어려워서입니다.

양적완화 그 자체를 말한다면 '중앙은행이 장기국채를 사들이는 프로그램이다'라고 하면 되죠. 그런데 질문하는 분들이 원하는 것은 이런 사전적인, 혹은 행위 자체에 대한 설명보다는 그 함의가 무엇인지에 대한 보다 심도 있는 답변일 겁니다. 그래서 이번 챕터에서는 다소 길지만 중앙은행이 사용하는 통화정책에 대해서 적어볼까 합니다. 이 과정에서 양적완화도 다루어보도록 하겠습니다. 먼저 중앙은행이 사용하는 통화정책 중 기준금리부터 시작하겠습니다.

최근에 받은 질문 중 하나는 이겁니다. "한국은행에서는 계속해서 금리를 동결했다고 하는데, 어떤 뉴스에는 경기가 살아나는 것을 반영하면서 금리가 빠르게 오르고 있다고 한다. 이게 도대체 무슨 이야기냐?"라는 겁니다.

세상에는 참 많은 금리가 있습니다. 장기금리와 단기금리가 있고, 대출금리와 예금금리가 있을 수 있습니다. 그리고 기준금리와 시장금리라는 것이 존재하죠. 마지막에 나온 기준금리와 시장금리를 설명하고 나면 그 차이가 무엇인지를 이해할 수 있을겁니다.

| 시장의 수요와 공급에 따라 움직이는 '시장금리'

금리는 '돈의 값'입니다. 값, 즉 가격은 시장에서 수요와 공급에 의해 결정되죠. 돈을 원하는 사람들, 즉 대출을 받으려는 사람들이 많으면 너도나도 돈을 빌리려고 하기 때문에 그들은 보다 높은 금리에 돈을 빌릴 수밖에 없을 겁니다. 돈의 수요가 많으면 돈 값인 금리는 올라가기 마련이죠. 반면 돈을 빌려주려는 사람이 많다면? 네, 이 경우에는 너도나도 돈을 빌려주려고 하니 가장 낮은 금리로 돈을 빌릴 수 있겠죠. 돈을 빌려주는 사람, 즉 돈의 공급이 많다면 돈 값인 금리는 내려가게 될 겁니다.

잠깐 한국 이야기를 하고 가죠. IMF 때를 전후해서 보면 금리에서 상당한 변화를 확인할 수 있습니다. 1997년 이전에는 우리나라가 고성장기여서 기업들이 너도나도 돈을 빌려 투자를 늘렸기 때문에 돈의 수요가 많았죠. 돈의 수요가 많으니 돈 값인 금리도 높

았습니다. 이 시대를 우리는 고금리 시대라고 합니다.

반대로 과도한 부채를 짊어졌던 기업들이 파산하던 IMF 사태를 거치면서 국내 기업들의 투자는 크게 위축되었죠. 경기부양을 위해 한국은행과 정부가 시중에 돈 공급을 늘리게 되니 돈의 공급은 많은데 돈의 수요인 기업의 투자가 부족해지는 현상이 나타납니다. 공급은 많은데 수요가 부족하다면? 네, 당연히 금리는 내려가게 되죠. 2000년대 들어 한국은 이른바 저금리 시대에 접어들게 됩니다.

| 중앙은행이 결정하는 '기준금리'

한국의 상황을 통해서 정리해보고자 하는 것은, 금리는 이른바 '돈의 가격'이며 돈에 대한 수요와 공급으로 결정이 된다는 겁니다. 거의 대부분의 금리는 시장에서 자금에 대한 수요와 공급에 의해 결정이 되는데요, 유일하게 하나의 금리만 중앙은행에 의해 정해집니다. 그게 바로 중앙은행이 정책적으로 정하는 금리인 '기준금리'입니다. 우리나라의 중앙은행인 한국은행은 이 글을 쓰고 있는 2021년 5월 현재 기준금리를 0.5퍼센트로 유지하고 있습니다. 기준금리는 정책적으로 결정된 금리인 만큼 시장의 원리를 따르지 않고, 돈을 찍어 내는 특권을 갖고 있는 한국은행이 자의적으로 결정합니다.

기준금리가 0.5퍼센트라는 것은 한국은행이 초단기금리를 0.5퍼센트로 맞추려고 한다는 뜻입니다. 시중에 돈이 넘칩니다. 그럼 돈의 공급이 넘치기에 돈 값인 금리는 내려가겠죠. 기준금리를 0.5퍼센트로 정했음에도 실제 금리는 0.5퍼센트 밑으로 내려갈 겁니다. 이 경우 한국은행은 자신들이 제시했던 가이드라인인 0.5퍼센트보다 금리가 낮아졌기에 시중에서 자금을 빨아들이기 시작합니다. 한국은행이 돈 먹는 하마처럼 자금을 빨아들이게 되면 시중에 자금이 부족해지기 시작하죠. 그럼 자금 값인 금리가 솔솔 올라오기 시작할 겁니다. 이렇게 해서 금리가 0.5퍼센트까지 다시금 올라오겠죠.

반대로 자금이 모자라게 됩니다. 그럼 시중의 자금 부족으로 인해 한국은행이 제시하는 가이드라인인 0.5퍼센트의 기준금리보다 금리가 높아지게 될 겁니다. 그럼 한국은행은 0.5퍼센트를 지키기 위해 시중에 자금 공급을 늘리게 되죠. 돈을 찍어서 시중에 유동성을 주면 돈의 값인 금리는 내려가게 될 겁니다. 그렇게 해서 0.5퍼센트가 넘던 금리를 눌러버리면서 0.5퍼센트의 기준금리 레벨로 맞추어가게 되죠. 네, 한국은행이 말하는 기준금리는 정책적으로 한국은행이 유지하려고 하는 금리의 가이드라인이라고 생각하면 좋을 듯합니다.

여기서 하나만 부연해서 말하자면 한국은행이 저렇게 기준금리를 유지할 수 있는 이유는 한국은행이 돈을 찍을 수 있는 능력, 이른바 '발권력'을 갖고 있기 때문입니다. 그런데 아무리 중앙은행이라고 해도 마음대로 돈을 찍을 수는 없습니다. 마구잡이로 중앙은행이 돈을 찍는다면 그 돈의 가치가 하락하는 일이 벌어지게 되겠죠. 화폐가치의 하락, 더 나아가서 화폐가치가 타락하게 되면 사람들은 화폐를 보유하는 대신 물건을 마구잡이로 사들이거나 다른 자산을 사들이려는 움직임을 보이게 됩니다. 화폐에 대한 신뢰가 사라지게 되는 거죠.

그렇기 때문에 중앙은행도 돈을 찍을 때 무언가 신뢰성을 확보할 수 있는 장치를 마련합니다. 가장 좋은 것이 담보물을 제시하는 겁니다. 1970년대 초반까지 전 세계는 금본위제(Gold Standard)를 적용하고 있었습니다. 각 국가가 보유하고 있는 금만큼만 화폐를 발행하는 제도였죠. 그런데 금본위제는 1971년 8월 역사 속으로 사라지게 되었고, 지금은 화폐를 발행할 때 새로운 담보를 제시하고 있죠. 그 담보가 바로 국채입니다. 아마 많은 분들이 동의하시겠지만 전 세계 자산 중에서 가장 안정적인 자산을 꼽으라면 당연히 국채가 1순위로 꼽히게 될 겁니다. 그리고 그 국채를 담보로 중앙은행은 돈을 찍게 되는 거죠.

그런데요, 이런 질문을 해봅니다. 그리스 100년 국채라고 하면 느낌이 어떤가요? 그리스라는 국가가 2010년대 초중반에 워낙 재정위기를 호되게 겪은 국가인지라 1~2년이면 몰라도 100년짜리 그리스 국채에 투자하기에는 부담이 좀 크게 느껴집니다. 이머징 국가들 중에서 경제력이 강하지 않은 국가들의 경우 아무리 국채라고 해도 해당 국가의 장기국채에 투자하기가 망설여질 수밖에 없습니다. 그 이유는, 워낙 만기가 길어지면서 그 사이에 '혹시나' 하는 위험이 현실화될지도 모른다는 두려움 때문입니다. 그렇지만 이런 경우는 어떨까요? 한국의 7일짜리 국채. 이건 좀 안정적인가요? 7일 이내에 한국 경제에 큰 문제가 생기기는 쉽지 않겠죠?

한국은행은 7일짜리 국채를 담보로 해서 화폐를 발행합니다[정확하게는 7일짜리 환매조건부채권(Repurchase Agreements, RP)을 담보로 해서 화폐를 발행합니다]. 7일 국채를 담보로만 화폐를 발행하기 때문에 한국은행이 영향을 자의적으로, 그리고 정책적으로 통제할 수 있는 금리는 7일짜리 국채금리인 겁니다. 네, 한국은행은 초단기금리인 7일짜리 금리를 기준금리로 정하고 이 금리를 2021년 5월

현재 0.5퍼센트로 조절하려고 하고 있죠.

| 약발 떨어진 기준금리 인하 정책

자, 기준금리라는 것은 시장의 수요와 공급에 의해 결정되는 것이 아니라 중앙은행의 정책적 결정에 의해 정해진다고 했습니다. 그럼 2008년 금융위기나 2020년 코로나19 사태와 같은 궁극의 위기가 찾아왔을 때를 가정해보죠. 시중에 돈이 돌지 않습니다. 그럼 시중에서 돈을 구하기 힘들기 때문에 단기금리든 장기금리든 모두 하늘 높이 튀어오르겠죠. 이때 중앙은행은 초단기금리인 기준금리를 크게 낮추면서 시중에 유동성 공급을 늘리기 시작할 겁니다. 보통은 초단기금리를 중앙은행이 잡아 내리기 시작하면 단기자금시장부터 돈 부족 현상이 풀리면서 장기금리까지 전체적으로 내려오곤 합니다.

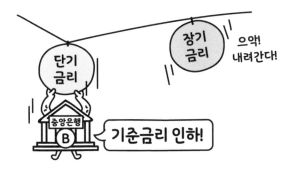

그런데 금융위기나 코로나19 사태와 같은 극한의 위기 상황에서는 이게 또 쉽지 않습니다. 단기 자금시장에 아무리 돈을 많이 뿌려도 시중은행을 비롯한 돈을 빌려줄 수 있는 금융기관들이 시절이 하 수상한 만큼 대출을 해주거나 장기로 돈을 빌려주는 데 워낙 신중한 행보를 이어가는 겁니다. 특히 금융위기 당시에는 중앙은행이 아무리 단기금리를 낮춰서 돈 공급을 확대해봤자 시중은행들이 부도 위기 등으로 인해 거의 제 기능을 못 하는 상태였기 때문에 자금 공급에 나서지 못하는 문제가 생긴 거죠.

다시 정리해봅니다. 중앙은행은 초단기금리인 기준금리를 낮춥니다. 그러면서 금융기관 등을 통해 장기금리에도 영향을 주어 자연스럽게 시장 원리에 의해 장기금리가 내려오도록 유도하죠. 문제는 금융위기나 코로나19 사태 등 위기 상황에는 기준금리를 아무리 낮춰도 장기금리가 쉽게 반응하지 않는다는 겁니다.

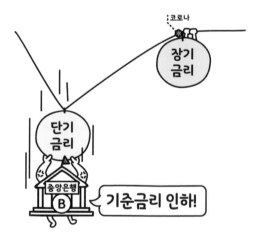

여기서 질문 하나 드립니다. 혹시 여러분은 대출을 받거나 투자를 할 때 7일짜리 초단기 상품을 이용한 적이 있나요? 중앙은행과 거래하는 시중은행과 같은 전문 대형 금융기관이 아니면 이렇게 초단기로 자금을 빌리고 받지 않습니다. 대부분 최소 1년 이상으로 자금을 빌리고 받곤 하죠. 실제 실물경제에 영향을 주는 금리는 초단기금리가 아니라 1년 이상의 장기금리가 되는 겁니다. 중앙은행이 기준금리를 아무리 낮추어도 실물경기에 실질적인 영향을 주는 장기금리를 낮추도록 유도하지 못하면 실물경기 부양 효과가 제한될 수밖에 없겠죠.

네, 금융위기나 코로나19 사태 때에 미국 Fed는 제로 금리까지 기준금리를 낮추었지만 그 효과를 제대로 보지 못했답니다. 그럼 어떻게 해야 할까요? 중앙은행이 과거에는 하지 않았던 행동을 하게 됩니다. 원래 Fed를 비롯한 중앙은행은 초단기국채를 담보로 해서 돈을 찍었습니다. 담보로 한다는 이야기가 조금 애매하긴 한데, Fed는 초단기국채를 담보로 가져오면서 달러 현금을 풀어준 겁니다. 이걸 조금 바꾸면 초단기국채를 사들였는데, 이걸 사들이면서 달러 현금을 공급했다고 봐도 되겠죠. 그런데 이걸로는 시중 유동성 부족이 해결이 되지 않습니다. 장기금리가 내려가고, 유동성이 공급되어 실물경제를 부양하는 효과가 나타나야 하는데 그러질 않으니 장기금리를 내리기 위해 중앙은행이 더 본격적으로 나서게 됩니다.

| 장기금리 끌어내리는 양적완화

장기금리를 잡아 내리기 위한 가장 좋은 방법은 장기금리 시장에 직접 나가서 자금 공급을 크게 늘려주는 겁니다. 그래서 Fed는 장기국채를 사들이기 시작합니다. 장기금리 시장인 10년 금리 시장에서 장기국채를 담보로 가져오면서 달러 현금을 풀어주는 것이죠. 예전에는 단기채권만을 사들였답니다. 그런데 이제는 Fed가, 그리고 중앙은행들이 과거에 하지 않았던 행동을 하는 겁니다. 네, 장기채권을 사들이면서 장기금리 시장에 직접 돈을 공급하고 있는 거죠. 장기금리 시장에 돈의 공급이 늘어나게 되면 돈의 값인 금리가 내려가겠죠. 덕분에 장기금리가 큰 폭으로 내려가게 되고, 이는 실물경제에 실질적인 도움을 주게 되는 겁니다. 이렇게 장기국채를 사들이면서 실물경제를 지원하는 정책을 '양적완화'라고 말합니다.

기준금리를 인하하는 것만으로는 효과가 제한되다 보니 어쩔 수 없이 장기국채를 사면서 장기금리를 낮추는 이례적인 방법을 도입한 것이 2008년 금융위기 때였습니다. 그리고 그 정책을 이번 코로나19 사태 때 다시 한번 도입한 것이라 보면 됩니다. Fed가 과거에는 화폐의 신뢰를 생각해서 사들이지 않았던 장기국채를 사들이면서 돈을 찍고 있는 것이죠.

여기서 한 스텝만 더 나아가겠습니다. 지금까지 초단기국채만 사들이던 Fed가 장기국채를 사들였다고 말했죠. 이제는 더 나아가 회사채를 사들일 수도 있죠. 예를 들어 애플 회사채를 담보로 해서 돈을 찍는 겁니다. 혹은 구글(Google)이나 포드(Ford)의 회사채를 담보로 돈을 찍어주는 겁니다. 이런 정책을 '질적완화(Qualitative Easing)'라고 합니다.

현재 일본 중앙은행인 BOJ(Bank of Japan)나 유럽 중앙은행인 ECB(European Central Bank)에서는 실제로 회사채 매입을 크게 늘리고 있는 상황입니다. 그리고 Fed는 질적완화까지는 아니어도 코로나19 사태 때 미국 정부와의 협조하에 간접적으로 회사채를 사들이면서 돈을 찍어 뿌려준 경험이 있습니다. 다음 페이지에 ECB, BOJ, 그리고 Fed가 회사채를 매입했다는 내용을 담은 기사의 제목만 잠깐 보고 가겠습니다.

ECB "국채·회사채 7500억 유로 매입"

《파이낸셜뉴스》, 2020.3.19

日도 '무제한 양적완화' 칼뺐다…회사채·CP 매입 크게 늘려

《매일경제》, 2020.4.27

美 연준, 회사채 ETF 매입 개시…시장 돈풀기 가속

《파이낸셜뉴스》, 2020.5.12

이번 챕터에서는 양적완화란 무엇인가에 대한 답변을 해봤습니다. 핵심은 중앙은행이 과거에는 하지 않았던 행위, 즉 장기국채를 매입하는 정책을 실천하는 것입니다. 단어의 사전적 의미가 중요한 게 아닙니다. 그 정책을 왜 쓰는지, 아니 왜 쓸 수밖에 없었던 것인지를 이해하는 것이 필요하죠. 중앙은행이 통화정책을 쓸 때에 그 통화정책이 실물경제 전반에 고르게 그리고 효과적으로 침투해 들어갈 수 있다면 그보다 더 좋은 건 없을 겁니다.

그런데 그게 참 쉽지 않죠. 과거에는 기준금리 인하만으로도 강한 효과를 나타냈지만 이제는 그 정도로는 꿈쩍도 하지 않는 겁니다. 그렇기에 과거에는 볼 수 없었던 보다 강한 정책을 쓸 수밖에 없는 것이고, 그 과정에서 장기국채를 매입하면서 돈을 찍는 '양적완화'와 국채에서 더 나아가 회사채를 매입하면서 돈을 찍는 '질적완화'라는 정책이 나온 겁니다.

조금 길어지는 듯하지만 짧게 하나만 더 말하고 이번 챕터를 끝내죠. 그럼 왜 Fed는 이렇게 더 강한 정책을 쓸 수밖에 없었을까요? 왜 기존에 쓰던 기준금리 인하라는 파워풀한 정책이 이제는 효과를 제대로 발휘하지 못하는 것일까요?

부채가 과거보다 훨씬 더 많아졌기에 이런 현상이 벌어지는 거겠죠. 증세가 더욱더 깊어졌으니 기존의 약 처방만으로는 한계가 있는 겁니다. 약물에 내성이 생기는 것처럼 기존의 정책으로는 이전만큼의 효과를 보지 못하는 것이죠. 그러니 과거에는 보지 못했던 보다 강한 약을 쓰게 되는 겁니다. 보다 강한 약을 쓰는 만큼 부작용도 심하지 않을까요? 양적완화, 질적완화 등의 새로운 정책이 나오면서 수많은 전문가들은 자산 가격 상승이나 화폐가치의 과도한 타락과 같은 부작용을 경고하고 있죠. 그렇지만 그런 일련의 부작용이 생길 것임에도 불구하고 실물경기가 주저앉는 것을 방어하기 위한 중앙은행의 노력을 감안할 필요가 있다고 생각합니다.

'도대체 양적완화는 무엇인가요?'라는 질문에 대한 답변으로 시작한 이번 챕터에서는 기준금리와 시장금리의 차이에 대해서 살펴보았습니다. 그리고 기준금리는 초단기금리를 중앙은행이 조절하는 것이라는 점을 설명했죠. 초단기금리 조절을 통해 장기금리, 회사채금리를 비롯한 실물경제에 영향을 주는 금리 전반에 영향을 미치는 것이 중앙은행의 의도라고 했습니다. 그러나 워낙 부채가 많아졌기에, 그리고 그 많은 부채로 인해 발생될 위기가 예상되는 상황에서 기준금리 인하만으로는 답이 나오지 않는다는 것을, 그래서 장기국채를 사들이는 양적완화와 회사채를 사들이면서 돈을 공급하는 질적완화가 현실화되었다는 점을 설명했습니다. 이번에 나온 키워드들을 꼭 기억해두길 바랍니다. 아마도 향후에 글로벌 금융시장에 투자를 할 때 자주 만나게 될 겁니다.

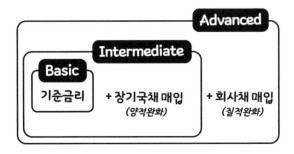

6

마이너스 금리 문턱까지 온 미국
(난이도 상)

앞에서는 코로나19 사태를 제어하기 위한 중앙은행의 처절한 사투를 다양한 정책을 중심으로 설명했습니다. 여기서 빠진 내용이 하나 있죠. 뭐냐고요? 바로 마이너스 금리입니다. 미국의 기준금리는 현재 기준으로 0퍼센트입니다. 한국은행의 기준금리는 제로까지는 아니지만 0.5퍼센트로 현재 사상 최저 수준을 기록하고 있죠.

직관적으로 경기부양을 위해 중앙은행이 할 수 있는 가장 기본적이면서도 파워풀한 액션은 바로 기준금리의 인하입니다. 그런데 미국의 경우 현재 기준금리가 이미 제로까지 내려갔기에 추가로 금리를 인하하기가 쉽지 않은 상황입니다. 그럼 추가로 금리를 인하하려면? 네, 미국도 사상 초유의 마이너스 금리를 도입하지 않으면 안 되는 상황이죠. 이 내용을 보다 구체적으로 살펴보겠습니다.

| 금리와 주가는 동행한다?

경기가 좋으면 자산시장에는 어떤 현상이 나타나게 될까요? 경기가 좋으면 기업들의 마진이 좋아질 테니 기업들의 주가는 상승하게 될 겁니다. 그럼 '경기가 좋으면 주가는 오른다'라는 이야기가 딱 각인이 될 겁니다. 그렇다면 금리는 어떨까요? 경기가 좋으면 사람들이 물건을 사려는 수요가 늘어나게 되겠죠. 그럼 기업들이 제품의 수요가 늘어난 만큼 공급을 늘려야 한다는 생각을 하게 될 겁니다. 공급을 늘리기 위해서는 설비 투자를 확대해야 하겠죠? 설비 투자를 위해서는 돈이 많이 필요합니다. 당연히 돈을 빌려서 투자를 하게 될 텐데요, 돈을 빌리려는 수요가 늘어나게 되면 금리는 어떻게 될까요? 네, 금리는 돈의 값이라고 했죠. 돈의 수요가 늘면 당연히 돈의 가격인 금리는 상승하게 될 겁니다. 경기가 좋으면 금리는 상승하게 됩니다. 그럼 경기가 좋으면 주가는 오르고, 금리도 오른다는 직관적인 생각을 할 수 있게 됩니다.

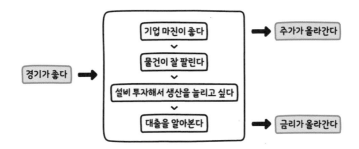

조금만 더 이어가보죠. 금리가 너무 많이 오릅니다. 경기도 뜨거워지고 주가도 많이 올랐는데 금리가 너무 많이 오르니 개인들의 이자 부담이 늘어나고 이들의 소비가 다소 위축되기 시작합니다. 실물경기는 위축되는데 주가는 너무 높게 올라버린 거죠. 그럼 주식시장도 하락 압력을 받게 될 텐데요, 높아진 금리가 경기와 주가의 뒤통수를 치는 상황이 벌어지는 겁니다. 그럼 경기도 꺾이고, 주가도 고점을 기록한 이후 하락하게 될 겁니다. 경기가 둔화되면 실물경제에서 투자를 늘리던 기업들이 이제는 되려 투자를 줄이려는 모습을 보이겠죠. 그리고 경기 둔화를 우려한 중앙은행들은 시중에 유동성 공급을 늘리면서 그 충격을 최소화하는 모습을 보일 겁니다. 그럼 경기 둔화로 인해 기업들의 투자 수요, 즉 대출받아 투자하려는 자금에 대한 수요는 줄어드는데 중앙은행은 경기부양을 위해 유동성 공급을 늘리니 당연히 돈의 값인 금리가 하락할 수밖에 없을 겁니다. 네, 경기가 꺾이고 주가가 하락합니다. 그리고 금리도 내려오게 되겠죠.

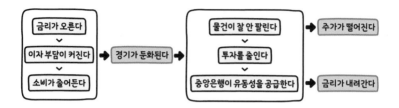

그럼 주가가 하락하면 금리도 하락하는 건가요? 네, 주가와 금리는 오를 때는 함께 오르고 하락할 때는 함께 하락하는 그림을 보여주게 됩니다. 이론적으로는 이렇고, 저 역시 금융 공부를 시작하던 초기에 교과서에서 이렇게 배웠답니다. 그런데 실전에서는 어떤지 한번 살펴볼까요? 2000년 이후 미국의 대표 주가 지수인 S&P500과 미국 10년 국채금리 그래프입니다(그래프 2).

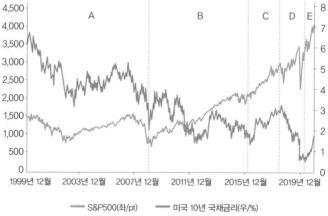

그래프 2 ◆ 2000년 이후 S&P500 지수와 미국 10년 국채금리

초록 선이 S&P500 지수, 주황 선이 미국 국채금리입니다. 2000년 초부터 2008년까지는 주가와 금리가 비슷하게 움직였죠(A국면). 그러다가 B국면부터 금리는 계속해서 내려가는데, 주가는 상승하는 그림이 펼쳐집니다. 당시 양적완화로 유동성을 공급하자 돈의 힘으로 주가가 오르고, 돈의 공급이 늘어나자 금리가 내렸던 거죠. C국면에서는 트럼프 당선 이후 경기 회복 기대가 강해지자 주가와 금리가 다시금 동행을 하죠. Fed의 금리 인하로 주식시장이 탄력을 받던 D국면에서는 주가와 금리가 다시금 반대 방향을 향하고, 코로나19 이후 회복세가 나타나는 E국면에서는 주가와 금리가 동행하기 시작합니다.

2000년 이후 주가가 상승하면 금리도 함께 상승하고, 주가가 하락할 때에는 금리도 함께 하락하는 그림을 확인할 수 있습니다. 그런데 이상하죠? 2008~2009년을 전후해서는 주가는 상승하는데 금리는 하락해버리는 기현상을 확인할 수 있습니다. 그리고 이런 상관관계는 단기에 그치지 않습니다. 2016년 하반기까지 이런 현상이 이어지게 되죠. 그러다가 2016년 하반기에는 주가가 상승하면서 금리도 같이 뛰어오르는 그림이 나타나죠. 한동안 이 둘이 함께 움직이다가 2019년에 들어서면 주가는 상승하면서 금리는 다시 내려오는, 또다시 둘이 반대로 가는 모습을 보여줍니다. 이런 흐름을 보면서 '아, 주가와 금리는 아무런 관계가 없구나' 이렇게 생각하면 안 됩니다. 이 내면에서 어떤 일이 벌어지고 있는지를 생각해봐야겠죠.

| 금리가 내려가면서 주가를 부양하기도 한다

우선 주가와 금리가 동행하는 구도가 깨어진 2008~2009년으로 가보겠습니다. 이때 무슨 일이 있었을까요? 네, 그 유명한 글로벌 금융위기가 있었습니다. 당시 Fed는 경기부양을 위해 기준금리를 제로로 낮추었을 뿐만 아니라 양적완화라는 이례적인 정책을 도입하게 되죠. 중앙은행이 장기국채를 직접 사들이면서 경기부양에 발 벗고 나선 겁니다. 장기국채를 사들이면서 돈을 공급하니, 장기금리 시장에 돈이 넘치게 되면서 장기금리는 하락하게 되겠죠.

글로벌 금융위기 이후 금리가 하락한 이유는 여기에 있습니다. 그리고 이렇게 금리를 낮춰놓은 만큼, 그리고 돈을 풀어놓은 만큼 이 돈은 자산시장으로 흘러 들어갔을 가능성이 높겠죠. 그러면 자금이 부동산시장이나 주식시장 등으로 이동을 하게 되고, 주식시장의 고공비행을 촉발하게 됩니다. 네, 2009년 이후 양적완화에 힘입어 주가는 상승했고, 장기금리는 하락했습니다. 주가는 오르는데 금리는 내리는 그림, 이 둘의 관계가 이제는 동행이 아니라 역행하는 모습으로 바뀐 것이죠.

　'그러면 2016년 하반기 이후 다시 주가와 금리가 동행하게 된 것은 뭘로 설명할 수 있지?'라는 생각이 팍 떠오를 겁니다. 혹시 당시에 무슨 일이 있었는지 기억나나요? 네, 도널드 트럼프(Donald Trump) 대통령이 등장했던 시기죠. 트럼프 대통령이 당선되면서 '과거에는 보지 못했던 강력한 경기부양책이 시작될 것이다'라는 기대감이 팽배해졌습니다. 그 이전만 해도 재정 적자를 늘리는 데 대해 각국이 매우 소극적이었는데 트럼프 전 대통령은 달랐죠. "재정 적자, 까짓 거 얼마든지 늘리자! 재정 지출을 늘려서 인프라 투자를 확대하고 대규모 법인세 감세를 통해 기업들이 부담 없이 수익을 내고 투자를 늘릴 수 있도록 해주자!"라고 주장합니다.

　그러자 바로 반론이 나오죠. "아니, 그렇게 방만하게 재정을 지출하면 국가 부채가 심각하게 늘어나게 된다. 감세 등으로 인해 세수는 줄어드는데 인프라 투자 지출 등 재정 지출이 커지게 되면 당연히 정부의 재정 적자는 심각한 수준으로 빠져드는 것 아니냐"는 반론이었죠. 이런 저항을 듣고 트럼프 행정부는 간단하게 이런 이야기를 합니다.

"감세를 해주더라도 감세로 인해 경기가 살아나면 더 많은 미국인들의 소득이 늘어나게 된다. 그러니 당연히 예전에는 세금을 내지 않던 사람들도 세금을 내게 되니 미국의 세수는 더욱더 늘어나게 될 것이다"라고 말이죠. 실제 트럼프 행정부에서 기대했던 것은 '감세를 해주면 기업들이 투자를 늘리고, 투자를 늘리는 과정에서 고용이 창출되고, 고용 창출이 이루어지면 그만큼 더 많은 이들의 급여 소득이 생겨나니 더 많은 급여 소득세를 징수할 수 있다'라는 논리였습니다.

물론 이렇게 진행되지는 않았습니다. 여담입니다만 감세를 통해 기업들이 현금을 더 많이 확보한 것은 사실입니다. 그런데 이렇게 확보한 현금은 투자로 이어지지 않았고, 기업들이 금융자산을 매입하거나 배당을 늘리는 방식을 썼죠. 네, 미국 기업들의 주주들에게 보다 많은 배당을 해준 겁니다. 그러니 실질적인 투자 증대 효과는 크지 않았다고 할 수 있죠.

트럼프 감세 당시 이 정책이 일자리를 만들어낼 것이라는 내용을 담은 기사를 잠깐 읽어보고 가죠.

트럼프 "감세(減稅) 즐기고 일자리 만들라"

미 의회 통과를 목전에 두고 있는 트럼프 행정부와 공화당의 감세안을 한마디로 요약하면 '법인세 감세'다. 중산층 감세 조치도 여럿 포함돼 있지만, 전반적으로 기업들의 세(稅) 경감에 초점이 맞춰져 있다는 게 대체적인 평가다. (……) 그만큼 기업이 고용·투자를 늘리면서 결과적으로 중산층 소득까지 늘어나는 이른바 '낙수 효과(트리클 다운 이펙트)'를 추구하고 있다는 것이다. 실제 트럼프 대통령은 세제개편안 하원 통과가 기대되던 이날 트위터에 "즉각적인 (기업의) 지출은 큰 임팩트를 가져올 것"이라며 "(기업들은 감세를) 즐기고, 아름다운 일자리를 창출하라!"고 적었다.

《문화일보》, 2017.12.20

딴 이야기를 한참 했네요. 2016년 하반기 트럼프 행정부가 들어오면서 대규모 재정 지출 및 감세를 한다는 기대감에 주식시장은 환호했죠. 그리고 드디어 대규모 재정 지출로 인해 실물경기가 살아나는 시대가 올 것이라는 기대감은 채권시장에도 영향을 미쳐 장기금리의 상승을 촉발하게 되었답니다. 그리고 이런 움직임은 2018년 하반기까지 이어지게 되죠.

2018년 4분기, 글로벌 금융시장에서는 '높아진 미국의 금리로 인해 전 세계 실물경기가 타격을 받고 있다'라는 이야기가 회자됩니다. 여기에 미·중 무역전쟁의 파고까지 겹치면서 미국 Fed는 2019년 하반기에 전격적으로 금리 인하를 단행하게 됩니다. 둔화되는 경기와 줄어드는 투자 수요, 그리고 중앙은행의 기준금리 인하는 결국 시장금리의 하락으로 이어지게 되죠. 돈을 더 많이 풀어줄 것이라는 기대감에 주식시장은 뜨겁게 달아올랐지만 반대로 풀어놓은 유동성은 금리를 잡아 내리는 데 일조를 하면서 다시금 주가와 금리가 역행하는, 즉 주가는 오르지만 금리는 내리는 구도가 재현되었던 겁니다.

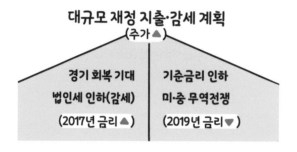

금리가 내리면서 주가를 부양하는 현상이 코로나19 사태 이후 더 강해지면서 최근까지 이어져왔는데요, 지금의 현상이 앞으로도 계속 이어질 것이라고 생각하는 경향이 강한 것 같습니다. 따라서 앞으로도 저금리는 계속해서 이어질 것이고 이로 인해 주식시장은 보다 강한 탄력을 받을 것이라는 기대감이 여전히 유효한것처럼 보입니다. 그런데 한 가지 과거와는 달라진 것이 있죠. 이제 금리는 0퍼센트라는 바닥선이 너무나 가까워 보인다는 겁니다. 2020년 8월 한때 0.6퍼센트까지 하락한 미국 10년 국채금리를 보면 금리가 더 내려갈 공간이 보이지 않죠. 바닥이 있기에 금리가 더 내려갈 수 없다면, 금리의 하락을 통해 추동되는 주가의 상승 역시 제한되는 것 아닐까 하는 생각이 들 겁니다.

그럼 시장 참여자들은 어떤 기대를 하게 될까요? 네, 바닥 밑에 지하실이 있다는 생각을 할 수 있겠죠. 그게 바로 마이너스 금리입니다. 코로나19 사태로 인한 충격을 완전히 아물게 할 수 있도록, 그리고 현재의 강력한 주식시장 상승을 더욱더 지원할 수 있도록 추가적인 경기부양을 위해 미국 역시 마이너스 금리를 도입할 필요가 있다는 이야기가 나오게 된 것이죠. 그리고 실제 마이너스 금리를 도입하고 있는 독일이나 일본을 생각하면 전례가 없는 일도 아닙니다. 그렇다면 미국마저도 마이너스 금리 대열에 합류하게 되는 걸까요?

| 일본, 유럽이 선택한 마이너스 금리

마이너스 금리에 대한 오해가 좀 있어서 설명을 하자면, 마이너스 금리는 우리가 생각하는 것처럼 일반 은행 창구에서 적용되는 금리가 아니라는 겁니다. 우리는 이렇게 생각하죠. 창구에 가서 예금을 1000만 원 넣으려고 합니다. 이때 창구 직원이 저한테 "예금금리가 마이너스 10퍼센트입니다"라고 말하는 거죠. 제가 1년 후에 원금과 이자를 합쳐서 900만 원을 수령하게 될 거라고요. 그런데 유로존의 일부 작은 국가들을 제외하면 일본과 유럽도 일반 은행 창구 고객의 예금에 마이너스 금리를 적용하지는 않습니다. 여기서 이야기하는 마이너스 금리는 중앙은행과 시중은행 간의 거래에서 적용되는 금리를 말하는 겁니다. 이 이야기를 조금 더 이어보겠습니다.

금융 시스템을 보면 중앙은행이 있고, 중앙은행은 시중은행들에게 자금을 공급합니다. 시중은행들은 유일하게 중앙은행에 당좌계좌를 터놓고 있죠. 앞서 설명했듯이 어떤 개인도 한국은행에서 정기예금, 모기지론, 신용대출 등을 이용할 수 없습니다. 중앙은행과 거래하는 주체는 시중은행이 유일하니까요. 그 시중은행에는 일반 기업들이나 가계들이 계좌를 트고 예금 및 대출 거래를 합니다. 그러니 '마이너스 금리'라는 말을 들었을 때 우리는 우리에게 익숙한 거래, 즉 시중은행과 일반 대중의 거래에서 마이너스 금리가 적용된다고 생각할 수 있지만 실제로는 일부 유럽의 작은 국가들을 제외하면 그 영역에선 마이너스 금리가 적용되지 않습니다. 단지 '중앙은행과 시중은행의 거래'에서만 마이너스 금리가 적용된다고 보면 됩니다.

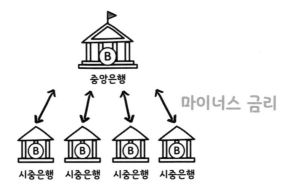

마이너스 금리

중앙은행

시중은행   시중은행   시중은행   시중은행

그럼 왜 이 영역에서 마이너스 금리가 적용되는 것일까요? 중앙은행은 경기 둔화 우려가 높아지는 시기에 양적완화 등을 통해 상당히 많은 자금을 시중은행에 공급했습니다. 그런데 시절이 하수상하다 보니 시중은행들이 일반 대중에게 좀처럼 대출을 해주지 않는 겁니다. 시중은행들은 안전하게 대출해줄 곳이 없다고 판단하고 넘치는 돈을 자신들의 은행이라고 할 수 있는 중앙은행의 당좌계좌에 다시 넣어버리는 것이죠.

중앙은행 입장에서는 황당할 수밖에 없을 겁니다. 경기부양하라고 이례적인 양적완화 정책을 도입해서 더 많은 돈을 뿌렸는데, 은행들은 받는 족족 이 돈을 중앙은행 당좌계좌로 계속 밀어넣고 있는 형국이니까요. 돈을 줬는데 다시 그 돈이 중앙은행으로 돌아오니 실물경제로 자금을 주입하는 경기부양 효과가 일어나지 않는 겁니다.

그래서 일본과 유럽의 중앙은행은 '중앙은행 계좌에 자꾸 돈을

넣으면 마이너스 금리를 때려버리겠다'라고 으름장을 놓게 됩니다. 시중은행들이 중앙은행 계좌에 돈을 넣어두면 마이너스 금리이기 때문에 계속해서 손해를 보게 되겠지요. 그럼 시중은행들은 중앙은행에 돈을 입금해놓는 것보다는 무언가 다른 좋은 곳에 돈을 쓸 방법을 찾게 되지 않을까요? 네, 이렇게 중앙은행과 시중은행의 거래에서 마이너스 금리가 도입되기 시작한 겁니다.

'와, 묘수다. 그럼 이제 시중은행들이 대출을 늘리겠네'라고 생각하면 오산입니다. 유럽과 일본의 시중은행들은 상당한 고민에 빠지게 되었죠. 그러면서 고민에 고민을 거듭합니다. 대출을 해주자니 경기가 좋지 않아서 부실화될 것 같고, 그렇다고 계속 중앙은행에 넣어두자니 마이너스 금리 패널티를 맞을 것 같고……. 진퇴양난의 상황에 빠져버린 겁니다. 그런데 거기서 다른 묘수를 떠올립니다. 바로 일본과 유럽의 장기국채를 사들이는 쪽으로 활로를 찾게 된 것이죠. 살짝 복잡하긴 하지만 조금 더 이어가보도록 하겠습니다.

| 마이너스 금리의 부작용

일본은 1990년대 버블 붕괴 이후 장기 침체의 늪에서 헤어나지 못하고 있죠. 그러다 보니 정말 자극적인 정책 지원이 필요하다는 것을 절감하게 됩니다. 이런 상황에서 2012년 아베 신조의 등장과 함께 무제한 양적완화라는 강력한 돈 풀기 정책을 시행하게 되죠.

　유로존 역시 마찬가지입니다. 2010~2012년 사이 유럽 재정위기를 겪으면서 경기가 살아날 기미가 보이지 않자 마찬가지로 2015년부터 강력한 양적완화 정책을 시행했답니다. 양적완화는 장기채권을 사들이는 프로그램이라고 설명했죠. 유럽과 일본 중앙은행은 매년, 매월 일정한 금액만큼의 각국 장기국채를 사들여야 합니다. 여기서 기가 막힌 힌트가 나오는 거죠.

　투자의 가장 큰 묘미는요, 내가 산 것을 누군가 다른 사람이 보다 비싼 가격에 사주는 데 있습니다. 내가 지금 아무리 비싼 가격에 주식을 사더라도 이 주식을 더 비싼 가격에 매입할 사람이 있다면 지금의 높은 가격의 주식에 투자를 하는 것이 맞겠죠. 유럽이나 일본의 금융기관들은 상당히 많은 자금을 갖고 있습니다. 그런데 대출해주기는 싫고 중앙은행 계좌에 돈을 넣으면 마이너스 금리 패널티를 맞으니 무언가 안전한 투자 대상을 찾아야 할 겁니다. 그래서 찾아낸 것이 유럽과 일본의 장기국채죠. 왜냐고요? 양적완화를 통해서 계속해서 중앙은행이 사줄 거니까요. 앞서 이야기했죠? 내가 산 장기국채를 더 비싼 가격에 중앙은행들이 의무적으로 사준다고 하면 이보다 더 좋은 거래가 어디에 있을까요? 네, 이 과정에서 엄청난 자금이 유럽과 일본의 장기국채시장으로 흘러 들어가게 됩니다.

너도나도 장기국채를 사려고 합니다. 그럼 장기국채 가격은 하늘 높은 줄 모르고 치솟게 되겠죠. 그리고 너무 많은 돈이 몰리니 유럽과 일본의 장기국채금리가 내려가다 못해 마이너스 권역까지 내려가버립니다. '어? 그럼 투자하면 마이너스 금리 패널티를 받는 거 아닌가?'라는 생각이 들 텐데요, 걱정할 필요 없습니다. 마이너스 0.2퍼센트의 마이너스 금리 국채를 사더라도 의무적으로 양적완화를 하고 있는 유럽과 일본의 중앙은행이 이 국채에 웃돈을 얹어서 사줄 테니까요.

가만히 앉아서 마이너스 금리 패널티를 맞느니, 그리고 불안한 곳에 대출해줘서 손실을 크게 보느니 중앙은행이라는 큰손이 뒤에서 사줄 것이라고 하는 장기국채를 사들이는 것이 시중은행들 입장에서는 현명한 선택이라고 할 수 있겠죠. 그래서 유럽의 국채 금리가 마이너스를 기록하고 있음에도 이들 국가의 시중은행들이 마이너스 국채를 사들이고 있는 겁니다.

'아, 중앙은행이 시중은행에 마이너스 금리를 때렸더니 시중은 행이 묘수를 써서 대응하는구나'라는 생각이 들 겁니다. 그런데요, 이런 방향으로 잠시 생각해보죠. 중앙은행이 마이너스 금리를 도 입한 가장 큰 이유는 시중은행이 실물경제 주체들에게 대출을 늘 려주기를 의도했기 때문입니다. 그런데 유럽과 일본의 시중은행 들이 하라는 대출은 안 하고 장기국채만 사들이면서 엉뚱한 반응 을 보이고 있는 거죠. 의도했던 효과는 전혀 나타나지 않고 있는 겁니다.

마이너스 금리는 고육책을 쓰면서 버티고 있는 일본과 유럽 은 행들에게도 오히려 독이 됩니다. 은행의 수익 구조 중 가장 대표 적인 것이 단기로 자금을 (은행이) 빌려와서 장기로 그 돈을 대중에 게 대출해주는 거죠. 단기금리보다 장기금리가 더 높은 게 일반적 입니다. 낮은 금리로 돈을 빌려와서 높은 금리로 장기 대출을 해 주며 장단기 금리 차를 얻는 게 은행들의 대표적인 수익 구조입 니다. 그런데 마이너스 금리까지 금리가 너무 많이 내려가게 되니 단기금리나 장기금리나 금리 차이가 거의 없어지게 되는 거죠. 그 럼 은행의 대표적인 수익원인 장단기 금리의 차이를 먹는 그 전략이 통하지 않게 됩니다.

그럼 은행의 수익성이 크게 악화되겠죠. 수익성이 낮아진 만큼 은행들은 대출 한 번 해주는 데 있어서 더욱더 신중에, 신중에, 신중을 기하게 될 겁니다. 혹여나 부실 대출을 해주게 되면 돈도 벌지 못하는 상황에서 손실만 잔뜩 키우는 꼴이 될 테니까요.

자, 마이너스 금리를 도입한 일본과 유럽의 이야기를 해봤습니다. 이들이 마이너스 금리를 도입한 이유는 은행들이 실물경제에 대출을 늘려줄 것을 기대했기 때문입니다. 그런데 그런 의도와는 달리 장기국채 쪽으로 자금의 일방적인 쏠림을 만들어냈죠. 그리고 전반적인 마이너스 금리 기조가 만들어지면서 유럽과 일본 은행들의 수익성이 크게 악화됩니다. 이는 오히려 이들이 대출을 해줄 때 더 신중을 기하도록 만들었죠. 네, 오히려 대출을 더 해주지 않는 상황이 펼쳐진 겁니다. 유럽과 일본의 금리 흐름과 은행 주가가 특히 부진함을 한눈에 알 수 있는 다음 4개의 그래프를 통해 확인해보죠(그래프 3~6).

그래프 3 ◆ 2014년 이후 독일 10년 국채금리

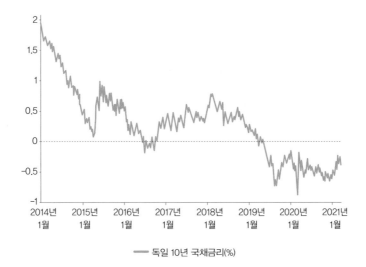

독일 10년 국채금리(%)

좌축을 보면 금리가 이미 마이너스 수준까지 내려와 있음을 알 수 있습니다. 특히 코로나19 사태 직후에는 독일 10년 국채금리가 −0.7퍼센트까지 내려가면서 마이너스 금리의 현실화를 볼 수 있었죠. 2014년 이후 시작된 유로존 중앙은행인 ECB의 강력한 유동성 공급 및 마이너스 금리 정책으로 인해 유로존 금리는 전인미답의 마이너스 금리 영역까지 내려온 겁니다.

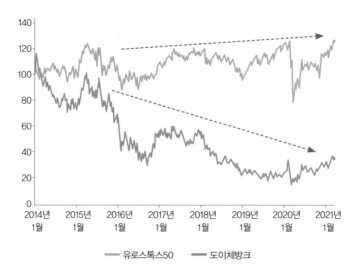

그래프 4 ◆ 2014년 이후 유로스톡스50 지수와 도이체방크 주가

유로스톡스50 ——— 도이체방크

2014년 이후 유로존 주요 기업 50개로 만든 유로스톡스50 지수와 독일의 대표 은행인 도이체방크의 주가 비교입니다. 2014년 1월 이후의 흐름을 그린 것인데요, 지수와 주가를 각각 100으로 환산한 값입니다. 유로스톡스50 지수는 2014년의 100대비 120을 넘겼으니 20퍼센트 이상 상승했죠. 반면 도이체방크 주가는 2014년의 100에서 약 30까지 하락했으니 같은 기간 동안 약 70퍼센트가 하락한 겁니다. 그만큼 마이너스 금리로 인한 유로존 은행들의 마진 감소가 심각했다고 할 수 있죠.

그래프 5 ◆ 2016년 이후 일본 10년 국채금리

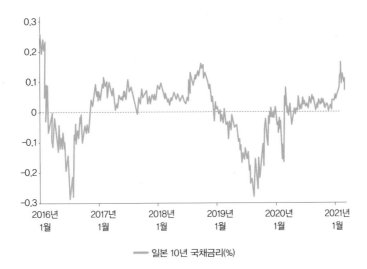

일본도 유럽과 비슷한 상황입니다. 2016년 1월 일본중앙은행인 BOJ는 전격적인 마이너스 금리 정책을 발표했죠. 이후 일본의 국채금리 역시 −0.2~0.2퍼센트 사이의 밴드에 갇혀 장기적으로 횡보하고 있는 모습입니다.

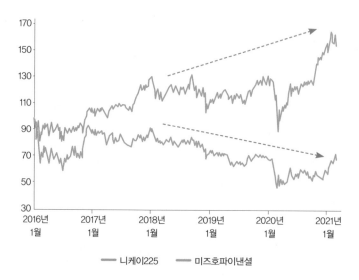

2016년 1월 이후 일본의 대표 기업 225개로 만든 지수인 니케이225 지수와 미즈호파이낸셜그룹의 주가를 비교한 그래프입니다. 2016년 1월 두 값을 100으로 환산해 비교를 하고 있죠. 니케이225 지수는 100에서 거의 170까지 상승했으니 70퍼센트 정도 오른 거죠. 반면 미즈호파이낸셜그룹 주가는 100에서 70까지 하락했으니 거의 30퍼센트 정도 하락한 겁니다. 마이너스 금리가 은행권에 주는 부담은 유로존이나 일본이나 비슷한 듯합니다.

마이너스 금리를 선도적으로 도입한 일본과 유럽이 이런 부작용에 시달립니다. 이 모습을 바라보고 있는 미국의 Fed는 어떤 생각을 하게 될까요? 그 부작용을 뚜렷이 확인한지라 미국 금융시장에 마이너스 금리를 도입하는 데에는 매우 신중한 행보를 보일 겁니다. 어쩌면 더욱더 강한 충격이 금융시장에 찾아와서 마이너스 금리 도입 외에는 추가적이고 새로운 부양책을 찾기 어려울 때, 그런 상황에서는 도입을 고민할 수도 있습니다. 하지만 지금 마이너스 금리 정책을 실행할 가능성은 상당히 낮아 보입니다. Fed의 파월 의장의 마이너스 금리 발언을 인용하면서 이만 줄입니다.

파월 "마이너스 금리 유용한 정책 아냐"

제롬 파월 미국 연방준비제도(연준, Fed) 의장은 마이너스 금리는 미국에는 적절하거나 유용한 정책은 아니라고 진단했다.

파월 의장은 17일(현지시간) 미국 CBS 방송 '60분'에 출연해 마이너스 금리 시행 가능성을 묻는 말에 "나와 연방공개시장위원회(FOMC) 동료들은 마이너스 금리는 이곳 미국에는 적절하거나 혹은 유용한 정책(Appropriate or Useful Policy)이 아니라고 계속 생각해왔다"고 말했다.

파월 의장은 마이너스 금리는 "사람들이 은행에 돈을 예치하기 위해서는 이자를 내야 하는 것이다"라며 "따라서 상상하는 것처럼 특별히 인기 있는 정책은 아니다"라고 설명했다. 그는 이어 마이너스 금리가 은행의 수익성을 떨어뜨리는 경향이 있으며 이는 은행들이 돈을 덜 빌려주게 만들어 성장에 부담이 될 수 있다는 점도 지적했다.

그는 경제 분석상 마이너스 금리가 "많은 가치를 더한다는 게 전혀 정착

되지 않았다고 말하고 싶다"며 많은 나라에서 마이너스 금리를 채택했으나 이것이 "경제 활동을 실제 지지한다는 뚜렷한 결과가 없다"라고 강조했다.

《연합인포맥스》, 2021.5.18

7

투자 패턴이 확 바뀐
개인투자자

2020년 3월 코로나19 사태는 전례 없는 주식시장의 급락을 보여주기도 했지만 그 이후 전례 없는 주식시장의 상승도 함께 만들어냈습니다. 고점 대비 큰 폭으로 하락했던 주식시장도 불과 수개월 만에 전 고점을 탈환했죠. 코스피 지수도 2100선에서 뚜렷한 방향성을 잡지 못하고 횡보하다가 코로나19 사태 이후의 반등장에서 사상 최초로 3000선을 돌파하는 기염을 토했죠. 그리고 이런 주식시장의 상승은 과거와는 다르게 개인들이 주도하고 있습니다. 한국에서는 '동학개미운동'이라고 하고 미국에서는 '로빈후드'라는 말을 씁니다. 그리고 중국이나 인도, 동남아시아, 유럽 국가들에서도 개인들의 주식 투자 열풍은 상당 기간 이어지고 있습니다.

개인투자자들이 주식을 사들이는 것은 새로운 현상이 아닙니다. 다만, 이들의 투자 패턴이 과거와는 사뭇 다른 모습을 보인다는 것이 핵심입니다. 과거에는 주가가 오르면 너도나도 몰려 들고 조금만 주가가 하락하면 혼비백산하는 모습을 보였는데 지금은 전혀 다른 패턴을 보이고 있습니다. 주가가 하락하는 날이면 외국인과 기관 투자자들이 주식을 매도하는데, 개인들이 과거에는 보지 못했던 수준으로 주식을 적극적으로 사들이고 있는 겁니다. '세상이 변했구나!'라는 감탄사가 나오기는 하지만 보다 중요한 것은 왜 이런 현상이 나타나는지에 대한 원인 분석일 겁니다.

| 떨어지면 사라 — Buy the dip(BTD)

학습 효과라는 것이 있습니다. 조금은 끔찍한 비유인데요, 뉴욕의 높은 빌딩에서 어떤 사람이 추락하고 있다고 가정해보죠. 모두들 '큰 사고가 났구나' 생각하는 그 순간 꿈같은 일이 일어납니다. 스파이더맨이 등장해서 그 사람을 구해준 겁니다. 안전한 곳에 그 사람을 데려다준 다음 스파이더맨은 "여러분의 친절한 이웃, 스파이더맨!"이라는 친근한 말을 날리고 사라집니다.

이후에도 비슷한 일이 계속해서 일어납니다. 뉴욕 빌딩에서 사고로 떨어지는 사람들을 모두 스파이더맨이 구해주는 거죠. 떨어졌다 하면 어디선가 나타나서 사람들을 구해주는 겁니다. 이게 한두 번이 아니라 수십 번 수백 번 반복되고 단 한 번도 사망 사고로 이어지지 않았다면 사람들은 무슨 생각을 하게 될까요? 네, 스파이더맨은 언제 어디서나 우리를 구해주는 든든한 친구라는 생각을 하게 될 겁니다.

그럼 조금 많이 과장된 이야기일 수 있겠지만 이런 사람들도 등장하지 않을까요? 극강의 어드벤쳐를 즐기고자 하는 사람들이 나타나는 것입니다. 이 사람들은 뉴욕의 높은 빌딩에 올라가서 아무 이유 없이 그냥 뛰어내리는 겁니다. 정말 특이한 사람들이죠. 아찔하게 하락하던 중 갑자기 나타난 스파이더맨에게 구조됩니다. 그리고 이 사람들은 자랑스럽게 이야기합니다. 스파이더맨이 나를 구해주었다고요.

이런 상황이 계속해서 이어지게 된다면 어떤 일이 벌어지게 될까요? 더욱 꿈같은 이야기겠지만 뉴욕 빌딩에서 떨어져서 스파이더맨을 만나려는 사람들이 늘어나게 됩니다. 소설이지만 이런 행동을 하는 이유를 대충 이해할 수 있겠죠? 네, 바로 학습 효과입니다. 한두 번이 아니라 수십 번, 수천 번 스파이더맨이 살려주는 것을 보면서 확신을 갖게 되는 거죠. 내가 위기에 빠지면 반드시 스파이더맨이 나타난다는 확신을요.

이 이야기를 주식시장으로 연결해보겠습니다. 글로벌 금융위기 당시 Fed는 무너져 내리는 글로벌 금융시장을 구원하기 위해 전례없는 유동성 공급 정책을 펼쳤죠. 워낙 강력한 통화 완화 정책이었기에 금융위기의 파고 속에서도 금융시장의 회복을, 주식시장의 강한 반등을 만들어낼 수 있었답니다.

금융위기는요, 사람으로 따지면 옆구리에 큰 칼을 맞는 것과 같습니다. 글로벌 경제라는 사람이 금융위기라는 충격을 받고 그대로 쓰러져버린 거죠. 이 상황에서 Fed가 엄청난 비용을 투입하며 글로벌 경제라는 사람을 살리기 위해 나섰던 겁니다. 이후 다양한 수술을 통해서 회복하기는 했지만 워낙 큰 충격을 받고 쓰러졌던 만큼 예전과 같은 강건한 모습으로 되돌아가지는 못했습니다. 오히려 매우 허약한 모습을 보이게 됐죠. 그리고 허약 체질의 경제가 되었기에 작은 충격에도 쉽게 흔들리고 너무나 쉽게 픽 하고 쓰러져버리는 겁니다.

그리고 Fed를 비롯한 글로벌 중앙은행들은 금융위기를 통해서 한 가지 사실을 확실히 배우게 됩니다. 쓰러지기 전에 경제를 회복시키는 것이 이미 쓰러져서 기절해버린 경제를 다시 끌어올리는 것보다 훨씬 비용이 적게 든다는 것을요. 말이 길어서 좀 복잡한데요, 직관적으로 '죽은 사람을 살리는 것보다 죽기 직전의 사람을 살리는 것이 훨씬 쉽다' 정도로 이해를 하면 됩니다.

중앙은행들은 이를 너무나 잘 알기에 금융위기 이후 글로벌 금

융시장에 약간의 충격이 찾아오기만 해도 각국 중앙은행들은 상
당한 과잉 반응을 보이면서 금융시장이 무너져 내리는 것을 제어
하려고 하죠. 그래프 하나 보면서 설명을 이어갑니다(그래프 7).

그래프 7 ◆ 2008년 이후 S&P500 지수

—— S&P500(pt)

금융위기 이후에도 여러 차례 글로벌 금융시장이 휘청이는 시기들이 있
었습니다. 그때마다 중앙은행은 추가적인 완화 정책을 도입하거나 금리
인상과 같이 금융시장에 부담을 주는 정책들을 되돌리는 스탠스를 취했
죠. 이 과정에서 시장 참여자들은 '아, 시장이 불안하면 바로 지원을 해주
는구나'라는 점을 배우게 됩니다. 이런 학습 효과가 이른바 '떨어지면 사
라' 현상을 만들어낸 거죠.

2010~2012년 유럽 재정위기 당시에 유럽 중앙은행인 ECB의 마리오 드라기(Mario Draghi) 총재는 "Whatever it takes(무슨 수를 써서라도)"라는 말까지 하면서 무너져 내리는 금융시장을 지원했죠. 2015년 중국의 위기 국면에서 Fed는 중국을 비롯한 이머징 국가들이 경제 붕괴로 치달을 수 있음을 우려하면서 금리 인상을 늦추었습니다. 2018년 하반기에는 미국 주식시장이 무너져 내리자 Fed는 기준금리 인상을 멈추고 오히려 금리 인하로 태세 전환을 하게 됩니다. 당시의 혼란을 수습하기 위해 정책들이 나왔던 시기의 기사들을 차례로 인용합니다. 첫 번째 기사는 ECB 총재의 2012년 발언이고, 두 번째 기사는 2016년 초 중국을 비롯한 전 세계 상황을 감안하여 미국 금리 인상을 늦출 것을 선언한 당시 Fed 의장 재닛 옐런(Janet Yellen, 현재는 미국 재무장관)의 발언입니다. 세 번째 기사는 2019년 초 금융시장의 혼란을 극복하기 위해 금리 인상을 중단하는 Fed 파월 의장의 이야기를 담고 있습니다.

ECB 총재 "유로존 구제 위해 모든 조치 하겠다"

마리오 드라기 유럽중앙은행(ECB) 총재가 26일(현지시간) 유로존 구제를 위해 필요한 모든 조치를 하겠다고 밝혔다.

그는 이날 영국 런던에서 열린 글로벌투자콘퍼런스에서 "ECB는 위임받은 권한 안에서 유로를 지키는 데 필요한 모든 것을 할 준비가 돼 있다"

며 "나를 믿어달라. 조치는 충분할 것"이라고 말했다.

《연합뉴스》, 2012.7.26

"금리인상 천천히" 옐런 한마디에 증시 활짝

미국의 추가 금리 인상 시점이 당초 예상보다 늦춰질 것으로 보인다. 재닛 옐런 미국 연방준비제도(Fed·연준) 의장은 29일(현지시간) 뉴욕 이코노믹 클럽 연설에서 추가 금리 인상에 대해 "결국에는 올리겠지만, 조심스럽게 진행하는 게 적절하다"고 밝혔다. 이어 "중국 경제 둔화와 유가 급락에 따른 세계 경제와 금융시장의 불확실성이 미국 경제에 위험 요인이 되고 있다"며 "지난해 12월 이후 기본적인 경제 전망은 거의 바뀌지 않았지만 글로벌 경제 상황은 지속적인 위험들을 제기한다"고 설명했다.

《세계일보》, 2016.3.30

연준, 사실상 금리 인상 사이클 종료 시사

미국 연방준비제도(연준·Fed)가 기준금리를 동결하면서 '추가적인 점진적 금리 인상' 문구를 삭제했다. 제롬 파월 연준 의장은 기준금리를 인상할 "논거가 다소 약해졌다"고 언급해 사실상 금리 인상 사이클이 막바지에 다다랐음을 시사했다. 월스트리트저널은 30일(현지시간) 연준이 금리 인상 주기의 끝에 다다랐을 수 있다는 가장 강한 신호를 보낸 것이라고 진단했다.

《연합인포맥스》, 2019.1.31

2019년 이후 이어진 금리 인하에도 불구하고 코로나19 충격으로 흘러내리는 주식시장을 바닥에서부터 끌어올리기에는 역부족이었죠. 코로나19 사태를 헤쳐 나가기 위해 결국 무제한 양적완화까지 도입했던 겁니다. 앞에서 다루었던 양적완화, 질적완화, 통화 스와프, 제로 금리, 마이너스 금리 등이 코로나19 국면에서 본격적으로 회자되었던 중앙은행의 경기부양책이었답니다.

금융위기 이후 10년 이상의 기간에 걸쳐서 주식시장이 무너질 것 같으면 글로벌 중앙은행이 밑을 받쳐줍니다. 한두 번 받쳐줄 때에는 Fed에 대한 모니터링을 잘하는 전문가들이 들어가서 주식을 저가에 매수해서 수익을 내곤 했죠. 전문가를 헤지펀드와 같은 기관투자자라고 생각하면 됩니다. 그런데 이게 한두 번이 아니라 계속해서 반복되니 전문가들뿐 아니라 일반 대중들도 하나둘씩 시장이 흔들리면 중앙은행이 나서서 돈을 풀어서 지원을 해준다는 것을 깨닫게 됩니다. 그런 상황에서 만난 것이 바로 2020년 3월의 코로나19 사태였던 거죠.

그렇게 강력한 충격에서도 주식시장을 크레바스(Crevasse) 끝에서 끌어올리는 Fed의 모습을 보면서 이제 일반 대중들도 확신을 갖게 됩니다. '주식을 살 때다!' 그리고 코로나19 사태 당시의 저점에서 주식을 사들여서 상당한 수익을 만들어내는 데 성공합니다. 이들은 금융위기 이후 10년 이상의 기간 동안 이걸 확실히 배웠답니다. 주가가 하락하면 저가에 사들이자는 뜻의 영어 "Buy the dip(밀리면 사라)"이 바로 그것입니다. 이 문장은 한국뿐 아니라 미국에서도 개인투자자들 사이에 널리 유행하는 표현입니다.

| 소외되지 마라 — Fear of missing out(FOMO)

10년의 학습 효과를 통해서 개인투자자들은 떨어지면 사자, 즉 BTD를 배웠습니다. 그리고 실제로 코로나19 이후 회복 국면에서 상당한 수익을 내게 되죠. 펀드 매니저, 애널리스트, 헤지펀드 전문가 등 나오는 다른 리그에 있는 금융 전문가들이 돈을 번 것이 아닙니다. 내 주변의 친구들이 주식 투자로 돈을 벌고 있는 겁니다. 그럼 저 역시 이건 그들만의 리그가 아니라는 생각을 하게 되지 않을까요? 네, 그러면 한 명, 두 명…… 주식시장으로 더 많은 사람들이 유입되겠죠. 내 친구들을 비롯하여 많은 일반 대중들이 수익을 내고 있는 이런 기회를 놓치기 싫은 현상이 나타나게 됩니다. 이걸 "Fear of missing out(동참하지 않았다가 나만 기회를 놓칠 수도 있다는 두려움)"이라고 하고요, FOMO라는 단어로 통하고 있습니다.

| 주식이 답이다 ─ There is no alternative(TINA)

중앙은행이 지켜주니까 주가가 떨어지면 사들이자(BTD). 전문가가 아닌 개인들도, 내 친구들도 지금 주식시장에서 수익을 내는데 나만 주식 투자를 하지 않으면 소외된다는 두려움(FOMO)도 같이 생기고요. 실물경제는 침체일로에 있기에 고용이 창출되지 않습니다. 고용시장이 어렵다 보니 당연히 임금 인상은 언감생심 생각도 할 수 없겠죠. 근로소득을 통해서 부를 쌓기에는 임금 인상 속도가, 실물경기 개선 속도가 너무 느립니다. 그리고 중앙은행들이 경기부양 과정에서 기준금리를 제로까지 인하했죠. 한국은행 역시 기준금리를 사상 최저인 0.5퍼센트까지 인하했습니다. 1년짜리 은행 정기예금금리가 1퍼센트 수준입니다. 1억 원으로 예금을 가입해도 1년 후에 100만 원 이자를 받기 벅찰 정도입니다. 그럼 개인들은 과거와는 다른 생각을 하게 되겠죠. 네, 주식이나 부동산 투자 이외에는 대안이 없다는 생각을 하게 됩니다.

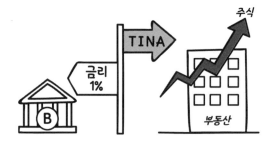

영어로 "There is no alternative(대안이 없다)"라는 말이 생겨났습니다. TINA라는 약자로 미국에서 로빈후드들 사이에 널리 통용되고 있답니다.

| 주식은 과열, 경기는 침체 — K-recovery

자, 그럼 주식시장으로 자금이 엄청나게 유입되겠죠. 코로나19로 인해 실물경기가 큰 타격을 받았지만 주식시장은 전례 없이 뜨거운 모습을 보여줍니다. 실물경제와 주식시장의 괴리가 심각한 수준으로 벌어지게 되죠. 코로나19로 인해 공장 가동은 멈추었고 직장을 잃은 사람들도 많지만 주식시장은 연일 사상 최고치를 경신하는 기현상이 나타나게 되죠. 일반적인 경제 위기 이후 회복 과정을 보면 다음의 루트를 따르곤 합니다.

큰 폭으로 경제가 무너져 내린 이후 강력한 부양책에 힘입어 빠른 속도로 회복되기도 하겠죠. 이런 루트를 V자 회복이라고 합니다. 큰 폭으로 경제가 무너져 내린 이후 지지부진한 회복세를 이어가다가 상당한 시간이 흐른 후에 본격적인 회복세로 접어드는 것을 U자 회복이라고 하고요. 일본처럼 경제 위기가 찾아온 이후 회복하지 못하고 주저앉은 그 모습 그대로 장기 침체로 접어드는 것을 L자 침체라고 말합니다.

제1장 코로나19 이후 글로벌 경제 환경

이번 코로나19 위기 이후 회복 과정에서는 V자, U자, L자의 회복 구도가 나타나지 않았습니다.

실물경제는 침체일로를 겪고 있는 반면 주식시장으로는 엄청난 자금이 유입되면서 주가가 연일 사상 최고치를 경신하는 과열 징후를 나타내고 있습니다. 네, 큰 폭으로 경기가 무너져 내린 이후 일정 수준 회복이 됩니다. 이후 실물경기는 뚜렷한 회복세가 아닌 지지부진한 모습을 보이지만 주식시장은 강력한 회복세를 보이는 이른바 회복의 '양극화'가 현실화되고 있는 겁니다. 이런 회복세를 'K자 회복', 영어로는 'K-recovery'라고 부르죠.

회복의 양극화

이제 정리해보죠. 중앙은행의 강력한 경기부양책, 그 경기부양책으로 인해 주식시장이 무너지지 않는다는 믿음, 그러니 주식이 하락하면 바로 사들이면 된다는 학습 효과가 만들어낸 단어가 'Buy the dip'입니다. 이런 전략으로 실제 코로나19 이후 상당한 수익을 내는 개인들을 보면서 나 역시 여기서 소외되면 안 된다는 생각에 적극적으로 주식 투자에 참전하게 되죠. 이게 바로 'Fear of missing out'이고요. 이로 인해 주식시장으로의 개인투자자 유입이 크게 늘어나게 됩니다. 이는 개인투자자 주도의 주가 상승을 추동하는 원동력이 되어주죠.

주식시장은 뜨거운데 실물경제는 어둡습니다. 회복의 양극화, 즉 K-recovery의 상황하에서 과거와 같이 근로소득을 통해, 혹은 이자소득을 통해 저축을 쌓아가는 것은 이제 기대난망입니다. 대안이 없기에(There is no alternative) 주식 투자에 더욱 더 관심을 많이 가질 수밖에 없게 되는 상황이 펼쳐지게 되죠. 앞으로도 이상의 네 가지 단어(BTD, FOMO, K-recovery, TINA)는 종종 만나게 될 겁니다. 이런 현상이 갑자기 나타난 것이 아니라 금융위기 이후 꾸준히 이어진 경기부양책 속에서 싹트게 된 것임을 기억하세요. 코로나19 국면에서 나타난 개인투자자들의 주식 투자 과열 현상을 중앙은행의 통화정책과 연계하여 설명했습니다. 이번 챕터는 여기서 줄이죠.

8

서민경제 살리는
정부의 재정정책

코로나19 이후의 회복 과정을 설명하면서 Fed를 비롯한 각국 중앙은행의 다양한 경기부양책들을 다루어봤습니다. 금리 인하, 양적완화, 마이너스 금리 같은 어려운 이야기들을 살펴봤고요. 이런 정책들을 우리는 '통화정책'이라고 부르고, 화폐를 찍을 수 있는 권한을 가진 기관인 각국의 중앙은행이 이런 정책을 쓰는 주체가 됩니다.

그런데 일각에서는 이런 질문을 제기하는 분들도 있죠. "세금을 감면해주거나 정부가 보조금을 주거나 하는 정책들은 통화정책과 뭐가 다른가요?" 그건 중앙은행이 쓰는 통화정책이 아니고, 중앙정부가 사용하는 '재정정책'입니다. '무슨 정책인가가 중요한가?'라는 생각이 들 수 있는데요, 이번 챕터에서는 이 둘의 근본적인 차이점과 각각의 한계에 대해서 살펴볼까 합니다.

| 국가에게 돈을 빌려주는 '은행'

중앙은행이 쓰는 통화정책은 실물경제에 유동성, 즉 돈을 공급하면서 경기의 부양을 유도하는 정책입니다. 그런데 중앙은행은 어디까지나 '은행'입니다. 이 이야기를 하는 이유는 은행의 특성상 아무리 중앙은행이라 해도 돈을 특정 주체에게 그냥 줄 수는 없다는 점을 강조하기 위해서입니다. 중앙은행은 누군가에게 돈을 줄 수는 없고, 오직 빌려줄 수만 있습니다.

준다와 빌려준다, 무슨 차이가 있을까요? 이렇게 한번 생각해봅시다. 제가 누군가에게 돈을 그냥 준다고 가정해보죠. 그냥 돈을 잔뜩 갖고 길거리에 나가서 돈을 뿌리는 겁니다. 그럼 누군가가 그 돈을 가지고 가겠죠. 이렇게 돈을 풀어주고 끝납니다. 반면 돈을 빌려주는 경우는 그것과는 전혀 다르죠. 그냥 돈을 뿌리고 끝내서는 안 됩니다. 왜냐고요? 빌려준 돈을 나중에 돌려받아야 하니까요. 돈을 빌려준 사람, 즉 돈을 뿌린 나에게 돈을 갚으라고 해야 합니다. 하나 더, 돈을 빌려줄 때에는 돈을 빌려가는 사람의 신용을 볼 필요가 있겠죠.

그렇다면 중앙은행이 돈을 공급할 때, 즉 돈을 빌려줄 때에 누구에게 돈을 빌려줄 수 있을까요? 네, 중앙은행은 화폐를 발행하는 기관입니다. 돈을 찍는 기관인 만큼 화폐의 신뢰성을 높여야 하기에 아무에게나 돈을 빌려주다가 돈을 떼이거나 하면 안 되겠죠. 아무에게나 돈을 찍어서 빌려준다? 이렇게 되면 그 중앙은행이 발행한 화폐에 대한 신뢰가 땅에 떨어지게 될 겁니다. 그렇기에 중앙은행은 신용도가 높은 대상에게만 돈을 빌려주죠. 앞에서 말한 것처럼 국가에게 돈을 빌려주는 것이 가장 안정적일 겁니다. 국가에게 돈을 빌려주는 가장 좋은 방법, 국가가 나서서 발행한 국채를 사들이면 되겠죠.

'양적완화'라는 단어, 기억나나요? 중앙은행이 장기국채를 사들이는 통화정책입니다. 중앙은행은 신뢰도가 높은 대상에게 돈을 빌려줘야 하기에 신용도가 가장 높다고 알려진 국가에 돈을 빌려줘야 하고, 그래서 장기국채를 사들여야 하겠죠. 재미있는 것은 장기국채를 많이 보유하고 있는 기관은 시중은행들입니다. 그래서 중앙은행은 시중은행들이 보유한 장기국채를 사들이면서 시중은행에게 현금을 찍어서 공급을 해주게 됩니다. 중앙은행의 자금 공급, 즉 빌려주는 행위가 결국은 시중은행에 현금을 주는 결과로 이어지는 겁니다.

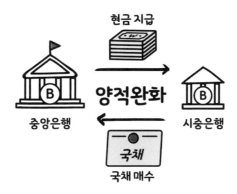

자, 복잡한 이야기니까 여기까지 정리 한 번만 더 하겠습니다. 중앙은행은 돈을 빌려줄 수만 있습니다. 그렇기에 신용도가 높은 대상에게 돈을 빌려줘야 하고, 그래서 국채만 사들일 수 있는 거죠. 국채를 많이 보유한 곳은 시중은행들입니다. 시중은행에서 국채를 사들이면서 그들에게 현금을 주입합니다. 이게 중앙은행의 통화정책이 됩니다. 그럼 시중은행으로 현금이 많이 흘러 들어가게 되고, 시중은행들은 이 돈을 실물경제에 뿌리게 되겠죠.

그런데 시중은행들도 비슷한 고민을 하고 있습니다. 그들도 돈을 빌려줄 수만 있지 그냥 줄 수는 없습니다. 당연히 신용도가 높은 누군가에게 빌려주고 싶을 겁니다. 코로나19 사태로 인해 고통받고 있는 실물경제 주체에게 돈을 빌려주는 것이 사회 정의에는 맞겠지만 혹여나 나타날 수 있는 부실의 우려가 높죠. 선뜻 돈을 빌려주기 어려울 겁니다. 그럼 중앙은행에 국채를 넘기고 현금을 받은 시중은행들은 어디에 대출을 해주고 싶을까요? 네, 당연하죠. 신용도가 높은, 그리고 부실의 위험성이 제로에 가까운 그런 기업들에게 돈을 빌려주고 싶겠죠. '언택트(Untact)'라는 단어가 떠오르지 않나요? 애플, 아마존(Amazon), 알파벳(Alphabet), 마이크로 소프트(Microsoft)와 같은 초대형 기술 기업들은 코로나19 사태 속에서 오히려 성장의 수혜를 받고 있는 기업들입니다. 이들에게 돈을 빌려주면 돈을 돌려받지 못할 우려, 즉 돈을 떼일 가능성은 사실상 없다고 봐야겠죠.

이런 기업들엔 돈이 넘치고 있음에도 불구하고 시중은행의 대출은 이들을 향하게 됩니다. 그럼 이 기업들은 너도나도 돈을 빌려주겠다고 하니 가장 낮은 금리에 돈을 빌릴 수 있겠죠. 코로나19 국면에서 언택트로 인해 기업 이익도 증가하는데 돈이 몰리면서 훨씬 낮은 금리로 돈을 빌릴 수 있으니 이자 부담도 크게 줄어들게 됩니다. 앞서 K-recovery를 말할 때 차가운 실물경제와 뜨거운 금융시장의 괴리를 언급했는데요, 다른 관점에서 뜨거운 언택트 대기업과 고전을 면치 못하는 컨택트 기업들도 K-recovery로 설명할 수 있겠네요.

중앙은행은 돈을 빌려줄 수 있습니다. 돌려받아야 하니 당연히 높은 신용을 가진 경제 주체에게 돈을 빌려줘야 하고, 그래서 중앙은행은 국채를 매입(국가에 돈 빌려주기)할 수밖에 없는 거죠. 그리고 국채를 많이 보유하고 있는 시중은행들은 중앙은행에 국채를 팔면서 현금을 잔뜩 확보합니다. 그리고 이들이 확보한 현금은 언택트 대기업을 향하게 되죠. 빌려주는 것이니 당연히 떼일 위험이 없는 곳으로 대출을 주게 되는 겁니다. 그럼 코로나19의 직격탄을 맞아 지원이 절실한 실물경제로는 자금이 흘러 들어가지 못하는 문제가 생기죠. 이게 통화정책의 한계입니다. 돈을 빌려줄 수밖에 없다는 것이죠.

│서민에게 돈을 쥐어 주는 '정부'

그럼 돈을 서민경제로 흐를 수 있도록 해주면 되는 것 아닌가 하는 생각이 들 텐데요, 그게 바로 재정정책입니다. 정부는 선출직 공무원으로 구성되어 있죠. 선출직이라는 말은 국민들의 투표를 통해 결정된 대리인이라는 뜻입니다. 그렇기에 이들은 한정된 자원을 효율적으로 배분하는 정치를 해야 하는 것이죠. 정부는 코로나19로 인해 타격을 받은 특정 경제 주체에게 감세를 해주거나 특별 자금을 대출해주는 역할을 수행할 수 있죠. 다시 말하면, 중앙은행과 달리 정부는 돈을 빌려주는 것이 아니라 특정 대상에게 지급해줄 수 있습니다. 즉, 정부는 코로나19로 신음하는 이들에게 실질적인 자금 지원을 해줄 수 있는 능력을 갖고 있는 것이죠. 이게 재정정책의 핵심입니다. Fed의 파월 의장 역시 이런 비슷한 내용을 담은 발언을 한 바 있죠. 기사 인용합니다.

> **연준, 코로나 대응 위해 기업에 2조 3000억 달러 투입**
>
> 파월 의장은 연준의 비상수단은 "민간 시장과 기관들이 다시 중요한 기능을 수행할 수 있게 될 때만 종료될 것"이라면서도 "연준은 지출 기관이 아니라 대출 기관"이라고 거듭 강조했다.
>
> 그는 "코로나19로 인한 피해가 가장 큰 사람들에 대한 재정 지원을 직접 전달해야 하는 중요한 임무는 선출직 공무원들에게 달려 있다"며 "나중에 상환해야 할 대출보다는 직접적인 재정 지원이 필요한 기업들도 많을 것"이라고 덧붙였다.
>
> 《뉴스1》, 2020.4.10

기사를 보면 연준, 즉 Fed는 대출을 해주는 대출 기관이라고 선을 긋고 있죠. 직접 자금을 지원하는 것은 선출직 공무원에게 달려 있다고 합니다. 선출직 공무원? 네, 대통령이나 국회의원들이 되겠죠. 이들이 재정정책을 집행할 수 있는 주체들이니까요. 중앙

은행만으로는 한계가 있고, 국가가 나서서 재정정책을 수행해야
실제 필요한 곳에 돈을 줄 수 있습니다.

| 잘못된 재정정책의 결말은 시장금리의 상승

'와, 그럼 재정정책은 사실상 만능이잖아. 코로나19 사태를 해결
할 수 있는 사실상의 원동력 아닌가?'하는 생각이 딱 들 겁니다.
원동력인 것은 맞는데, 만능이라고 하기에는 재정정책 역시 부작
용을 갖고 있습니다. 그 부작용이 무엇인지 생각해보죠.

코로나19 사태로 인해 신음하는 경제 주체들을 지원하기 위해
정부가 재정 지출을 늘립니다. 정부가 보유하고 있는 돈을 쓴다는
뜻인데, 문제는 미국 행정부가 가진 돈이 많지 않습니다. 돈이 없
는데 어떻게 재정 지출을 하는가, 간단합니다. 정부가 증세, 즉 세
금을 더 걷어서 지출을 하거나 혹은 국채를 발행해서 돈을 빌려오

는 방법이 있습니다. 그런데 실물경기가 저렇게 안 좋은데 증세를 한다는 것은, 그리고 감세와 같은 경기부양을 위해 증세를 한다는 것은 사실상 난센스에 가깝죠. 만약 증세를 하더라도 아주 신중하게 도입할 겁니다. 그럼 남는 선택지는 딱 하나죠. 네, 정부가 국채를 발행해서 자금을 빌려온 다음에 이 돈으로 재정 지출을 하는 겁니다.

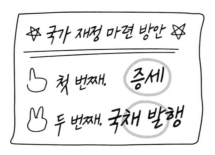

문제는 코로나19 사태 극복을 위한 재정 지출 규모가 상당하다는 겁니다. 그럼 국채 발행 규모도 상당히 크겠죠. 예를 들어 미국 행정부가 2조 달러의 자금을 국채 발행을 통해 빌려와서 경기부양에 나선다고 가정해보겠습니다. 금융시장에 현재 2조 달러의 현금이 돌고 있죠. 이 돈을 민간의 기업들이나 은행들이 나누어서 행복하게 쓰고 있습니다. 그런데 정부가 돌연 등장해서 국채를 팔며 2조 달러를 모두 빨아들여 갑니다. 그럼 2조 달러가 있던 자리에는 정부 국채 한 장만 달랑 남아 있고 2조 달러라는 현금은 모두 사라지게 되는 겁니다. 그럼 기업들이나 은행들은 갑작스레 유동성 부족을 겪게 되겠죠. 이들은 돈 구하기가 어려워지니 여기저기 돈을 구하러 다닙니다. 여기저기 돈을 구하려는 수요가 많아집니다. 그럼 돈의 가격인 금리가 상승하게 되겠죠. 정부는 경기부양을 위해 상당한 자금을 빨아들였습니다. 이렇게 해서 경기부양에 나서게 되는데, 문제는 자금을 빨아들이는 과정에서 금리가 상승하게 되면 실물경제가 느끼는 부담 역시 커진다는 겁니다. 재정 지출을 통한 정부의 경기부양으로 방긋 웃지만, 이면에서는 갑자기 크게 뛰어버린 금리로 인해 긴장감을 느끼게 될 겁니다.

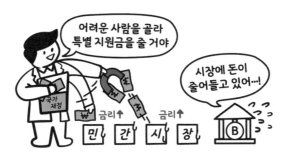

금리가 오르게 되면 재정정책에 기반한 경기부양책의 효과를 낮춰버릴 수 있겠죠. 이렇게 정부가 나서서 민간의 자금을 빨아들여 경기부양에 나서면 민간 금융시장에서 자금이 모자라서 금리가 튀어오르는, 그래서 민간의 투자를 내쫓아버리는 문제가 생겨나게 됩니다. 이를 가리켜 경제학에서는 '구축효과(Crowding-out Effect)'라고 합니다. 네, 일견 무적처럼 보이는 재정정책은 구축효과라는 뜻하지 않은 단점을 가지고 있습니다. 코로나19 사태 전후로 수차례 경기부양을 하는 과정에서 국채를 발행해 돈을 빌리겠다는 기사를 본 적이 있을 겁니다. 비슷하게 금리가 상승하는 효과가 나타나는지 기사를 통해 확인해보죠. 코로나19 4차 추경에 대한 재원 마련 이야기가 나오던 2021년 3월의 기사입니다.

쏟아지는 적자 국채…금리의 역습

국고채 금리가 2년 전 수준으로 돌아갔다. 재난지원금 등을 위해 천문학적인 규모의 적자 국채를 발행한 결과, 코로나19(COVID-19)가 종식되기도 전에 국채금리가 급등했다. 미국 역시 1조 9000억 달러(2150조 원) 규모의 경기부양책을 실행하며 인플레이션(물가 상승)과 금리 상승을 부추긴다. 국채금리 상승은 결국 국가 채무 이자 부담 증가와 서민 대출 이자 부담으로 이어진다는 점에서 재정건전성 회복을 위한 대안 마련이 시급하다.

《머니투데이》, 2021.3.17

통화정책은 특정 경제 주체에게 돈을 줄 수가 없다는 단점을 갖고 있죠. 그렇기에 진짜 필요한 곳에 돈이 흐르도록 하기가 참 어렵습니다. 재정정책은 특정 경제 주체에 돈을 줄 수는 있지만 자금을 조달하는 과정에서 금리의 상승과 그로 인해 민간의 투자를 억누르는 구축효과를 경험할 가능성이 높습니다. 둘 다 장단점이 있죠. 그럼 이 둘이 조화를 이룬다면 어떤 일이 벌어질까요?

| 해결책은 은행과 정부의 공조

미국 정부가 재정 지출을 늘리기 위해 국채 발행을 크게 늘리죠. 그러면서 민간 기업이나 금융기관이 보유한 현금을 빨아들입니다. 이 과정에서 시장금리가 크게 튀어오르게 되죠. 이때 중앙은행이 나서서 장기국채를 매입하는 양적완화를 단행한다면 어떤 일이 벌어지게 될까요?

정부는 국채를 공급하면서 시중 유동성을 빨아들입니다. 중앙은행은 정부가 공급한 국채를 사들이면서 시중에 유동성을 풀어놓죠. 유동성을 빨아들이는 만큼 다시 유동성을 공급하면 유동성 부족으로 인한 금리의 상승은 억제될 수 있는 것 아닐까요? 정부와 중앙은행이 합심하는 이른바 정부와 중앙은행의 '정책공조(Policy Mix)'는 이럴 때 힘을 얻게 되는 겁니다.

저 역시 코로나19 사태가 조기에 종식되기를 간절히 바라고 있습니다만 생각보다 오래 이어지고 있습니다. 코로나19 사태가 장기화되는 만큼 경제 주체들이 받는 충격 역시 보다 깊어질 겁니다. 이를 효과적으로 해결하기 위한 재정정책이 우리나라에서는 '추경'이라는 이름으로 앞으로도 계속 이어지게 될 것이고, 이 과정에서 나타나는 금리 상승을 억제하기 위한 차원에서 중앙은행의 지원 역시 나타나게 되리라 생각합니다.

지금까지 코로나19 사태를 전후해서 나타났던 주요한 경제정책들을 상세히 다루어보았습니다. 위낙에 충격적인 사태였던 만큼 이례적인 정책들이 발표될 수밖에 없었죠. 다시는 일어나지 말아야 할 사건이지만 이 당시에 발표된 정책들을 통해 평시에는 접하기 어려운 금융 지식들을 얻을 수 있었을 겁니다. 블랙스완, 회색 코뿔소, 기준금리, 양적완화, 질적완화, 마이너스 금리, BTD, FOMO, TINA, K-recovery, 통화정책, 재정정책, 구축효과, 정책공조 등의 단어들을 실제 금융시장의 흐름을 통해서 배워볼 수 있었죠. 이런 내용들을 기반으로 앞으로 흘러나오는 다양한 뉴스들을 접해보면 보다 빠르게 시장 흐름을 이해할 수 있을 겁니다.

그리고 하나 더 말하자면, 코로나19 사태로 인해 전 세계의 성장은 크게 위축되었습니다. 이른바 저성장이 고착화된 상태입니다. 저성장의 고착화로 인해 경제 주체들의 소득이 줄어들었기에 물건을 살 수 있는 수요가 부족해지고 있죠. 수요의 부족은 제품 가격의 하락, 즉 디플레이션 우려를 키우면서 저물가 기조를 만들어내게 됩니다. 이런 악재에서 벗어나기 위해 중앙은행들은 엄청난 유동성을 공급하여 금리를 바닥으로 붙여버리는 극단적인 통화정책을 사용했죠. 이른바 '저성장·저물가'에 이어 저금리 상황이 뚜렷하게 형성된 겁니다. 코로나19 이후의 시기를 저성장·저물가 시기로 설명하면서 첫 번째 주제인 '코로나19 사태로 읽어보는 현재의 경제 상황' 편을 마칩니다.

부의 시나리오

제2장

우리나라의
금리 상황

- 한국의 기준금리는 낮을수록 좋을까?
- 양적완화의 성립 조건
- 한국판 양적완화의 가능성(난이도 상)

부의 시나리오

9

한국의 기준금리는
낮을수록 좋을까?

제1장에서는 코로나19 사태를 통해 Fed를 비롯한 글로벌 중앙은행들의 통화정책에 대해 다루어보았습니다. 다만 국내 통화정책, 즉 한국은행의 통화정책에 대해서는 거의 말하지 못했죠. 이번 장은 상대적으로 다른 장에 비해 분량은 적지만 우리의 일상에 실질적인 영향을 주는 한국의 금리에 대한 이야기인만큼 진짜 자주 질문을 받는 영역입니다.

현재 한국은행 기준금리는 사상 최저 수준인 0.5퍼센트입니다. 제가 공부를 시작했던 2004년 이후 지금까지 한국은행 기준금리가 가장 높았던 때가 2008년의 5.25퍼센트였는데요, 지금은 거의 제로 금리에 가까워져 있음을 보면서 사뭇 놀라게 됩니다. 그런데 사람의 욕심이란 게 참 끝이 없는 건가 봅니다. 기준금리가 사상 최저 수준을 기록하고 있음에도 추가로 기준금리를 인하해야 하는 것 아니냐는 여론이 힘을 얻고 있죠.

그도 이해가 가는 것이 코로나19 사태로 인해 한국 경제는 특히 내수 서비스 업종을 중심으로 상당한 타격을 받았습니다. 실물 경제의 충격이 큰 만큼 현재의 금리가 낮더라도 기준금리를 더 낮춰서 조금이나마 경제 주체들의 부담을 줄여주는 것이 좋겠죠. 그렇기에 한국은행이 추가 기준금리 인하를 단행해야 한다는 주장이 나오고 있는 겁니다.

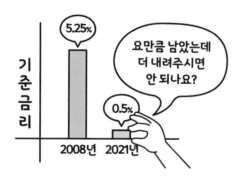

반면 한국의 중앙은행인 한국은행은 신중에 신중을 기하고 있죠. '아니, 금리를 계속해서 낮추면 더 좋을 텐데 왜 추가 금리 인하를 하지 않을까?'라는 생각이 강하게 들 겁니다.

이번 챕터에서는 '기준금리 인하가 만병통치약인가'에 대해 말해볼까 합니다.

금리가 내려가면 환호하는 자산 1 ─ 채권

한국은행이 기준금리를 인하하면 어떤 일이 벌어지게 될까요? 반드시 그렇게 되는 것은 아니지만 전반적으로는 시장금리도 함께 내려오곤 하죠. 금리가 내려오게 되면 미소를 짓는 자산들이 있습니다.

좀 과하다는 느낌은 있지만 한국은행이 경기부양을 위해 10퍼센트였던 기준금리를 1퍼센트로 인하했다고 가정해봅시다. 와, 이건 그야말로 패닉이죠. 아마 두 부류의 투자자들이 환호성을 지를 겁니다. 어제 10퍼센트의 금리로 20년짜리 정기예금에 가입한 투자자는 정말 가슴을 쓸어내리겠죠. 하루만 늦었어도 10퍼센트가 아닌 1퍼센트로 20년짜리 정기예금을 가입해야 하니 20년간 저주받는 느낌이었을 겁니다. 네, 금리가 내려가게 되면 기존에 고금리로 가입한 정기예금을 비롯한 채권들이 인기를 끌게 되죠. 무려 10퍼센트의 금리로 20년을 계속 향유할 수 있으니 얼마나 뿌듯하겠어요. 금리가 내려가면 채권의 가치가 급상승합니다. 그래서 금리 하락은 채권 가격 상승이라고 이야기하는 거죠.

금리가 내려가면 환호하는 자산 2 ─ 월세

또 하나가 바로 월세를 받는 자산입니다. 홍길동이 매월 100만 원을 받는 상가를 샀다고 가정해보겠습니다. 월세 100만 원은 1년에 1200만 원을 고정적으로 받는다는 이야기입니다. 1년에 1200만 원의 이자를 받으려면 어떻게 해야 할까요? 예전에 10퍼센트 금리에서는 1억 2000만 원을 정기예금에 가입해야 그 10퍼센트인 1200만 원을 이자로 받을 수 있었겠죠. 그런데 이제 금리가 큰 폭으로 하락했죠. 네, 1200만 원을 받기 위해서는 12억 원이 있어야 그 1퍼센트인 1200만 원을 이자로 받을 수 있게 되는 겁니다. 10퍼센트 금리일 때는 홍길동의 상가가 그다지 매력적이지는 않았을 겁니다. 그런데 금리가 큰 폭으로 하락하게 되니 고정적으로 받는 월세의 매력이 훨씬 높아진 거죠.

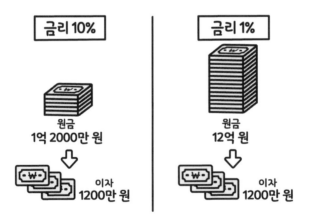

받는 월세는 똑같지만 시중 금리가 내려가기에 그 고정적인 월세 100만 원이 더욱더 반짝반짝 빛나게 되는 거죠. 네, 금리가 내려갈수록 월세를 받는 자산들의 인기가 높아지게 됩니다.

| 금리 인하의 부작용 1 – 주거비용 상승

이제 아파트 시장으로 가보죠. 월세를 받는 자산이 인기라면 아파트를 보유한 사람은 임대를 줄 때 전세보다는 월세를 주려고 하겠죠. 전세를 줘서 전세금을 받아봤자 이 자금을 운용할 곳이 마땅치 않을 테니까요. 금리가 워낙에 낮아졌으니 전세금을 정기예금에 넣어봤자 큰 이익을 보기 어렵죠. 그러나 월세는 다릅니다. 금리가 내렸더라도 고정적인 월세를 받을 수 있으니 월세 선호도가 훨씬 높아집니다. 그럼 아파트 보유자는 월세로 주려고 하겠죠. 반대로 아파트를 구하려는 사람 입장에서는 월세가 부담스러우니 전세를 구하고 싶을 겁니다.

공급 측면에서는 월세를 주려고 하니 전세의 공급이 적고, 수요 측면에서는 전세를 선호하니 전세의 수요는 늘어납니다. 그럼 당연히 전세 가격이 상승하게 되겠죠. 전세 가격 상승을 볼 때에는 여러가지 요소들을 봐야겠지만 금리 역시 이런 루트를 통해서 영향을 미칠 수 있습니다. 전세 가격이 상승한 만큼 세입자들은 더 많은 전세금을 지불하거나 혹은 반전세를 들어가야 하는 상황에 처할 수 있습니다. 금리가 내려가서 주거비용이 올라가게 되는 대표적인 경우라고 할 수 있죠. 금리가 내려서 이자 부담은 줄어들지 모르지만 주거비용의 상승이 이자 비용 감소라는 호재를 상쇄하는 겁니다.

| 금리 인하의 부작용 2 ― 건강한 기업이 받는 피해

조금은 사소하지만 금리 인하의 부작용 중 주거비용과 관련된 부분을 설명했습니다. 이건 애피타이저고요, 보다 직접적인 이야기를 해보죠. 이번에는 좀비기업에 대한 이야기를 해보겠습니다.

경기가 둔화됩니다. 경기 둔화에 대응하기 위해 기준금리를 낮춥니다. 금리를 낮추게 되니 대출금리도 낮아지면서 어려운 상황에 있는 기업들이 연명을 할 수 있게 됩니다. 단기적으로 자금 사정이 좋지 않았을 뿐인 기업들은 가뭄에 단비를 만난 격입니다. 지금의 어려운 상황을 극복하고 나면 향후 건강한 경영이 가능한 기업의 경우는 문제가 되지 않을 겁니다. 문제는 좀비기업들이죠. 제품을 생산해서 발생한 수익으로 이자를 갚기에도 버거운 기업들이 여기에 해당됩니다. 사실상 대출 원금을 갚을 능력 자체가 없는 겁니다. 이렇게 경쟁력이 없는 기업들이 도태되는 이른바 자연스러운 구조조정이 일어날 필요가 있는데, 금리를 계속해서 낮추게 되면 이런 기업들이 계속해서 생존하는 문제가 생깁니다.

좀비기업이라 해도 살아남아 있는 것이 좋은 것 아닌가 하는 생각이 들 수 있는데요, 좀비기업이 생존해서 계속해서 제품 생산을 하게 되면 제품의 과잉 공급 현상이 쉽게 사라지지 않습니다. 과잉 공급이 이어지게 되면 제품 가격이 계속해서 하락하는 디플레이션 현상이 지속되죠. 디플레이션 현상이 이어지면 물가가 하락할 것이라는 기대 때문에 사람들은 소비를 늘리지 않게 됩니다.

소비의 둔화는 기업의 마진 확보에 어려움을 주게 됩니다. 그럼 건강한 기업들도 기본적으로 마진 확대가 어렵기에 추가적인 설비 투자를 하기 어려워지죠. 기업들이 설비 투자를 통해 기술 혁신을 하고, 기술 혁신을 통해 훨씬 더 참신하고 경쟁력 있는 제품을 만들어야 산업 경쟁력 자체가 좋아지게 됩니다. 그런데 너무 금리를 낮추어서 좀비기업들이 계속해서 생존하고 이로 인해 자연스러운 구조조정 자체가 지연된다면 중장기적인 관점에서의 건강한 경제 성장을 기대하기 어려워지지 않을까요? 물론 원론적인 이야기라고 생각할 수 있겠지만 기준금리의 인하가 구조조정의 지연으로 이어지고, 이게 실물경제에 디플레이션 압력을 가하게 된다는 점은 기준금리 인하의 어두운 단면이지 않을까 생각해봅니다.

금리 인하의 부작용 3 ─ 계속된 저금리로 부채 급증

주거비용 부담과 실물경제의 구조조정 지연을 짚어봤는데요, 이번에는 가계 부채에 대해 이야기하겠습니다. 금리가 내려가면 가계 주체의 대출 부담이 늘어나게 되는 부작용이 있습니다. '엥? 이거 잘못 적은 거 아닌가?'라는 생각이 들 수 있겠지만 정확하게 적었습니다. 금리가 내려가면 가계의 대출 이자 부담이 늘어나게 됩니다. '어라, 금리가 낮아지면 대출 이자를 적게 낼 텐데 무슨 헛소리인지?'라는 반론을 할 수 있는데요, 이렇게 생각해보죠.

금리는 돈의 값이라 했습니다. 금리가 낮아지게 되면 돈의 가격이 낮아진다고 볼 수 있죠. 가격이 낮아지면 수요가 늘어나게 됩니다. 제가 사용하고 있는 노트북을 팔기 위해 중고나라에 '50만 원에 가져가실 분?'이라고 올리면 선뜻 연락주는 사람이 없을 겁니다. 그런데 만약 '1만 원에 가져가실 분?'이라고 올리면 정말 많은 문의를 받을 수 있겠죠. 그리고 이 노트북을 1만 원에 산 사람은 그야말로 득템을 한 게 됩니다. 네, 가격이 낮아지면 그만큼 수요가 늘어나게 되죠. 이 원리를 대출로 가져와보겠습니다.

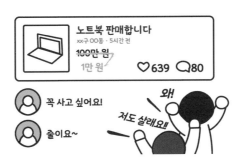

대출금리가 높습니다. 그럼 집을 사기 위해 억대 모기지론을 받는다는 것이 참 부담스럽겠죠. 만약 대출금리가 10퍼센트라면 1~2억 정도 대출 받는 것도 이자를 1000~2000만 원을 내야 하니 정말 큰 부담이 될 겁니다. 그런데 금리가 만약 1퍼센트라면? 네, 그럼 큰 걱정하지 않고 대출을 받아 집을 살 수 있겠죠.

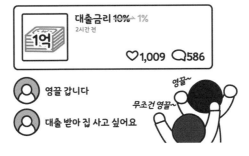

제가 공부를 시작했던 2004년에 한국의 가계 부채는 300조 원 수준이었답니다. 카드 대란이 있었기에 가계 부채가 폭증했던 때였죠. 이 글을 쓰고 있는 2021년 한국의 가계 부채는 1700조 원에 달합니다. 2004년 한국의 대출금리는 낮은 것이 4퍼센트 수준이었고, 현재 대출금리 중 낮은 것은 2퍼센트 수준입니다. 그럼 2004년에는 300조 원의 4퍼센트니까 가계에서 부담하는 연간 이자가 12조 원 정도였죠. 지금은 1700조 원의 2퍼센트니까 가계의 연간 이자 부담만 34조 원에 달할 겁니다. 네, 금리가 낮아지면 그만큼 대출을 크게 늘리게 됩니다. 즉, 자금의 수요가 크게 늘어나는 거죠. 그래서 대출이 워낙 크게 늘어나게 되면서 가계의 이자 부담이 더욱 커지게 되는 상황에 직면하게 되는 겁니다.

조금 더 나아가서 이 이야기도 마저 해보죠. 단지 금리가 낮다고 해서 대출 수요가 크게 늘어나는 건 아니겠죠. 3억 원을 대출받아 집을 사려고 합니다. 그런데 현재 금리가 2퍼센트입니다. 대출 이자 부담이 상대적으로 낮기 때문에 '영끌'을 해서 집을 사고자 합니다. 그런데 이런 두려움이 있는 거예요. '지금은 2퍼센트지만 향후에 5퍼센트까지 금리가 오르면 어떻게 하나'라는 두려움입니다. 만약 금리가 5퍼센트까지 오르게 되면 대출 이자 부담이 크게 늘어날 것이기에 버틸 수 없는 상황에 내몰릴 수 있습니다. 그럼 함부로 대출을 받아서 영끌하기 어렵죠.

그런데 이런 이야기가 들립니다. 2000년 이후 20여 년 동안 금리는 계속해서 내려왔다는 이야기죠. 실제 한국의 금리 추이를 보면 20년 동안 계속해서 내려오는 것을 확인할 수 있습니다. 아래 그래프를 보시죠(그래프 8).

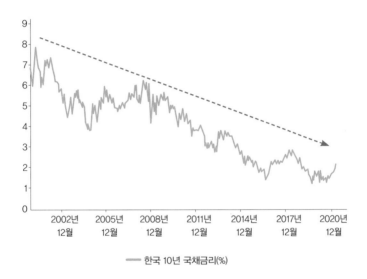

그래프 8 ◇ 2000년 이후 한국 10년 국채금리

— 한국 10년 국채금리(%)

2000년부터 기록한 한국 10년 국채금리 흐름입니다. 2001년 초에는 약 7~8퍼센트 정도 금리 수준을 기록하고 있었는데요, 이후 꾸준히 하락해서 1퍼센트대까지 내려온 것을 확인할 수 있습니다. 중간중간 짧은 반등을 하기는 하지만 금세 밑으로 방향을 전환합니다. 다시금 과거와 같은 고금리의 시대가 돌아올 수 있을까요? 20년간의 금리 하락을 나타내는 이 그래프만 봐서는 쉽지 않아 보입니다.

금리가 계속 내려오고 있다면, 그리고 적어도 향후 금리가 크게 뛰어오를 가능성이 매우 낮다고 생각한다면 사람들은 안심하고 대출을 받아서 집을 사겠죠. 저금리 자체도 중요하지만 저금리 장기화에 대한 합리적 기대가 만들어지는 것이 보다 중요합니다. 저금리가 계속해서 이어지기에, 향후 금리가 올라갈 가능성이 없기에 보다 많은 대출을 받아서 집을 사거나 투자하게 되는 것이죠.

저금리가 장기화되면 그만큼 가계는 겁 없이 부채를 늘리게 될 것이고, 이는 가계 부채의 급증과 함께 가계의 실질적인 이자 부담을 늘리는 악재로 작용하게 될 겁니다. 금리를 낮췄더니 부채의 총량이 급증하면서 오히려 이자 부담이 늘어나게 되는 거죠. 하나 더 첨언하면 이 과정에서 영끌이 늘어나면서 주택 가격을 비롯한 각종 투자자산 가격의 급등이 나타나게 되고, 이는 빈부격차를 크게 늘리는 부작용뿐 아니라 자산시장 버블에 대한 우려를 키울 수도 있습니다. 이제 다시 한번 질문해봅니다. 기준금리를 인하하는 것이 좋은 건가요? 이런 비슷한 고민을 담아 2018년 경기 둔화 상황 속에서도 기준금리를 인상했던 당시의 기사를 읽어보죠. 아마 쉽게 읽힐 겁니다.

경기 꺾이는데 한은 금리 왜 올렸나…가계부채·미 금리인상

한은은 30일 금융통화위원회 회의를 열고 기준금리(연 1.50 → 1.75퍼센트)를

0.25퍼센트포인트 인상했다.

통상 중앙은행은 경기가 과열되지 않도록 잔치에서 술을 치우는 역할을 하는데 지금 한은은 경기가 식는 국면에서 금리 인상 카드를 내놓은 것이다. 그 배경에는 금융 안정을 우선할 때라는 판단이 있는 것으로 보인다. (……) 한은이 1년 전 금리 방향을 틀었지만 여전히 금리가 사상 최저에 가까운 수준이다 보니 저금리 부작용이 누적되고 있다고 본 것이다. 대표적인 문제가 1500조 원을 넘어선 가계 부채다. 이 총재는 가계 대출 증가 규모가 줄고 있지만 여전히 소득보다 빠른 속도로 는다고 우려했다. 올해 중반 부동산 시장 폭등도 관련이 있다. 한은은 가계 대출과 부동산 가격이 상호 영향을 준다고 분석했다.

《연합뉴스》, 2018.11.30

네, 경기 둔화 상황에서 한은(한국은행)이 기준금리를 인상한 이유를 설명하고 있죠. 가계 부채의 증가와 부동산 가격 폭등에 대한 우려가 있었기에 단행한 것이라는 내용을 담고 있습니다.

| 금리 인하의 부작용 4 ― 외면받는 이머징 국가

아마 많은 생각이 교차할 겁니다. 기준금리를 낮추면 좋을 것 같기는 한데 다소 당황스러운 예시를 제시하면서 부작용을 언급하니 혼란스러울 수 있죠. 자, 부작용이 하나 더 나옵니다. 바로 이머징 국가에게 있어서는 가장 두려운 이벤트인 '자본 유출'입니다.

미국이나 중국의 금리가 높은 상황입니다. 이런 상황에서 한국이 경기부양을 위해 금리를 마구잡이로 낮추는 거죠. 미국 금리가 5퍼센트인데, 한국 혼자 금리가 1퍼센트입니다. 그럼 어떤 일이 벌어질까요? 네, 한국에 있던 투자자들이 미국의 높은 금리를 얻기 위해 한국을 떠나게 되겠죠. 한국을 떠날 때 한국에서 사들였던 자산을 팔고, 그 대가로 받은 원화를 팔아 달러를 사서 나가게 될 겁니다. 한국의 자산 가격이 하락하게 되고, 원화 가치가 하락하면서 달러·원 환율이 급등하게 되겠죠. 국내 경기가 좋지 않아서 한국은행은 기준금리를 인하한 것인데, 외국인 자본이 대규모로 이탈하면서 국내 자금이 부족해지는 현상, 환율이 급등(원화 가치 급락)하는 현상, 그리고 자산 가격이 하락하는 현상이 벌어지게 되는 겁니다.

만약 이런 형태의 자본 유출이 계속해서 이어진다면 자본 유출을 차단하기 위해 금리를 높일 수밖에 없겠죠. 미국 수준의, 즉 5퍼센트 수준까지 금리를 올려야 미국의 높은 금리를 먹기 위해 도망치는 외국인 자본을 잡아둘 수 있게 되는 겁니다. 그럼 결국 경기 둔화를 막기 위해 금리를 낮췄는데, 자본 유출의 부작용을 만나게 되고 그로 인해 다시금 금리를 높여서 자본 유출을 차단해야 하는 상황에 내몰리게 되는 거죠.

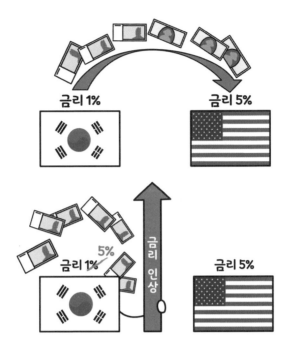

금리 1%　　　　　金리 5%

금리 1%　5%　금리 인상　금리 5%

　여기서는 다소 담담하게 적었지만 이머징 국가들에게 있어 자
본 유출은 그야말로 '죽음에 이르는 병'이라고 할 수 있습니다. 자
본 유출로 인해 외국 자본이 떠나면서 국내에는 외국 돈, 즉 달러
가 부족해지게 되는 거죠. 만약 달러 빚이 있다면 달러 빚을 갚기
위해 달러를 구해야 하는데, 국내에 달러가 씨가 마르게 되면 달
러 부족으로 인해 부도를 선언할 수밖에 없게 됩니다. 달러 부채
가 많은 상태에서 달러 부족으로 인해 이걸 갚지 못해 위기를 맞
는 현상, 이걸 '외환위기'라고 하죠. 한국이 지난 1997년 12월 겪
었던 IMF 외환위기가 바로 이런 맥락입니다.

자, 여기까지 정리합니다. 기준금리 인하는 분명 경기부양의 효과를 갖고 있습니다. 다만 과도한 기준금리 인하는 주거비의 상승, 가계의 부채 부담 확대, 자산 버블 야기, 그리고 자본 유출을 촉발할 수 있다는 점에서 경계해야 하겠죠. 여기서 중요한 포인트가 나왔습니다. 기준금리를 인하하는 것은 경기부양 효과가 있지만 과도한 금리 인하는 상당한 부작용을 낳는다고 했죠. 과도하다고 하기 직전까지 기준금리를 인하하면 됩니다. 그 레벨을 우리는 기준금리의 '실효하한(失效下限)'이라고 합니다.

| 금리 인하는 실효하한까지가 적당

기준금리의 실효하한이라 함은 기준금리를 낮춤으로써 얻을 수 있는 긍정적 효과가 사라지는 최저 레벨, 즉 하한선이라는 의미입니다. 마구잡이로 금리를 낮추게 되면 기준금리의 실효하한 밑으로 금리가 내려가게 됩니다. 그러면 낮은 기준금리가 만들어내는 긍정적 효과보다는 부정적 효과가 더 커지는 상황에 직면하게 될 겁니다. 금리를 마구 낮추는 것은 경계해야 할 이슈라고 할 수 있죠. 이왕 이야기가 나왔으니 조금 복잡하긴 하지만 기사 하나만 인용합니다.

한국은행은 기준금리 인상·인하를 결정하는 금융통화위원회(금통위)를 약 45일에 한 번씩 실시하고 있죠. 2020년 5월 금융통화위원회에서 한국은행은 기준금리를 사상 최저인 0.5퍼센트까지 낮추었습니다. 금융통화위원회가 종료된 후 이날 금리 결정에 대한 질의응답을 받는 기자회견이 있었는데요, 거기서 한국은행 총재와 기자가 나눈 질문과 답변입니다.

이주열 "기준금리, 실효하한 근접했다"

기자 질문: 실효하한을 고려한 금리 정책 여력이 얼마나 남아 있나. 연준이 마이너스 금리를 도입하면 한은이 0퍼센트까지도 금리 낮출 수 있지 않나.

총재 답변: 실효하한이라는 개념은 주요국의 금리, 국내외 경제 금융 여건을 종합적으로 판단할 때 가변적일 수밖에 없다. 이번 인하로 실효하한에 가까워졌다고 볼 수는 있다. 연준이 마이너스 수준으로 금리를 내린다면 실효하한도 달라질 수 있다. 그만큼 우리 정책 여력도 늘어나는 게 사실이다. 하지만 현재 연준이 마이너스 금리 도입을 강하게 부정하는 만큼 이를 가정해서 한은이 기준금리를 어느 수준까지 낮출 수 있을지 생각하는 것은 적절치 않다고 생각한다.

《연합뉴스》, 2020.5.28

여기서 반가운 단어가 하나 보이나요? 네, 바로 기자의 질문 초반부터 실효하한이라는 단어가 보입니다. 기자가 기준금리의 실효하한을 감안한다면 얼마나 더 금리를 낮출 수 있냐고 질문하고 있죠. 이에 대해 한국은행 이주열 총재는 "이번 0.5퍼센트로의 기준금리 인하로 실효하한에 상당히 가까워졌다"고 답변하고 있습니다. 이미 더는 긍정적인 효과를 기대할 수 없는 레벨까지 금리를 낮추었다고 생각하고 있는 거죠.

그럼 한국은행의 추가 기준금리 인하는 불가능한가요? 아뇨, 기사 내용들을 살펴보죠. 기자의 질문을 보면 "미국 Fed가 마이너스 금리를 도입하면 한국은행 역시 추가로 기준금리 인하를 단행할 수 있는 여지도 생기는 것 아니냐"라는 내용이 있죠. 앞서 자본 유출을 설명할 때 미국 금리가 높은 상황에서 한국이 혼자 금리를 마구 내리면 자본 유출이 본격화될 수 있다고 했습니다. 미국 금리가 5퍼센트인데 한국이 마구 금리를 내려서 0.5퍼센트가 되면 위험해질 수 있죠. 그런데 반대로 미국 금리가 마이너스까지 내려가면 어떻게 될까요? 앞에서는 마이너스 금리 가능성이 높지 않다고 했지만 미국이 금리를 극단적으로 낮추고, 실제로 마이너스 금리까지 가게 된다면 한국도 미국이 낮춘 만큼 추가로 더 기준금리를 낮출 수 있는 여지가 생기겠죠.

미국이 기준금리 0퍼센트인 상황에서 한국은 0.5퍼센트의 기준금리를 기록하고 있습니다. 미국이 금리 0퍼센트를 유지하는 상황에서 한국이 금리를 0.25퍼센트나 0퍼센트로 더 낮추게 되면 자본 유출이 본격화될 수 있지만 만약 미국이 금리를 마이너스 영역까지 낮춘다면? 네, 그만큼 한국은행도 추가 금리 인하를 단행할 수 있겠죠. 그래서 인용된 기사를 보면 한국은행 이주열 총재도 연준이 마이너스 수준으로 금리를 내린다면 (한국은행 기준금리의) 실효하한도 달라질 수 있다고 언급한 겁니다.

지금까지 '기준금리를 계속 낮추는 게 좋을 것 같은데 왜 그렇게 하지 않을까?'라는 질문과 관련해 다소 긴 답변을 적어봤습니다. 금리 인하의 부작용에 대해서, 그리고 다른 국가와의 금리 차이 등을 감안해야 한다는 점을 상기하면서 이만 줄이도록 하겠습니다.

10

양적완화의
성립 조건

이번 주제도 제가 참 많이 받는 질문입니다. '한국은행도 양적완화를 할 수 있는가?' 이 질문에 대한 답을 적어보도록 하겠습니다. 양적완화는 앞서 설명한 것처럼 중앙은행이 장기국채를 매입하는 것을 말하죠. 예전이라면 중앙은행이 사들이지 않았을 자산을 사들이는 것을 말합니다. 중앙은행 입장에서 국채를 사들인다는 이야기는 국채를 가져오면서 돈을 찍는다는 의미겠죠. 돈을 찍을 때에는 안정적인 자산을 담보로 돈을 찍어야 합니다. 가장 안정적인 자산은 초단기국채이기에 평소라면 초단기국채를 사들이면서 돈을 찍어야 합니다만, 양적완화는 특수하게 장기국채를 사들이면서 돈을 찍는 거죠. 2008년 글로벌 금융위기 이후에 나온 이례적인 정책이었다고 앞서 설명했습니다.

│ 경기회복의 단초는 깜짝 놀랄만큼 '강력한' 부양책

양적완화 같은 이례적인 정책을 쓴 이유는 결국 '강력한 경기부양'을 위해서죠. 조금 꼬리에 꼬리를 무는 느낌은 나지만 여기서 강력한 경기부양이 무엇인지에 대한 이야기를 잠시 하고 지나가죠. 돈을 100억 달러를 찍으면 강력한 것인가, 1000억 달러를 찍으면 강력한 것인가. 이게 참 기준이 없는 이야기입니다. 기준은 없지만 이런 생각을 해보면 됩니다.

아이들에게 선물을 사 준다고 해봅시다. 커다란 레고 장난감을 선물로 사 주는 거죠. 그럼 아이들은 기뻐할까요? 어떤 아이들은 매우 기뻐하겠지만 어떤 아이들은 크게 실망할 수도 있습니다. 왜냐고요? 기뻐했던 아이들은 생각지도 못했던 선물을 받은 것일 테고요, 혹은 조그마한 장난감이나 작은 레고를 받을 것이라 생각했는데 예상했던 것보다 훨씬 큰 선물이 왔기에 감동받은 경우라고 할 수 있겠죠. 반대로 커다란 레고를 받았음에도 실망을 하는 아이들은 아마도 레고 이상의 선물을 기대했기 때문일 것입니다. 게임기나 스마트폰, 혹은 데스크탑 등을 기대했을 수 있죠. 그런데 기대에 전혀 미치지 못하는 커다란 레고 선물이 들어오니 실망할 수밖에요.

요점은, 아이들이 기뻐하고 실망하는 가장 큰 기준은 아이들이 어느 정도를 기대했는가에 달렸다는 점입니다. 아이들이 예상했던 것보다 훨씬 큰 선물을 주면 진짜 너무너무 행복해하겠죠. 시장도 비슷하다고 생각합니다. 경기 침체 국면에서 헤어나기 어려울 것이라고 다들 자포자기하고 있는 상황이라고 가정해보죠. 글로벌 금융위기라는 거대한 악령을 만나서 웬만한 정책으로는 답이 나오지 않는다는 생각이 드는 겁니다. 기준금리를 제로로 낮추어봤자 이 악령 앞에서는 답이 안 나온다는 거죠.

그런데 그때 여태까지 보도 듣도 못한 새롭고 이례적인, 생전 본 적도 없는 창의적인 대책이 나온 겁니다. 그게 바로 양적완화죠. 설마 이런 정책을 쓸 수 있을까라는 생각을 해본 적도 없는데 중앙은행이 장기국채를 사들이면서 돈을 공급하기 시작하는 겁니다. 네, 시장의 예상을 크게 뛰어넘는 강력한 부양책이 나왔죠. 이게 글로벌 금융위기에서 금융시장을 살려낼 수 있었던 동력이었답니다.

이런 교훈은 코로나19 사태 때에도 이어졌죠. 앞에서 살펴본 정책들은요, 코로나19 사태 이전에는 사용되지 않았던 것들이었습니다. 회사채를 사들였다는 이야기도 했죠? 물론 Fed가 직접 회사채를 매입한 것은 아니고 간접적으로 사들인 것이기는 하지만 결국은 Fed가 회사채를 담보로 돈을 찍은 것이라고 할 수 있죠. 'Fed가 회사채를 사들이지는 못할 거야'라고 생각했던 시장 참여자들의 기대를 훌쩍 뛰어넘는 정책이 나왔던 겁니다. 그리고 양적완화도 그냥 7000억 달러 수준의 국채를 산다는 것이 아니라 경기가 회복될 때까지, 금융시장이 혼란에서 벗어날 때까지 무제한으로 하겠다는 강한 의지를 표명하면서 시장의 예상을 뛰어넘는 대책을 발표한 거죠. 이게 코로나19의 파고에서 금융시장의 회복을 만들어낸 동력이었다고 할 수 있겠습니다.

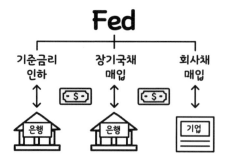

그럼 한국 경제도 상당 기간 저성장 국면에서 헤어나지 못하고 있는데, 양적완화와 같은 이례적이고 강력하면서도 시장의 예상을 뛰어넘는 정책을 써보면 어떨까요? 한국은행도 장기국채를 사들이면서 마음껏 원화를 찍어서 공급하는 겁니다. 그럼 돈이 많이 풀리는 만큼 경기 회복세도 빨라질 수 있지 않을까요? 그런데 이게 좀 문제가 있습니다.

| 달러는 수요가 탄탄한 국제통화

국제통화, 혹은 기축통화라는 것이 있습니다. 달러가 대표적인 예라고 할 수 있는데요, 달러는 미국 이외의 지역에서도 많이 통용이 되고 있죠. 예를 들어보죠. 한국이 동남아시아 국가와 교역을 합니다. 한국 수출업자가 동남아 국가에 물건을 팔면 그 대가로 수출 대금을 받아야겠죠. 그 수출 대금을 수출을 한 대상 국가의 통화(예를 들어 베트남 동화, 말레이시아 링기트, 필리핀 페소 등)로 받으려 할까요, 아니면 미국 달러화로 받으려 할까요? 물론 현지 국가들의 통화를 받으려 하는 경우도 있겠지만 미국 달러화에 대한 수요가 보다 클 겁니다. 네, 달러화는 단순히 미국에서만 쓰이는 것이 아니라 전 세계의 교역에서 폭넓게 쓰이고 있기 때문이죠. 글로벌 금융 거래에서도 대부분 달러화가 쓰입니다.

한국의 기업이 뉴욕 금융시장에 나가서 대출을 받는다고 가정해보죠. 뉴욕에 나가서 원화 대출을 받기는 쉽지 않을 겁니다. 대부분 달러로 자금을 빌리게 될 겁니다. 네, 그럼 미국 내에서만 쓰이는 것이 아니라 전 세계 국가들의 금융 거래에서도 달러화가 쓰이게 됨을 알 수 있죠. 동남아시아 여행을 갔을 때 호텔에서 팁으로 1달러짜리를 놓아두고 나오는 것만 떠올려 봐도 미국 달러화의 폭넓은 쓰임에 대해 공감할 수 있을 겁니다.

달러화는 미국 이외의 지역에서도 탄탄한 수요를 확보하고 있죠. 너도나도 쓰려고 하는, 전 세계 어디서나 통용이 되는 통화라

고 할 수 있습니다. 화폐의 가치를 측정할 때 '얼마만큼 많은 곳에 쓰이는지'를 반영하기도 합니다.

예를 들어볼까요? 홍길동이 특정한 경연대회에 참여를 해서 1위를 했다고 가정합니다. 1위를 하면 300만 원의 상금이 주어진 다고 나와 있어요. 그러면 "1위, 홍길동!"이라는 이야기를 듣고 단 상 위로 뛰어올라가는 홍길동은 300만 원을 바로 받을 수 있을 거 라는 기대를 갖게 될 겁니다. 그런데 상금을 받아 봉투를 열어보 니 300만 원 상당의 도서상품권이 있는 겁니다. 기분이 어떨까요? 현금 300만 원을 받은 것보다는 실망스럽지 않을까요? 네, 화폐는 많은 곳에서 쓰일 때 그 가치가 더욱 빛이 납니다. 도서상품권은 해당 상품권을 받아주는 서점에서 책을 살 때 이외에는 사용하기 어렵겠죠. 어디서나 쓸 수 있는 현금과 서점에서만 쓸 수 있는 도 서상품권, 사용처가 얼마나 많은가의 측면에서 보면 도서상품권 은 현금을 따라갈 수가 없겠죠. 한 발 더 나아가서 한국에서만 쓰 이는 원화와 전 세계에서 쓰이는 달러라고 생각해볼까요? 네, 전 세계 시장 참여자들 입장에서는 원화보다는 달러화에 대한 선호 가 훨씬 더 클 겁니다.

국가마다 외환보유고라는 것이 있습니다. 유사시를 대비해서 외환을 쟁여두는, 즉 보유하는 것이죠. 과거 경제가 발전하던 시기 를 생각해볼까요. 한국으로 따지면 1950~1960년대라고 생각하 면 될 듯합니다. 어떤 이머징 국가이든 간에 성장의 초기 단계에는 당연히 돈이 모자랄 겁니다. 공장 설비 등을 만들어야 할 텐데, 이런 설비들을 이머징 국가들이 처음부터 갖고 있지는 않으니까요. 그럼 해외에서 사들여야 할 겁니다. 그런데 문제는 이런 것을 해외에서 사들일 돈이 없는 거죠. '돈을 찍어서 사오면 되는 거 아닌가'라는 생각을 하는 분들 있을 겁니다. 하지만 당시 한국이 아무리 원화를 찍어봤자 한국 원화에 대한 신뢰가 없었기 때문에 그 누구도 원화를 받고 제품을 팔지는 않았을 겁니다. 그럼 이머징 국가들은 돈이 없으니 설비도 살 수 없고, 설비를 살 수 없으니 공장도 돌리지 못하는 상황에 직면하게 되겠죠.

이런 상황을 극복하기 위해 많이 쓰인 것이 바로 차관입니다. 그냥 쉬운 말로 해외에서 돈을 빌려오는 거죠. 달러를 빌려옵니다. 그런 다음에 그 달러로 해외에서 설비를 사오죠. 설비를 이용해 제품을 만들어냅니다. '그럼 이 제품이 한국에서 소비가 되는가'라고 생각하면 오산입니다. 소비 자체가 워낙 약하기에 국내 수요만으로는 이렇게 생산된 제품을 다 판매할 수 없죠. '그럼 물건을

만들기만 하지 팔 수는 없잖아?'라는 걱정이 들 수 있는데요, 크게
걱정하지 않아도 됩니다. 해외 수요가 있습니다. 네, 이렇게 만들
어낸 제품을 해외에 수출해서 달러를 더 벌어들이는 거죠. 달러를
벌어와서 그걸로 설비를 추가로 늘리고, 추가로 고용을 하면서 고
용이 된 근로자들이 돈을 벌게 됩니다. 이들의 소득이 늘면서 소
비를 하게 되고요. 이머징 국가들은 보통 이런 성장의 단계를 거
치곤 합니다.

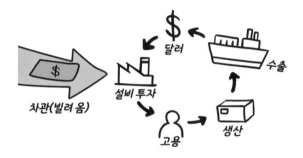

그럼 여기서 중요한 포인트가 나왔죠. 초기에 돈이 없었기 때
문에 해외에서 돈을 빌려온다고 했죠. 네, 해외에서 빌려오는 돈
은 원화가 아닐 겁니다. 달러 빚이겠죠. 달러 빚이기에 나중에 갚
을 때에도 달러로 상환을 해야 할 겁니다. 그런데요, 이런 생각을
해보죠. 달러로 돈을 빌려와서, 그 달러로 해외 설비를 사들였습니
다. 혹은 그 빌려온 달러를 원화로 환전해서 국내 부동산을 사는
데 쓴 겁니다. 그럼 현재 기업들은 달러가 없는 상황이겠죠.

'헉, 그럼 빌려온 달러 대출이 만기가 되면?' 걱정할 것 없습니다. 만기 연장을 하면 되니까요. 그런데 아마 이런 생각이 들 겁니다. '혹시나 만기 연장이 되지 않으면 어쩌지?' 그럼 돈을 갚아야하는 상황이 펼쳐지는데요, 돈 갚으려면 그냥 갚는 게 아니라 달러로 갚아야 합니다. 문제는 현재 달러 현금이 없다는 거죠. 원화로 환전한 상태이거나 해외에서 설비를 사둔 상태일 테니까요. 그럼 달러 빚을 갚을 방법이 없겠죠? 한국은행이 원화는 찍을 수 있어도 달러를 찍을 수는 없는 노릇이니까요. 이렇게 달러가 부족해서 국가가 달러 빚을 갚을 수 없다고 디폴트를 선언하는 경우가생깁니다. 이게 바로 이머징 국가들이 겪는 외환위기입니다. 미국의 경우 Fed가 달러화를 찍을 수 있기에 이런 형태의 외환위기는찾아오지 않겠죠.

외환위기를 설명하는 게 핵심은 아니고요, 결국 이머징 국가들의 통화는 달러처럼 해외에서 널리 쓰이기가 어렵죠. 그래서 이머징 국가들이 외환보유고의 형태로 달러화나 유로화, 엔화와 같은 국제통화를 보유하고자 하는 겁니다. 혹여나 생길 수 있는 외화 대출 상환 등의 외화 지급을 해야 할 때를 대비해서 국가가 외화를 쟁여두는 것이죠. 그렇다면 평상시에도 이머징 국가들은 달러화, 유로화, 엔화 등의 외화를 사들이려고 할 겁니다. 네, 이들 통화에 대해서는 외환보유고의 형태로도 탄탄한 수요가 존재하는 겁니다. 그렇지만 한국 원화를 비롯한 대부분의 이머징 국가 통화는 이런 외환보유고에 담고자 하는 통화는 아니죠.

원화는 한국에서만 사용하는 로컬 통화

길게 돌아왔습니다. 원화는 한국 외에서 통용되기 어려운 통화입니다. 국제통화가 아니라 한국이라는 지역에서만 통용이 되는 이른바 로컬 통화(Local Currency)라고 할 수 있죠. 이런 통화들이 경기부양을 위해 통화의 공급을 크게 늘린다면 어떤 일이 벌어지게 될까요? 네, 통화의 공급은 크게 늘어나는데 통화의 수요가 존재하지 않습니다. 그럼 통화의 가치가 폭락하게 되겠죠. 짐바브웨 달러, 카자흐스탄 텡게, 터키 리라 등의 통화가치가 폭락했다는 이야기가 종종 들리는 이유가 여기에 있습니다.

'까짓 통화가치 하락이 뭐가 문제가 되나?'라는 생각을 할 수 있는데요, 이거 꽤 큰일입니다. 통화가치가 폭락하면 여러 가지 문제들이 발생하게 됩니다. 우선 해외에서 수입되어 들어오는 물건의 가격이 비싸지게 됩니다. 예전에 1달러에 1000원 하던 때에 해외에서 1달러짜리 물건을 수입하려면 한국 돈으로 1000원을 주고 환전해서 사들이면 되는 거였죠. 그런데 원화 가치가 폭락해서 달러당 2000원이 된 겁니다. 그럼 1달러짜리 물건을 살 때 두 배의 비용이 들어가게 되죠. 네, 해외에서 수입되는 물건의 가격이 비싸집니다. 하나 첨언을 하면, 이머징 국가들의 경우 자체적으로 생산하는 제품보다는 해외에서 수입해야 하는 제품이 많겠죠. 그럼 자국 통화가치의 급락으로 해외 수입 물가가 급등한다는 것이 생각보다 매우 부담스러울 수 있습니다.

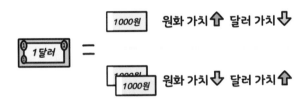

다른 하나는 부채 부담입니다. 100달러의 빚을 낸 기업들이 있다고 가정해보죠. 그럼 이 달러 빚을 자국 통화로 환전해서 투자를 했을 겁니다. 1달러에 1000원 할 때 100달러를 원화로 환전했겠죠. 그럼 1000원 곱하기 100달러니까 한국 돈 10만 원으로 어딘가에 투자를 했을 겁니다. 그런데 이제 이 돈을 갚아야 하는데 자국 통화가치가 급락을 해서 1달러에 2000원이 된 거죠. 그럼

100달러를 구하기 위해서는 20만 원이 필요한 겁니다. 네, 달러 빚이 많은 이머징 국가들의 경우 자국 통화가치의 급락이 달러 표시 부채의 실질적인 부담을 훨씬 크게 만들어버리죠. 통화가치의 급락이 달러 표시 부채 부담의 급증으로 이어지게 됩니다.

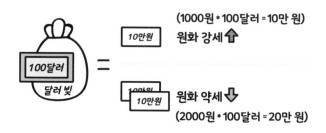

│ 환차손을 싫어하는 해외투자자

마지막으로 이런 생각을 해보죠. 해외투자자들의 관점입니다. 해외투자자들은 달러를 팔고 이머징 통화를 사서 해당 국가에 투자를 하고 있을 겁니다. 예를 들어 한국에 투자를 하고 있는 외국인들이 있다고 생각해보죠. 달러당 1000원일 때 100달러를 갖고 와서 10만 원으로 바꾼 다음에 한국에 투자를 한 겁니다. 그런데 갑자기 한국 원화 가치가 급락할 것 같다는 이야기가 들립니다. 그럼 나중에는 결국 본국으로 돌아가야 할 텐데, 그리고 돌아갈 때는 원화를 팔고 달러로 환전해서 나가야 할 텐데 지금 보니까 원화 가치가 빠르게 하락할 것 같은 느낌이 팍팍 드는 거죠. 그럼 시간을 끌면 끌수록 원화 가치가 하락해서 나중에 돌아가기 위해 달러를 사야 할 때 달러를 많이 사지 못하는 문제가 생길 수 있겠죠. 들어올 때는 달러당 1000원이라서 10만 원 투자를 했는데, 원화 가치가 폭락해서 달러 당 2000원이 되면 10만 원으로 살 수 있는 달러가 50달러밖에 되지 않는 겁니다. 100달러를 투자하며 들어왔는데 나갈 때는 50달러밖에 챙길 수가 없는 겁니다. 그럼 원화 가치가 급락하기 전에 최대한 빠르게 탈출해야 하겠죠.

네, 외국인들 입장에서는 이른바 환차손이라는 것이 발생하는 겁니다. 달러를 팔고 원화를 샀는데, 내가 사들인 원화 가치가 하락하고 내가 팔아버린 달러 가치가 오르게 되니 이것 참 당황스러운 일이죠. 그러니 원화 가치가 급락할 것 같은 징후가 보이면 최대한 빠르게 탈출하려는 움직임이 나타나게 되는 겁니다. 그런데 단순히 외국인 한두 명이 이런 움직임을 보이는 것이 아니겠죠. 대부분의 외국인 투자자들이 똑같은 고민을 할 것이기에 모두 한꺼번에 빠져나가려는 이른바 엑소더스가 나타나게 되는 거죠. 너

도나도 한국의 주식, 채권, 부동산 등의 자산을 팔고, 그렇게 받은 원화를 팔아 달러를 사서 빠져나갑니다. 그럼 국내에서는 간신히 유치했던 해외 자금들이 마구 빠져나가니 국내 경기도 좋지 않은데 돈이 더욱 부족해지는 문제가 생기겠죠. 네, 통화가치의 하락이 이렇게 무서운 겁니다.

자, 그럼 이제 한국은행의 양적완화 스토리를 정리해봅니다. 국제통화가 아닌 원화를 쓰는 한국이기에, 원화를 마구잡이로 찍게 되면 원화 가치의 하락 우려가 생겨나게 될 겁니다. 원화 가치가 하락하게 되면 앞서 이야기한 것처럼 한국의 수입 물가가 상승하고, 달러 빚을 갖고 있는 한국 기업들의 부채 부담이 커지고, 외국인들이 빠져나가면서 국내 유동성이 부족해지는 문제에 봉착하게 됩니다. 경기를 살려보겠다고 양적완화를 해서 돈을 뿌렸더니 수입 물가가 오르고, 빚 부담이 커지고, 외국인이 빠져나가면서 돈이 모자라게 되는 겁니다. 가운데 이야기를 빼고 앞뒤만 연결하면 돈을 뿌렸는데 돈이 모자라는 일이 생긴 꼴이죠. 네, 양적완화를 함부로 진행했을 때에는 오히려 생각하지도 못한 부작용에 큰 충격을 받을 수도 있습니다. 그렇기에 한국은행도 코로나19로 인해 경기가 둔화 국면에 있음에도 과감한 양적완화에 대해서는 상당히 신중한 행보를 보인 겁니다. 이와 관련된 한국은행 금융통화위원회 위원들의 발언을 인용합니다.

한은 금통위 "심각한 경기침체 오면 양적완화 고려해야"

그러면서 금통위원들은 "국채 매입 등 양적완화 정책이 시장금리 하락, 소비 및 투자 심리 개선 등을 통해 금융은 물론 실물경기에 긍정적 영향을 미칠 것"이라고 예측했다.

양적완화 정책의 부작용에 대해서도 의견을 제시했다. 금통위원들은 "저금리 기조 및 양적완화 정책이 장기화될 경우 과도한 레버리지, 위험 추구 행태 등이 금융 안정의 저해 요인으로 작용할 가능성이 있다"며 "대외적으로는 우리나라와 같은 비기축 통화국의 경우 내외 금리 차 축소, 통화가치 절하 기대 등으로 자본 유출 압력이 증대될 가능성도 있다"고 설명했다.

《코리아 IT 타임스》, 2019.10.14

양적완화를 하면 경기 개선에 도움을 줄 수도 있겠지만 한국처럼 기축통화가 아닌 통화를 쓰는 국가의 경우 외국인들이 한국에서 떠나가는 자본 유출이 나타날 수 있다는 이야기를 하고 있죠. 네, 이 기사의 전체는 아니더라도 중요한 포인트를 읽어낼 수 있었다면 이번 챕터를 잘 이해한 겁니다.

이해를 돕는 차원에서 조금만 더 이어가보면요, 결국 이머징 국가들은 태생적으로 국제통화를 갖고 있지 않다는 핸디캡을 안고 가야 하는 겁니다. 한국이 미국처럼 필요할 때 자신 있게 양적완화 등의 과감한 통화 완화를 시행할 수 있어야 하는데 그렇게 하지 못하고 있으니 답답할 수밖에요. 답은 한국 원화가 미국 달러화 같은 국제통화가 되는 거겠죠. 말 자체는 멋있는데 갈 길이 멀어 보입니다.

이런 고민을 많은 이머징 국가들이 하고 있겠죠. 그래서 자국 통화를 달러화와 같은 국제통화로 만들고 싶은 국가가 많을 겁니다. 대표적으로 자국 통화 국제화를 노리는 국가가 있는데요, 바로 중국입니다. 위안화의 국제화라는 이야기를 들어봤을 겁니다. 위안화 국제화를 통해 노리는 것은 중국이 필요할 때 달러를 확보하는 등 눈치 보는 것 없이 과감하게 자국이 원하는 통화 완화를 시행하는 것이겠지요. 15억 명의 인구가 있는 국가가 경기 둔화 시에 과감하게 위안화 공급을 늘리려는데 자본 유출 등의 우려로 망설여야 한다면 상당히 답답하지 않을까요? 결국 중국이 글로벌 패권국으로 가기 위한 첫 관문 중 하나는 위안화의 국제화가 될 겁니다.

위안화의 국제화를 위해서는 위안화를 쓸 수 있는 곳이 많아져야 하겠죠? 그러려면 중국의 금융시장 발전이 매우매우 중요합니다. 위안화를 100억 위안 보유하고 있다고 가정해보겠습니다. 이 정도의 위안화를 투자할 수 있는 곳은 없습니다. 중국 부동산을 사들이는 것 외에는 이 정도의 현금을 어디에 투자할 수가 없죠. 왜냐하면 중국 금융시장이 발달하지 않았기에 위안화로 투자할 수 있는 금융상품이 그렇게 많지 않기 때문이죠. 달러의 경우 달러로 투자할 수 있는 헤지펀드, 달러 예금, 달러 표시 채권 등 다양한 투자 상품들이 있지만 위안화는 그런 상품이 많지 않습니다.

금융시장이 발전하고 개방이 된다고 가정해볼까요? 금융시장이 발전하면 위안화로 투자할 수 있는 다양한 상품들이 만들어질 겁니다. 그래서 외국인들이 위안화를 사서 이런 상품들에 자유롭게 투자를 할 수 있도록 중국의 금융시장을 개방하는 것도 필요하겠죠. 향후 위안화의 국제화 진행 과정을 이런 맥락에서 지켜보는 재미도 쏠쏠할 겁니다.

중국이 금융시장 개방을 통해 위안화의 국제화를 추진하고 있다는 기사를 인용하면서 이만 줄입니다.

中 인민은행장 "위안화 국제화 위해 5년간 금융개혁에 집중"

저우샤오촨(周小川) 중국 인민은행장은 오는 2020년까지 위안화가 국제

통화로 정착되는 것을 돕기 위해 향후 5년간 다각적인 경제 및 금융 개혁 조치가 취해질 것이라고 밝혔다. 저우 행장은 이날 중국 온라인 경제매체 차이신(財信) 기고문을 통해 제13차 5개년 계획(13·5 규획, 2016~2020년) 기간에 "위안화의 결제통화로서 지위를 다지기 위해 거래와 보유 시스템을 정비토록 하겠다"고 말했다.

저우 행장은 또 이 기간에 "중국 정부가 '시스템적 리스크'를 막기 위해 금융시스템의 감독을 강화할 것"이라며 해외 유동 자본에 대한 모니터링 강화 등의 방안을 제시했다. 제3자 결제, 크라우드 펀딩, P2P 등을 포함한 인터넷금융(핀테크)의 표준화 방안도 리스크 해소 방안으로 제시됐다.

그는 아울러 규제를 완화해 채권을 발행할 수 있는 외국 금융기관의 범주를 대폭 확대하고 '네거티브 리스트' 방식을 통해 외국 투자자들에게 금융시장을 점진적으로 개방할 예정이라고 밝혔다. 또 비금융자산에 의한 직접 금융의 비중을 지난해 17.2%에서 오는 2020년 25%로 끌어올릴 예정이다.

《연합인포맥스》, 2015.11.10

11

한국판 양적완화의 가능성
(난이도 상)

이번에는 내용이 조금 어렵지만 앞의 챕터인 '양적완화의 성립조건'의 내용을 접한 많은 분들이 이 질문도 해주었기에 적어보도록 하겠습니다.

| 한국은행의 국채 매입은 양적완화 정책일까?

최근 기사들을 보면 이런 이야기가 나오죠. 일단 기사 인용부터

해보겠습니다. 내용이 쉽진 않겠지만 꼼꼼히 읽어보면 이해가 될 겁니다.

美 금리 급등에 '화들짝' 한은 국채 매입 확대 나서

미국 국채금리가 급등하자 한국은행도 26일 장 초반에 급히 국고채 매입 확대 카드를 꺼냈다. 이주열 한은 총재가 전날 금융통화위원회 회의 후 국고채 매입 확대를 시사했지만 곧장 한은이 행동에 들어간 것은 미국발 채권금리 불안의 국내 파급을 최소화하려는 의도로 관측된다.

한은은 이날 오전 예정에 없던 보도자료를 내고 올 상반기에 5~7조 원 규모의 국고채 단순 매입을 실시할 계획이라고 밝혔다. 한은 관계자는 "최근 국고채 발행 물량이 상당한 정도로 늘면서 변동성이 확대된 시장금리를 안정화하기 위한 목적"이라고 설명했다.

한은은 국고채 매입 일자와 규모는 공고 시 발표하고, 이번 매입과 별도로 필요할 때마다 시장 안정화 차원으로 추가 대응을 실시할 계획이라고 강조했다. 지난해 국채 11조 원어치를 사들인 한은이 올해 본격적인 시장 개입에 나선 것이다.

《서울경제》, 2021.2.26

기사 내용이 많이 어렵죠? 일단 배경 설명부터 하겠습니다. 코로나19 사태로 인해 직격탄을 맞은 서민경제를 지원하기 위해 한국 정부가 보조금을 지급하는 등의 경기부양책을 쓰려고 합니다.

경기부양을 위해서는 재원이 있어야 하겠죠. 그럼 그 돈을 어디서 마련할까요? 결국 돈을 빌려와야 할 겁니다. 정부가 돈을 빌리는 방법, 즉 국채를 발행해서 돈을 빌려야 하겠죠. 그럼 시중에서 상당히 많은 자금을 정부가 빨아들일 겁니다. 그럼 시중에 자금이 부족해지겠죠. 현재 시중에 풀려 있는 돈으로 오손도손 행복하게 투자하면서 살려고 했던 민간 기업들은 깜짝 놀라게 됩니다. 갑자기 정부가 한꺼번에 돈을 빌려가면서 돈이 모자르게 된 거죠. 정부는 국채라는 '정부의 차용증'을 시장에 넘겨주고 현금을 쓸어가 버렸습니다. 돈의 수요는 그대로인데, 돈이 사라졌으니(돈 공급 축소) 돈의 가격인 금리는 뛰어오르게 되겠죠.

금리가 올라갑니다. 그런데 금리가 계속 오르면 서민경제에 새로운 부담이 되어 부메랑처럼 돌아올 겁니다. 그럼 이걸 제어하기 위해 금리의 상승을 막아줘야 하겠죠. 국채를 너무 많이 발행해서 국채 종이 몇 장만 시장에 남겨두고 현금이 사라졌기에 금리가 오른 겁니다. 이걸 해결하는 방법은 그 국채를 누군가가 사들이면서,

즉 그 국채를 누군가가 인수하면서 그 대가로 현금을 뿌려주면 되겠죠.

그 역할을 누가할까요? 네, 바로 한국은행이 하는 겁니다. 그래서 한국은행이 장기국채를 사들이는 것을 '국고채 단순 매입'이라고 하죠. 금리가 계속해서 뛰어오르는 상황에서 한국은행이 국채 단순 매입을 확대할 것이다, 즉 더 많은 국채를 사들이면서 돈을 공급할 것이라고 말하고 있는 거죠. 그럼 뛰어오르는 금리를 안정시킬 수 있을 테니까요. 앞에서는 암호처럼 느껴졌을 기사의 첫 문단을 다시 읽어보죠.

> 미국 국채금리가 급등하자 한국은행도 26일 장 초반에 급히 국고채 매입 확대 카드를 꺼냈다. 이주열 한은 총재가 전날 금융통화위원회 회의 후 국고채 매입 확대를 시사했지만 곧장 한은이 행동에 들어간 것은 미국발 채권금리 불안의 국내 파급을 최소화하려는 의도로 관측된다.
>
> 《서울경제》, 2021.2.26

네, 금리 급등을 막기 위해서 국채 매입을 확대하겠다고 이주열 한국은행 총재가 코멘트를 날린 겁니다. 코로나19 충격이 강했던 2020년에는 11조 원 정도의 국채를 한국은행이 사들였죠. 그 이전에는 5조 원 미만 수준이었던 국채 매입 규모를 코로나19 충격을 완화하기 위해 11조 원으로 크게 확대한 겁니다. 2021년, 그리고 그 이후에도 금리 상승으로 인해 경기 회복세가 제약을 받게 된다면 이 정도 혹은 약간 더 많이 사들일 것으로 보입니다.

그럼 앞의 글들을 모두 읽은 사람은 바로 이런 생각을 할 수 있죠. '엉? 그럼 한국은행이 장기국채를 사들이는 거니까 이게 양적완화 아닌가?' 그런데요, 한국은행은 아직 양적완화를 하고 있지 않죠. 양적완화 대신에 '국고채 단순 매입'만을 하고 있는 겁니다. 이 프로그램은 금리가 과도하게 오르면서 쏠림 현상이 나타날 때 장기국채를 조금씩 사는 수준으로 진행되고 있고요. 자, 그런데 아마도 마음속에서 이런 반론이 나올 겁니다. '엥? 미국은 양적완화라는 것을 하는데, 그 양적완화가 장기국채를 사주는 것이라고 했잖아. 한국은 국고채 단순 매입이라는 것을 하는데, 그건 장기국채를 사주는 것이라고 했고. 그럼 같은 거 아닌가? 많이 사니까 양적완화, 조금 사니까 국고채 단순 매입인가? 그럼 얼마나 사줘야 양적완화지?'

국채를 매입하는 두 가지 방법

네, 장기국채를 사들인다는 면에서는 한국은행의 국고채 단순 매입이나 미국 Fed의 양적완화나 동일해 보입니다. 하지만 같은 듯 다른 면이 있습니다. 조금 복잡하지만 자세히 설명해보죠. 시중 통화량을 가격을 기준으로 통제하는 방법이 있고, 수량을 기준으로 통제하는 방법이 있습니다. 갑자기 양적완화와 국고채 단순 매입 이야기를 하다가 가격이랑 수량 이야기가 나오니 좀 당황스럽겠지만 조금만 더 이어가보죠.

잠깐 추억의 만화 주인공인 둘리와 고길동으로 사례를 풀어보겠습니다. 고길동이 계속해서 오르는 라면값을 고민하자 둘리는 고길동에게 라면값을 1000원으로 맞춰놓겠다고 약속합니다. 그러면서 요술로 라면의 공급을 늘렸죠. 라면값이 하락하면서 1000원까지 내려갑니다. 와, 성공이다 싶었는데 공급을 너무 많이 늘린 나머지 라면값이 이제는 1000원 밑으로 내려가서 800원이 되어갑니다. 라면값을 1000원에 맞춰놓겠다고 약속했기 때문에 1000원보다 가격이 낮아도 안 되죠. 그럼 어떻게 할까요? 네, 둘리는 이제 반대로 라면의 공급을 줄이면서 라면값이 다시 1000원으로 올라오도록 조절하려고 할 겁니다.

여기서 둘리는 1000원이라는 라면 가격을 기준으로 해서 그 가격에 맞추기 위해 라면의 공급량을 조절하고 있죠.

이번에는 수량을 중심으로 라면을 공급하는 방법입니다. 라면 10만 상자를 공급하는 게 목표입니다. 그럼 가격이 어떻게 되든 말든, 1000원을 넘든 말든 10만 상자를 미친 듯이 생산해서 시장에 쏟아부으면 되는 거죠. 그런 다음에 "10만 상자 공급 완료했습니다"라고 보고하면 됩니다. 라면 가격이 공급 폭주로 인해 내려가도 되고요, 혹시 라면 수요가 폭발해서 10만 상자로는 턱없이 모자라 라면 가격이 상승하더라도 상관없습니다. 관리 목표는 10만 상자의 공급이었으니까요. 네, 두 번째 사례는 수량을 중심으로 해서 라면의 공급량을 통제하고 있는 것이죠.

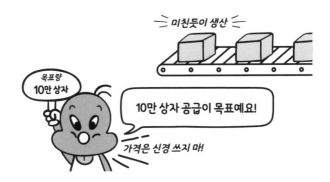

그런데 만약 이 둘을 섞으면 어떤 일이 벌어질까요? 고길동이 둘리에게 말합니다. "10만 상자를 공급해라. 단 가격은 1000원에 맞추도록 해"라고 수량과 가격 미션을 동시에 던집니다.

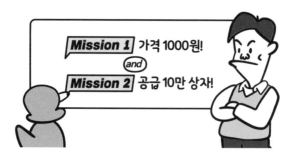

그래서 일단 둘리는 라면 10만 상자를 시장에 쏟아내기 시작하죠. 그런데 문제가 생겼습니다.

10만 상자는커녕 아직 7만 상자밖에 공급하지 않았는데 공급 폭주로 인해 라면 가격이 1000원이 아니라 500원까지 주저앉은 겁니다. 둘리 입장에서는 아득할 겁니다. 어떻게 해결해야 하나 싶겠죠. 10만 상자 목표를 달성하기 위해서는 추가로 3만 상자를 더 공급해야 하는데, 이미 라면 가격이 500원까지 폭락했으니 여기서 10만 상자 목표를 채우기 위해 남은 3만 상자를 퍼부으면 가격 목표인 1000원의 라면 가격을 맞출 수가 없게 될 겁니다. 그렇다고 라면 가격이 너무 많이 하락하는 것을 막기 위해 공급을 줄이면 10만 상자 공급이라는 수량 공급 목표를 채우지 못하게 될 겁니다. 와, 이거 진퇴양난이네요.

그럼 수량과 가격이라는 두 가지 목표를 어떻게 동시에 달성할 수 있을까요? 스마트한 둘리가 이렇게 머리를 쓰는 겁니다. 7만 상자를 공급해서 라면값이 500원까지 떨어진 아찔한 상황, 이를 극복하기 위해 둘리는 시중에서 라면을 사들이기 시작합니다. 5만 상자 정도를 사들였더니 라면값이 500원에서 1200원으로 올라가는 겁니다. 라면값이 다시 1000원을 넘어선 거죠. 그럼 라면 가격을 1000원으로 맞춰주기 위해 공급을 늘려야 하잖아요? 그러자 둘리는 기다렸다는 듯이 남은 3만 상자를 공급하는 겁니다. 그랬더니 라면값이 1000원 정도로 내려가면서 끝이 납니다.

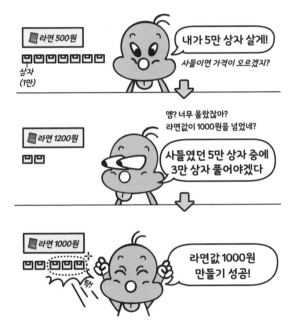

자, 둘리는 10만 상자를 공급했고 가격도 1000원에 맞추었답니다. 대신에 중간에 라면 5만 상자를 사들였죠. 왜냐고요? 공급 목표인 10만 상자를 맞추면서 가격 목표인 1000원도 맞춰야 하기 때문입니다.

10만 상자를 공급했다고는 하지만 실제로는 중간에 5만 상자를 사들였으니 실제 총 공급은 5만 상자 아닌가 하는 생각이 들 수 있는데요, 둘리는 이렇게 답할 겁니다. "10만 상자를 공급한 건 맞지 않느냐!" 한쪽에서는 라면 상자를 풀면서 다른 한 쪽에서는 라면 상자를 빨아들인 겁니다. 이렇게 해서 라면 공급 수량 목표와 라면 가격 목표를 동시에 달성한 것이죠.

이런 이야기를 왜 하나 싶을 테고 저 역시 어거지 비유 들기가 힘듭니다. 이제 다시 양적완화 이야기 시작합니다. 한국은행은 현재 0.5퍼센트라는 기준금리, 즉 돈의 값인 금리를 타겟으로 제시합니다. 0.5퍼센트의 기준금리를 맞추겠노라고 약속하는 거죠. 기준금리를 맞추기 위해서는 금리가 0.5퍼센트보다 올라가면 돈의 공급을 늘려서 0.5퍼센트로 밀어 내리고, 금리가 0.5퍼센트보다 낮아지면 돈을 빨아들여서 0.5퍼센트로 밀어 올려야 합니다.

한국이 미국처럼 양적완화를 한다고 가정해보죠. 2021년 3월 기준 미국 Fed는 매월 800억 달러 수준으로 장기국채를 매입하는 양적완화를 하고 있습니다. 월 800억 달러면 한국 돈으로 80조 원 정도 되네요. 매월 80조 원 만큼의 국채를 꾸준히 사들이겠다고 한국은행이 약속하는 겁니다. 그럼 한국은행이 국채를 사들이면서 시중에 유동성이 쏟아지기 시작하겠죠? 그럼 자금 값인 금리는 하락하게 되는 것 아닌가요? 그랬더니 기준금리 0.5퍼센트보다 시중금리가 낮아지기 시작합니다.

와, 이건 또 용납할 수 없죠. 그래서 한국은행이 나서서 시중에서 자금을 빨아들입니다. 어떻게 빨아들이느냐면, 한국은행이 환매조건부채권이라는 단기채권을 발행합니다. 그러면서 시장에 나가서 이 환매조건부채권을 파는 거죠. 채권을 판다는 것이 결국 환매조건부채권이라는 종이 한 장을 시장에 넘겨주면서 그 종이에 적혀 있는 돈 만큼을 한국은행이 빌려오는 겁니다. 그럼 결과적으로 시장에 환매조건부채권 한 장을 남기고 돈을 빨아들이게 되는 거죠. 이걸 한국은행이 시중에 '환매조건부채권을 매각'한다고 하는데요, 시중에서는 그 채권을 사들이면서 현금을 한국은행에 줍니다. 네, 한국은행은 이렇게 해서 시중의 현금을 줄여버립니다. 현금을 한국은행이 빨아들이니 다시 금리가 올라오면서 기준금리 0.5퍼센트에 맞춰지겠죠.

| 한국 기준은 '기준금리', 미국 기준은 '수량'

여기까지 정리해보겠습니다. 한국은행이 장기국채를 사들이면서
시중에 돈을 풀어줍니다. 양적완화 목표가 있는 만큼 Fed의 경우
처럼 80조 원의 돈을 풀어냅니다. 그럼 돈이 많이 풀린 만큼 돈의
가격인 금리가 내려가겠죠. 문제는 기준금리라는 가격 목표가 있
는 겁니다. 돈을 많이 풀었기 때문에 기준금리 0.5퍼센트보다 금
리가 내려가게 되면 한국은행이 기준금리 레벨을 지키기 위해 환
매조건부채권이라는 것을 시장에 내다 팔면서 시중 자금을 다시
빨아들이는 거죠. 그럼 다시 기준금리 0.5퍼센트로 금리가 올라오
게 될 겁니다. 수량 목표와 가격 목표가 공존을 하게 되면 한쪽에
서는 돈을 풀면서 다른 한 쪽에서는 돈을 빨아들여야 하죠.

그래서 Fed는 금융위기 당시 양적완화를 시작할 때 기준금리
를 0퍼센트로 내린 이후 기준금리 목표를 버리고(버렸다는 말은 좀
과도하고 다른 방식을 도입했는데요, 여기까지 들어가면 진짜 복잡해지는 관계
로 생략합니다) 양적완화, 즉 장기국채를 목표한 수량만큼 사들이는
데만 집중하게 되죠. 중앙은행이 기준금리를 신경 쓰지 않고 마음
껏 국채를 사는 것, 이게 양적완화의 핵심입니다.

반면 한국은 아직 기준금리를 맞추는 데 집중하고 있죠. 국고
채 단순 매입은 실제로 한국은행이 장기국채를 사들이는 프로그
램입니다. 다만 국채를 사들이고 보니 돈이 많이 풀려서 기준금리

밑으로 금리가 내려가는 것처럼 보이면 바로 시중 자금을 빨아들이는 정책을 통해 기준금리 수준으로 다시금 금리를 밀어 올리려고 하죠. 기준금리에 집중을 하는 이상, 아직 한국은 미국과 같은 양적완화를 하고 있다고 보기는 어렵습니다. 혹자는 '준(準)양적완화' 아니냐, 혹은 '한국판 양적완화' 아니냐고도 하는데 사실 무엇이 '준양적완화'인지, '한국판 양적완화'인지 정의가 되어 있지 않은 상황에서 그렇다 혹은 아니다 답하기는 어려울 것 같네요.

미국의 양적완화와 한국의 국고채 단순 매입이 둘 다 장기국채를 사들이는 것은 동일하지만 어떤 점에서 차이를 갖는지를 둔하게 설명했습니다. 난이도가 '상'에 해당될 정도로 복잡한 내용인 만큼 이해가 되지 않는다면 일단 넘어가도 큰 문제가 되지 않습니다.

제1장에서는 여섯 가지 질문을 통해 미국 중앙은행인 Fed의 이야기를 했다면 제2장에서는 한국의 상황을 설명했습니다. 통화정책이라는 딱딱한 이야기를 한 것이지만 '기준금리는 내릴수록 좋지 않나요?', '한국도 양적완화를 할 수 있나요?', 그리고 '한국은행도 국채를 사들인다는데 그럼 양적완화 아닌가요?' 이렇게 세 가지는 실제로 굉장히 많이 받아온 질문들입니다. 금리를 내린다고 모든 문제가 해결되지 않죠. 그리고 오히려 과도하게 내렸을 때에는 부작용이 커질 수 있습니다. 그래서 기준금리의 실효하한이라는 개념을 설명했고, 다음으로 자본 유출이 나타났을 때의 문

제점을 이야기했습니다. 그리고 양적완화의 정의에 대해서, 양적완화를 할 때 생길 수 있는 문제점이 무엇인지에 대해서도 이야기했죠. 마지막에는 다소 어려운 내용이었지만 한국은행이 진행하고 있는 국고채 단순 매입이 왜 양적완화가 아닌지에 대해서도 적어봤습니다.

짧다면 짧을 수 있는 지면에 너무 러프하게 설명을 드려서 실제 개념이 다소 왜곡될 수 있습니다만 금융시장에서 자주 쓰이는 정책이나 단어들에 대한 개념을 잡는 데에는 도움이 되지 않을까, 그렇게 기대해봅니다. 다음 장부터는 본격적으로 인플레이션과 디플레이션에 대해 이야기해보겠습니다.

부의 시나리오

제3장

모두의 목표는
저물가 탈출

- 인플레이션과 디플레이션, 무엇이 좋을까?
- 디플레이션 파이터가 된 중앙은행
- 돈을 풀어도 물가가 오르지 않는 이유
- 중앙은행이 디플레이션을 극복하는 방법

부의 시나리오

12

인플레이션과 디플레이션, 무엇이 좋을까?

경기 침체로 인해 디플레이션 압력이 매우 높다는 언론 보도들이 한참 동안 꽤 있었습니다. 그런 보도들을 보면 전반적으로 각국 정부나 중앙은행이 디플레이션에서 벗어나기 위해 '강한 경기부양책을 쓰고 있다'는 내용들이 담겨 있습니다. 그리고 '강한 경기부양을 통해 인플레이션을 유도하고 싶어 한다'라는 이야기를 하고 있죠.

　이런 기사들이 종종 나오다 보니 이런 질문을 많이 받았습니다. 디플레이션이 "그렇게 나쁜 것이냐"는 질문입니다. 그리고 디플레이션을 잡기 위해 인플레이션을 유도하려고 한다고 하니 "그럼 인플레이션이 좋은 것이냐"는 질문도 따라오곤 합니다. 인플레이션이 좋은지, 디플레이션이 좋은지를 비교하기 위해서는 우선 인플레이션과 디플레이션이 무엇인지에 대해 살펴봐야 하겠죠.

인플레이션은 물가가 상승하는 것을 말합니다. 디플레이션은 반대로 물가가 하락하는 것을 일컫죠. 여기서 하나 알아야 하는 것이 물가가 상승한다는 해석도 중요하지만 이걸 뒤집으면 화폐가치가 하락한다고 볼 수도 있다는 점입니다. 네, 물가가 상승한다는 이야기는 제품의 가격이 올라간다고도 볼 수 있지만, 제품을 기준으로 했을 때 화폐가치가 하락한다고도 볼 수 있을 겁니다. 반대로 디플레이션은 물가가 하락한다고도 볼 수 있지만, 제품을 기준으로 본다면 화폐가치가 제품 대비 상승한다고 할 수 있겠죠. 인플레이션과 디플레이션 개념을 화폐가치의 측면에서 설명했는데요, 이 부분은 뒤에서 보다 자세히 다룰 테니 꼭 기억해두기 바랍니다.

◆ **인플레이션 : 물가 상승 ⟶ 화폐가치의 하락**

◆ **디플레이션 : 물가 하락 ⟶ 화폐가치의 상승**

| 좋은 인플레이션 vs. 나쁜 인플레이션

인플레이션이 찾아오면 사람들은 어떤 생각을 하게 될까요? 물가나 자산 가격이 상승할 것으로 예상되는데, 값이 오른다면 물건을 지금이라도 사두는 것이 좋을까요? 아니면 가격이 다 오른 다음에 사는 게 좋을까요? 당연히 물건의 가격이 오르기 전에 사두는 것이 좋을 겁니다.

사람들의 소비가 촉진된다면 기업들 입장에서는 제품을 만들어 팔고자 하는 동인이 생겨날 겁니다. 그럼 제품을 만들기 위해 생산 라인을 늘려야 할 텐데요, 이를 위해서는 설비 투자를 확대하게 되겠죠. 제품 생산 라인을 갖추고 여기에 고용을 늘리게 될 겁니다. 고용이 늘어나면 그만큼 사람들의 소득도 늘어나게 되고, 소득이 늘어나면 소비가 늘어나게 되겠죠. 소비의 증가는 또다시 기업들의 투자 확대 의욕을 높여주는 역할을 하게 될 겁니다. 네, 인플레이션이 찾아왔을 때 생길 수 있는 순기능들을 이런 측면에서 해석해볼 수 있겠죠.

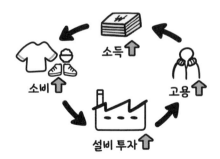

아마 조금 이상하다는 생각도 들 겁니다. '물가가 오르면 소비를 촉진하는 것이 아니라 소비를 오히려 억제하게 되는 것 아닌가' 하는 의구심이 바로 그 핵심이 되겠죠. 네, 물가가 과도하게 상승하게 되면 사람들은 소비를 할 수 없겠죠. 오히려 소비가 위축되어서 경기를 둔화시키게 될 겁니다.

'엥? 앞에서는 인플레이션이 소비를 증가시킨다고 하고 여기서는 인플레이션으로 인해 소비가 둔화된다고 하는데 뭐가 맞는 거야?'라는 생각이 들 겁니다. 우선 이렇게 묻죠. 물가가 오르면 소비가 위축될까요? 만약 물가가 오른 만큼 소득이 늘어나게 된다면 어떨까요? 혹은 물가가 오르는 것 이상으로 소비가 증가하게 된다면 어떤 일이 벌어질까요?

네, 소득 상승 폭이 물가 상승 폭보다 더 크다면 당연히 소비에 큰 영향을 주지 않을 겁니다. 여기서 중요한 포인트가 나오는데, 인플레이션이 어떻게 찾아왔는지를 볼 필요가 있습니다. 물가와 소득의 흐름을 잘 살펴보시기 바랍니다.

경기가 좋아집니다. 그럼 사람들이 소비를 늘리죠. 소비를 늘리는 만큼 기업들은 투자를 확대합니다. 그렇게 해서 고용이 늘고 소득이 늘고 소비가 늘어납니다. 소비가 늘어나는 만큼 물가는 올라가게 되겠죠. 그럼 여기서 소득과 물가는 함께 올라가는 것으로 볼 수 있습니다. 아니, 조금 더 자세히 말하면 소득이 늘어서 제품의 수요가 확대되었기 때문에 물가가 올라간다고 하는 게 더 맞겠죠.

이때 물가가 오르는 이유는 소득이 늘어났기 때문입니다. 이렇게 경기가 좋아서 수요가 증가했기에 물가가 오르는 인플레이션을 '수요 견인 인플레이션'이라고 합니다. 아주아주 건강한 인플레이션, 그 정도로 해석하면 어떨까 합니다. 이렇게 물가가 오르는 경우에는 물가가 오르더라도 소비가 위축되지 않습니다. 오히려 경기가 좋아진 만큼, 그리고 물가가 오르는 만큼, 추가로 물가가 오르기 전에 소비를 늘려야 한다는 심리를 자극할 수 있겠죠.

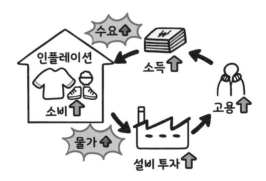

건강한 인플레이션이 있다면 그렇지 않은 인플레이션도 있겠죠. 앞에서 환율을 다뤘는데, 특정 이머징 국가에서 자본 유출이 일어난다고 가정해보겠습니다. 자본 유출이 나타나게 되면 외국인들이 해당 국가의 통화를 팔고 달러를 사서 떠나간다고 했죠. 이 과정에서 해당 국가의 통화가치가 폭락하는 일이 벌어진다고 설명한 바 있습니다. 이머징 국가 통화가치의 급락은 수입 물가를 급격히 높이는 결과를 초래할 수 있죠. 이머징 국가들 중에서 자국 통화가치의 붕괴를 경험한 국가들은 거대한 인플레이션을 만나는 경우들이 있습니다.

조금 부연 설명해보죠. 터키의 경우 2018년 군부 쿠데타부터 각종 정정 불안으로 인해 터키의 경제 성장이 매우 부진했죠. 이에 터키에서 외국인 자본이 대규모로 이탈(자본 유출)하게 되면서 터키 리라화의 가치는 큰 폭으로 하락하게 됩니다. 2010년 달러당 2리라 정도 수준을 기록했는데, 2020년 코로나19 사태로 인한 충격이 한창이던 한때 터키 리라화 환율이 달러당 8리라까지 치솟았던 바 있습니다. 1달러 제품을 2리라로 살 수 있던 것을 8리라를 주고 사야 하다니. 환율의 폭등으로 인해 제품 가격을 네 배는 더 주어야 물건을 살 수 있게 된 겁니다. 그럼 터키 내에 수입 물가 폭등으로 인해 커다란 인플레이션이 찾아왔겠죠. 다음 그래프를 보겠습니다(그래프 9).

그래프 9 ◆ 2005년 이후 달러·리라 환율

달러·리라 환율

2005년부터 그린 달러 대비 리라화 환율입니다. 2005년에는 1달러에 약 1.4리라 정도의 교환 비율을 보여줬죠. 이후 꾸준히 환율이 상승하고, 최근에는 1달러를 사기 위해서는 8리라 정도가 필요한 상황입니다. 리라화 가치가 큰 폭으로 하락했음을 나타내고 있죠. 2005년에는 1달러짜리 물건을 살 때 1.4리라가 필요했지만 지금은 8리라 정도가 필요하니, 리라화 가치 하락으로 수입 물가가 큰 폭으로 상승했음을 직감할 수 있을 겁니다.

중요한 점은 인플레이션이 경기가 좋은 상태에서 찾아온 것이 아니라는 겁니다. 터키 경제가 무너지면서, 리라화 가치가 급락하면서 나타난 수입 물가 상승발(發) 인플레이션이죠. 경기는 좋지 않은데 물가까지 오르는 겁니다. 그리고 외국인 자본이 달아나면서 시중 유동성까지 모자라는 어려운 상황에 처하게 되죠. 뒤에 다시 말하겠지만 대부분의 선진국은 지금 디플레이션을 걱정하는데 자국 통화가치의 급락을 경험한 터키는 인플레이션에 시달리고 있죠. 말했듯이 경기가 좋아져서 찾아온 인플레이션이 아니고, 경제 구조가 무너지면서 나타난 인플레이션입니다. 통화가치 하락으로 인한 수입 물가 상승이 촉발한 최악의 인플레이션이라고 할 수 있죠. 관련 기사의 제목만 잠시 보고 가죠.

터키, 물가 급등·외환보유고 감소에 통화 위기 고조

《연합인포맥스》, 2020.7.9

바람직하지 않은 인플레이션의 두 번째 사례를 살펴보겠습니다. 1970년대를 우리는 '석유파동의 시대'로 기억하죠. 혹은 거대한 '인플레이션의 시대'라고도 합니다. 석유파동은 원유 공급의 패권을 쥐고 있는 중동 산유국들이 원유 공급을 줄이면서 나타난 에너지 가격 급등발 물가 급등이라고 할 수 있죠.

국제유가가 상승하게 됩니다. 그럼 석유를 사용해서 제품을 생산하는 기업들에게는 상당히 큰 부담을 주겠죠. 석유는 제품 자체를 생산할 때도 필요하겠지만 공장을 운영할 때도, 혹은 제품을 운송할 때도 필요한, 어디에나 들어가는 에너지 자원입니다. 이런 석유 가격이 폭등하면 기업의 비용 부담이 상당히 커집니다.

　기업들의 비용 부담이 커지게 되면 제품의 판매가는 가만히 있는 상태에서 제품 원가가 올라가게 됩니다. 그럼 기업의 마진이 크게 줄어들게 되죠. 그럼 기업들은 제품 원가가 오른 만큼 제품의 판매가를 올립니다. 이를 어려운 표현으로 '기업들이 제품의 원가 비용 부담을 소비자에게 전가한다'고 합니다. 소비자에게 비용이 전가되면 소비자들은 보다 비싼 가격에 물건을 사야 할 겁니다. 자, 지금까지 전체 흐름에서 혹시 소비자들의 소득이 늘어났다는 이야기가 있었나요? 비용이 올라가면서 물가가 뛰게 되면 이른바 '비용 인상 인플레이션'이 찾아오게 됩니다. 경기는 좋아지는 것이 없는데, 사람들의 소득은 늘어나지 않았는데, 물가만 올라가는 어려운 상황이 펼쳐지는 것이죠.

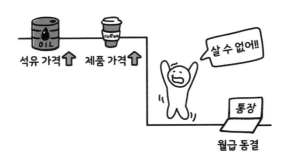

　1970년대 이야기를 잠시 해보면 1970년대 초반 배럴당 2달러 수준에 불과했던 국제유가가 1970년대 말에는 40달러를 넘

어서게 됩니다. 네, 국제유가가 20배 정도 상승한 거죠. 에너지 가격 상승으로 인한 물가 상승이 글로벌 경제 전체를 강타했습니다.

당시 원유를 100퍼센트 수입에 의존하던 한국도 큰 어려움을 겪죠. 원유 가격은 산유국들의 생산 조절에 의해 급등하기도 합니다. 이 경우 물가 상승 속도가 이례적으로 빨라질 수 있죠.

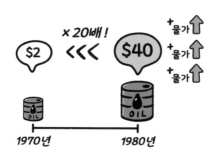

소득이 증가하지 않는 상황에서 맞이하는 물가의 상승, 아니 물가의 급등은 소비를 위축시키고 실물경제 전반을 찍어 누르는 악재로 작용하죠. 1970년대에 정말 감당할 수 없을 정도의 물가 상승으로 고통을 겪었기에 이후 미국 Fed를 비롯한 대부분의 중앙은행들은 물가가 과도하게 상승하는 것을 억제하는 데 초점을 맞추고 있었답니다(물론 코로나19 사태 이후 큰 변화를 겪었죠. 이 이야기는 뒤에서 자세히 다루겠습니다). 정리하면, 인플레이션 중에도 건강하지 않은 인플레이션이 있는데 1970년대 석유파동 사례, 그리고 자국 통화가치 급락으로 인한 수입 물가의 상승이 만들어낸 터키의 인플레이션 사례가 대표적이라고 할 수 있을 겁니다.

| 좋은 디플레이션 vs. 나쁜 디플레이션

이제 디플레이션을 설명해보죠. '디플레이션' 하면 그리 좋은 이미지가 아니지만 '물가가 내린다'라는 개념으로 해석하면 이미지가 많이 좋아지지 않나요? 물가가 하락하면 제품의 수요가 증가하니까 당연히 소비가 증가하게 될 겁니다. 그럼 '경기가 더 좋아지는 것 아닌가' 하는 생각이 들 수밖에 없죠. 네, 맞는 이야기입니다.

백화점에 갑니다. 가전 제품이 있다고 해보죠. 새로 나온 노트북 가격이 200만 원이라고 합니다. 지금 당장 사지 않고 6개월이 지나서 다시 가봅니다. 그럼 일반적으로는 노트북의 가격이 조금 내려갔을 겁니다. 디플레이션이 나타나는 겁니다. 그럼 가격이 저렴해졌으니 살 것인가? 조금 더 있어보자는 생각을 할 수 있죠. 그래서 6개월이 더 지나서 가봅니다. 제품 가격이 더 저렴해졌습니다. 보통 가전 제품 등에서 이런 현상이 나타나곤 하는데, 제품 생산 기술의 발전이 가격의 하락을 만들어내는 것입니다.

가격이 하락하게 되면 가격 부담이 커서 제품을 사지 못했던 소비자들이 해당 제품을 사들이기 시작하죠. 그럼 그 제품에 대한 수요가 늘었으니까 기업들은 생산 라인을 늘려야겠다는 생각을 하게 될 겁니다. 그럼 생산 라인에 투자가 확대되고, 그로 인해 고용이 창출되겠죠. 고용 창출은 임금의 상승으로, 그리고 소비의 증가와 추가적인 생산 라인 투자 확대로 이어지게 될 겁니다.

네, 건강한 디플레이션이라는 이야기는 들어본 적이 없습니다
만 이렇게 기술 혁신에 의해 나타나는 제품 가격의 하락은 그야말
로 축복과 같은 것이라 할 수 있을 겁니다.

이렇게 기술 혁신이 나타나면서, 또는 생산성이 급격히 개선되
면서 나타나는 디플레이션은 좋은 경우지만 이외의 다른 디플레
이션은 달갑지가 않습니다. 가장 대표적인 경우가 일본식 경기 침
체입니다.

일본은 1990년대 초반 거대한 부동산 버블 붕괴를 겪은 바 있
죠. 대출을 받아 주택을 높은 가격에 구입한 서민들이 부동산 버
블 붕괴로 인해 상당한 충격을 받았습니다. 예를 들어 5억 원짜리
집을 사는 데 4억 원을 대출 받았다고 해보죠. 그런데 주택 가격
이 2억 원까지 약 60퍼센트 하락했습니다. 집값은 큰 폭으로 하
락했지만 대출은 4억 원으로 그대로 남아 있죠. 이른바 '깡통 주
택'이 된 겁니다. 주택 가격이 하락하면서 졸지에 거대한 부채의
늪에 빠져버리면 사람들은 소비를 최대한 줄이려고 합니다. 소비

를 줄여서 빚을 갚으려고 하겠죠. 그리고 빚이 많다는 부담을 항시 갖고 있기에 과감한 소비가 나타나기는 어려울 겁니다.

이렇게 되면 소비 경기가 침체됩니다. 그럼 사회 전반적으로 제품에 대한 수요가 살아나지 않죠. 수요가 없다면 제품 가격이 하락하게 되겠죠. 제품 가격의 하락은 기업 마진의 축소를 낳게 되고, 기업들은 투자를 늘리기는커녕 기존의 생산 라인을 줄이려고 할 겁니다. 이 과정에서 고용이 줄어들게 되겠죠. 고용이 줄게 되면 실업자의 증가로 근로소득이 감소하고, 이는 소비를 더욱 더 위축시키는 결과로 이어지게 됩니다.

이렇게 해서 물가가 하락할 수밖에 없다는 사람들의 기대 심리가 강화되면 사람들은 소비를 최대한 뒤로 늦추려 하겠죠. 하지만 나중에 제품의 가격이 하락해도 사람들은 소비를 하지 않으려 할 겁니다. 왜냐고요? 제품 가격이 그보다도 더 낮아지게 될 테니까요. 그러다 보면 소비라는 것이 꽤 오랜 기간이 지나도 살아나지 않기에 이른바 장기 침체의 늪에 빠져버리는 문제에 직면하게 됩니다. 네, 이게 일본식 장기 디플레이션이죠. 최악의 사례입니다.

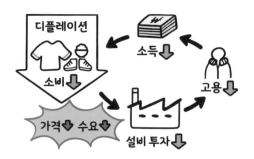

인플레이션에도 좋은 인플레이션과 나쁜 인플레이션이 있고 디플레이션에도 좋은 디플레이션과 나쁜 디플레이션이 있다는 이야기를 해보았습니다. 그럼 무엇이 더 좋고 나쁜 것일까요? 지금의 경제 상황을 감안하면서 판단해볼 필요가 있습니다.

앞서 인플레이션과 디플레이션의 개념을 설명할 때 인플레이션은 물가의 상승으로도 볼 수 있지만 화폐가치의 하락으로도 볼 수 있다고 했죠. 그리고 디플레이션은 물가의 하락도 되지만 화폐가치의 상승으로도 볼 수 있다고 말한 바 있습니다. 글로벌 금융위기 이후 전 세계는 거대한 부채를 쌓아왔죠. 글로벌 금융위기는 부채의 위기였고, 이후 벌어졌던 유럽 재정위기도 부채의 위기였습니다. 중국 경제를 불안하게 보는 많은 전문가들 대부분은 중국의 과도한 국영 기업 부채를 주목하고 있습니다. 그리고 코로나19 이후 이런 부채는 정부, 기업, 가계를 가릴 것 없이 모두 크게 늘어났습니다. 네, 우리는 과도한 부채의 시대를 살아가고 있습니다.

| 부채가 많을 때, 인플레이션 vs. 디플레이션

부채가 많은 현재의 상황을 감안해서 인플레이션과 디플레이션을 생각해보겠습니다. 부채는 화폐 표시 자산이죠. 화폐의 가치가 상승한다면 화폐 표시 자산인 부채의 가치 역시 증가하게 될 겁니다. 부채의 가치가 늘어난다는 것은 실제 부채 부담이 늘어난다는 것을 의미하죠. 무슨 소리인지 이해가 안 될 수도 있으니 조금 부연 설명하겠습니다. 대출을 받아 주택을 구입합니다. 5억 원짜리 주택인데 3억 원을 대출 받아서 사들인 거죠. 그런데 무슨 행운인지 주택 가격이 큰 폭으로 상승해서 주택 가격이 10억 원이 되었습니다. 이른바 자산 인플레이션이 찾아온 겁니다.

주택 가격이 상승했다고도 볼 수 있지만 뒤집어 말하면 주택 대비 화폐가치가 하락했다고도 할 수 있죠. 예전에는 5억 원의 화폐를 갖고서 주택을 살 수 있었는데, 이제는 10억 원의 화폐가 있어야 살 수 있는 겁니다.

집값이 10억 원이 되어도 부채가 함께 늘어나지는 않죠. 그대로 3억 원에 머물러 있을 겁니다. 그럼 집값 대비 부채의 비율을 나타내는 부채 비율은 '3억/10억'이니까 30퍼센트 정도겠죠. 집값이 오르기 이전 '3억/5억'으로 60퍼센트였던 부채 비율이 크게 낮아진 겁니다. 그럼 그만큼 실질적인 부채 부담이 낮아진 것처럼 느껴지게 되죠. 부채는 화폐 표시 자산입니다. 화폐의 가치가 큰 폭으로 하락하는 인플레이션 국면에서는 이렇게 화폐 표시 자산인 부채의 실질적인 부담도 줄어들게 되죠. 네, 자산 가격이나 제품 가격이 오르는 인플레이션은 부채가 과도한 상황에서 부채의 실질 부담을 낮춰주는 기능을 하게 됩니다.

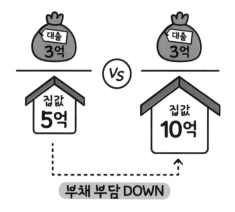

이번에는 반대로 디플레이션에 대한 말을 해보죠. 디플레이션은 화폐가치의 상승을 말합니다. 그럼 어떤 일이 벌어지는지 생각

해봅시다. 5억 원짜리 집을 3억 원 대출을 끼고 샀는데 집값이 2억 원까지 하락한 겁니다. 와, 이건 좀 문제가 되죠. 왜냐하면 집값이 하락한다고 해도 대출을 해준 은행에서 대출 원금을 집값 하락 폭만큼 줄여주지는 않을 테니까요. 그럼 사실상 집을 팔고 나도 3억 원의 대출을 갚지 못해 따로 돈을 1억 원 구해서 갚아야 합니다.

네, 대출이 많은 상태에서 자산이나 제품의 가격이 하락하게 되면 부채가 훨씬 더 부담스럽게, 그리고 절망적으로 느껴지겠죠. 사람들은 부채의 부담이 워낙 크니 소비를 최대한 줄이려고 할 겁니다. 그럼 내수 경기가 침체일로를 겪게 되면서 기업 마진이 크게 줄어들게 될 겁니다. 기업 마진이 줄면 고용이 위축되고 이는 개인 소득의 감소로 이어지게 되죠. 개인 소득 감소는 소비의 감소로 이어지고, 또 기업 마진 감소로, 고용 축소로, 개인 소득 감소로, 다시 소비의 감소로 연결됩니다. 이른바 디플레이션의 악순환이 나타나게 되는 겁니다. 혹시 일본이 디플레이션 경기 침체로 인해 잃어버린 30년을 보냈다는 이야기를 들어봤나요? 네, 자산 가격의 하락과 이후 나타난 디플레이션이 만들어낸 비극이었습니다.

지금을 과도한 부채의 시기라고 본다면 디플레이션이 치명적일까요, 인플레이션이 치명적일까요? 디플레이션보다는, 혹은 소비 둔화까지 만들어낼 수 있는 부담스러운 나쁜 인플레이션(비용 인상 인플레이션)보다는 건강하고 완만한 인플레이션이 소비의 확대에도, 그리고 부채 부담 축소에도 도움이 될 겁니다. 그래서 각국 정부나 중앙은행은 완만한 인플레이션을 원하고, 그 방향으로 가고자 노력하고 있는 것이죠. 그리고 혹여나 찾아올 수 있는 디플레이션에 대해서는 강한 대응을 하겠다는 의지를 거듭 표명하고 있는 겁니다.

'인플레이션이 좋은가, 디플레이션이 좋은가'라는 질문에 답해봤습니다. 실망스럽겠지만 그때그때 다르다는 게 답이죠. 적어도 지금처럼 부채가 많은 상황에서는 디플레이션의 부담이 워낙 크다는 점을 강조했고요, 인플레이션에도 건강한 인플레이션이 있음을 살펴봤습니다. 다음은 인플레이션 파이터였던 중앙은행이 디플레이션 파이터로 전향한 이야기로 이어가겠습니다.

13

디플레이션 파이터가 된
중앙은행

이전 챕터에서 부채가 많은 현재의 상황에서는 디플레이션에 적극적으로 대응해야 함을 이야기했습니다. 중요한 건 제가 그런 말을 하는 것보다는 국가에서, 인플레이션과 디플레이션을 중점적으로 관리하는 중앙은행에서 어떤 스탠스를 갖고 가는지겠죠. 아마 이 질문이 나올 듯합니다. '중앙은행이 왜 인플레이션과 디플레이션을 관리하나요?'라는 질문일 텐데요, 이 부분을 간단히 애피타이저로 다루고 본론으로 들어가죠.

인플레이션과 디플레이션을 물가가 오르고 내린다로 해석할 수도 있지만 화폐가치가 오르고 내린다로도 해석할 수 있다고 이미 설명했습니다. 화폐가치의 상승과 하락을 관리하는 주체는 어디일까요? 각국에서 화폐를 찍는 기관, 즉 중앙은행이 될 겁니다. 네, 그래서 중앙은행은 과도한 화폐가치의 하락을 의미하는 인플레이션에 대해서도 경계를 하는 겁니다. 그리고 지금처럼 부채가 많은 경우 실물경기의 침체를 두려워하기 때문에 디플레이션에 대해서도 강한 저항을 하고 있는 것이죠.

그럼 중앙은행들은 어떤 스탠스인지를 살펴보죠. 제가 마켓에 대한 공부를 시작했던 2004년에는 전 세계 중앙은행이 물가 상승에 대한 경계심을 나타내고 있을 때였습니다. 저는 중앙은행이 인플레이션을 너무나 싫어한다고 생각했죠. 참고로 2004년 6월부터 미국 Fed는 기준금리 인상을 시작해서 2006년 6월까지 있었던 17번의 FOMC에서 17차례 연속으로 기준금리 인상을 단행했습니다. 1퍼센트였던 기준금리가 5.25퍼센트까지 인상되었죠. 그렇지만 배럴당 145달러까지 치솟는 국제유가 앞에서, 그리고 각종 원자재 가격의 폭등 앞에서 중앙은행들은 인플레이션에 대한 경계심을 놓을 수가 없었죠.

이제 시계열을 조금 더 과거로 밀어봅니다. 1971년으로 가보겠습니다.

| 1970년대, 혹독했던 글로벌 인플레이션

1971년 8월 15일, 미국 대통령 리처드 닉슨(Richard Nixon)은 금본위 화폐제를 폐지한다는 발표를 하게 되죠. 금본위 화폐제는 직관적으로 말하자면 국가가 돈을 찍을 때에는 국가가 보유하고 있는 금 만큼만 돈을 찍는 제도입니다. 국가의 금 보유량이 극히 적다면 경기가 아무리 침체일로에 있어도 돈을 찍을 수가 없죠. 금이 없다면 지금처럼 양적완화를 한다는 건 상상도 할 수 없는 일입니다. 금을 담보로만 돈을 찍을 수 있던 시대였는데, 닉슨 대통령이 금 대신 국가가 보유하고 있는 국채를 담보로 돈을 찍을 수 있는 시대로 전환하겠다고 선언한 것이죠. 국가가 국채 발행을 자유롭게 할 수 있고, 그 국채를 담보로 돈을 찍는다면 당연히 금을 담보로 찍을 때보다는 훨씬 편안한 화폐의 공급이 가능해지겠죠.

금본위 화폐제가 폐지된 이후 미국 달러화 공급이 크게 늘어나게 됩니다. 그리고 이는 달러 가치의 하락을 가져오죠. 달러 가치가 하락하면서 달러로 결제되는 자산인 원유와 같은 원자재들의 가격이 상승하게 됩니다.

이것도 잠시 짚어보고 지나가죠. 국제유가가 2021년 3월 배럴당 약 60달러였습니다(미국 서부 텍사스유 기준). 국제유가가 몇 달러냐고 물어보면 배럴당 몇 달러라고 바로 인터넷 검색을 통해서 답을 해줄 수 있죠. 문제는 국제유가가 몇 유로냐고 물어보면 답을 할 수 없습니다. 마찬가지로 국제유가가 몇 엔이냐 혹은 몇 원이냐고 물어보면 당황스러워하다가 바로 계산기를 찾겠죠. 환율을

계산해서 적용해봐야 하니까요.

　이런 일이 벌어지는 이유는 뭘까요? 원유는 달러로만 결제가 되기 때문입니다. 원유를 비롯한 대부분의 원자재가 달러로 결제되기 때문에 달러의 가치가 하락하게 되면 원자재 가격이 오르게 됩니다. 원유 가격이 배럴당 100달러라고 해보죠. 달러 가치가 하락하게 되면 원래 1배럴을 사기 위해 100개의 달러가 필요했는데, 달러 가치가 하락한 만큼 150개의 달러가 필요하겠죠. 그럼 1배럴에 150달러가 되는 겁니다. 반대로 달러 가치가 상승하게 되면? 1배럴 살 때 50개의 달러만 있으면 되는 겁니다. 네, 달러가 강해져서 국제유가가 100달러에서 50달러로 하락하게 되는 구조죠. 달러로만 결제되는 원유 가격은 달러 가치와 반대로 움직인다고 보면 됩니다.

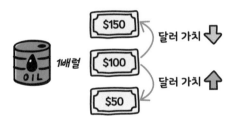

　이왕 말이 나왔으니 조금 더 이어가보죠. 원유를 사기 위해서는 무엇이 필요하다고요? 네, 달러가 필요합니다. 산유국에 원화를 아무리 많이 줘도 원유를 사들일 수가 없습니다. 달러를 보유해야 주요 원자재인 원유를 살 수 있는 것이죠. 앞에서 외환위기에 대해 다뤘는데요, 외환위기로 인해 국가에 달러가 부족해지면 원유를 살 수가 없습니다.

원유 수입이 막히면 해당 국가의 경제를 돌릴 수 있는 주요 에너지 공급이 불가능해지기에 경제가 올스톱이 될 수 있죠. 그럼 원유를 비롯한 주요 원자재를 사기 위해서라도 달러를 일정 수준 확보해두어야 할 겁니다. 미국 이외의 지역에서도 원유나 원자재를 살 때 달러를 사려는 수요가 존재하죠. 화폐는 많은 사람들이 쓸 때, 그리고 많은 사람들이 해당 국가 이외의 지역에서 사려고 하는 수요가 존재할 때 더 가치가 높아진다고 설명했습니다.

그리고 이런 생각도 해봅니다. 달러가 약세가 됩니다. 그럼 달러 표시 원유 가격이 상승하게 되겠죠. 1배럴에 100불에서 150불로 유가가 올라가는 겁니다. 보통 달러가 약세라면 다들 달러를 외면하려고 할 겁니다. 달러를 보유해봤자, 사들여봤자 손해를 보니까요. 그런데 달러를 더 많이 사야 하는 문제가 생기는 겁니다. 달러 약세 시기에 국제유가가 100달러에서 150달러로 상승했다고 했죠? 네, 100개의 달러만 사면 됐는데 달러 약세로 인해 150개의 달러를 사야 원유를 구입할 수 있게 된 겁니다. 달러 약세로 가게 되면 달러 표시 원유 가격이 오르기에 달러를 더 많이 사야 하는 아주 독특한 상황이 펼쳐지게 되는 것이죠.

국제통화 혹은 기축통화인 달러의 위상을 다시 한번 생각해볼 수 있는 대목입니다. 그래서 중국 위안화도 국제화를 위해서 노력하고 있는데요, 그 노력의 일환으로 원유 결제를 달러 대신 위안화로 하는 이른바 '페트로위안(Petro-Yuan)'에 시동을 걸고 있죠. 잠시 기사 인용하죠.

'페트로위안' 시동 건 중국

영국 브리티시페트롤리엄(BP)이 이달 초 중국에 원유 300만 배럴을 위안화를 받고 팔았다. 7대 석유 메이저 중 한 곳에서 달러화가 아니라 중국 위안화로 원유를 거래한 첫 사례. 원유시장에서 '석유 달러(페트로달러) 체제'에 균열이 생기는 것 아니냐는 분석이 나온다.

중국이 위안화 원유 거래에 공을 들이는 이유는 원유시장의 결제 화폐가

기축통화의 첫 관문이기 때문이다. 각 기업이 위안화로 석유를 거래하면 세계 각국에 걸쳐 중장기적으로 일정한 위안화 수요를 창출할 수 있다. 중국 내부에선 최근 미국과의 갈등을 의식해 위안화 국제화를 더욱 서둘러야 한다는 목소리가 커지고 있다. 미국이 달러를 이용해 금융시장에서 중국을 압박할 수 있는 만큼 달러 의존도를 줄여야 한다는 것이다.

《한국경제》, 2020.7.19

중국이 원유 거래를 위안화로 하려는 이유, 이해가 되죠? 이제 본론으로 돌아오죠. 닉슨 대통령이 금본위제를 폐지하면서 달러 공급이 늘고, 달러 약세가 나타나면서 유가가 상승합니다. 유가 상승은 물가 상승으로 이어지는 걸까요? 네, 여기에 중동의 OPEC(Organization of the Petroleum Exporting Countries, 석유수출국기구) 국가들이 원유 공급을 제한하면서 국제유가가 보다 큰 폭으로 뛰게 되는데, 이는 전 세계적인 인플레이션을 부르게 됩니다.

| 헤어나올 수 없었던 경기 침체의 늪

인플레이션이 심각한 수준으로 치솟게 되자 서민경제의 부담은 훨씬 커졌죠. 소득이 늘어나면서 찾아오는 인플레이션이 아니라 비용이 올라가면서 찾아온 인플레이션이기에 소비경기에 치명적인 영향을 주게 된 겁니다. 경기는 좋지 않은데 물가는 오르는 상황이 이어집니다. 경기 둔화를 영어로 스태그네이션(Stagnation)이라고 하고요, 물가의 상승을 인플레이션(Inflation)이라고 하죠. 경기 둔화 국면에서 물가가 오르는 최악의 상황을 두고 이 두 단어를 합쳐서 스태그플레이션(Stagflation)이라고 합니다.

Stagnation 경기 둔화
+
Inflation 물가 상승
∥
Stagflation
경기 둔화인데도 물가 상승

스태그플레이션 국면이 참 어렵습니다. 왜냐하면 일반적인 경기 침체 국면에서는 중앙은행이 금리를 낮추고 돈을 뿌리면서 경기 회복을 지원하곤 하는데 여기서는 이게 통하지 않거든요. 물가가 마구 오르고 있는데 여기에다 돈을 뿌린다? 이게 쉽지 않죠. 물가가 급등하는데 금리를 낮추고 돈을 더 뿌리게 되면 화폐가치가 급락하면서 오히려 물가를 더 밀어올리게 됩니다. 네, 일반적으로 쓸 수 있는 경기 침체에 대응하는 처방인 금리 인하와 같은 정책이 이런 상황에서는 통하지 않게 되는 겁니다.

1970년대 극악의 인플레이션이 이어지자 이 문제를 해결하기 위해 Fed는 특단의 조치에 나섰습니다. '경기를 박살내더라도 일단은 물가를 잡자'라는 스탠스로 시중 유동성을 빠르게 빨아들였습니다. 시중 유동성, 즉 돈의 공급이 줄어드니 돈의 값인 금리가 올라가게 되겠죠. 미국 금리가 올라갑니다. 미국 달러 공급이 줄었습니다. 달러 가치는 상승했겠죠? 달러 가치 상승은 국제유가 하락을 가리키게 됩니다. 국제유가가 큰 폭으로 하락하면서 1980년대 초반 인플레이션이라는 지긋지긋한 악령을 내쫓을 수가 있었죠. 그렇지만 희생도 컸습니다. 물가를 잡기 위해 시중 자금을 크게 빨아들인 만큼 금리가 올랐고, 그렇게 올라버린 금리는 경기 침체를 야기했죠. 미국은 1980년대 초반에 심각한 경기 침체를 기록했답니다.

이렇게 아픈 기억을 갖고 있기에 중앙은행은 인플레이션이라고 하면 자다가도 벌떡 일어나는 수준이 되었습니다. 제가 2004년부터 마켓 공부를 시작했다는 말을 했는데요, 그때 저는 중앙은행은 인플레이션을 잡는 이른바 '인플레이션 파이터'라고 배웠습니다. 그리고 당시에는 실제로 그런 행동을 했었죠.

2008년 금융위기 직전에도 비슷한 경험이 있었죠. 2007년 하반기부터 시작된 미국 금융시장의 불안 때문에 Fed는 2007년 9월부터 전격적인 금리 인하에 나서게 됩니다. 그리고 주택 가격이 하락하면서 점점 더 커져가고 있던 금융기관들의 부실에 대응하기 위해 달러 유동성 공급을 크게 확대했죠. 환율은 성장과 금리의 함수입니다. 주택 가격 하락 및 금융기관의 충격 등으로 인해 미국 경제가 표류하자, 성장하고 있는 다른 국가들로 자금이 이동하게 되죠. 이동할 때는 달러를 팔고 다른 국가의 통화를 사서 이동할 겁니다. 네, 달러 약세 요인이 됩니다. 그리고 금리인데요, 충격을 제어하기 위해 금리를 낮추고 달러 공급을 늘리게 되니 당연히 시장금리가 낮아지고 달러화 공급 확대로 인해 달러가 약세를 보이게 되겠죠. 오히려 높은 금리를 주고 있는 다른 국가들로 자금 이동이 일어나게 될 겁니다. 네, 2007~2008년에 달러 약세 기조가 강하게 나타났습니다.

이렇게 뿌려진 달러화는 원자재 시장을 자극했고 원자재 가격의 급등을 촉발했습니다. 국제유가는 2008년 5~7월 거의 배럴당 150달러까지 상승하면서 물가 상승 부담을 훨씬 더 키웠습니다. 금리를 낮추면서 실물경제의 충격을 완화하기 위해 노력하던 중앙은행이었지만 국제유가 급등으로 인해 물가 상승 압력이 높아지자 금리 인하를 중단하고 오히려 금리 인상을 하면서 물가 상승에 대응하게 됩니다. 그 결과 금융위기가 찾아오기 불과 2~3개월 전인 2008년 여름 한국은행과 유럽 중앙은행인 ECB는 기준금리를 인상했죠. 경기 둔화 국면에서 기준금리를 인상하게 되자 경기 침체 국면이 더욱 더 깊어지지 않았을까요? 네, 물론 이 영향만 있었던 것은 아니지만 당시 너무나 높아졌던 인플레이션 압력으로 인해 중앙은행들이 경기부양에 상당히 애를 먹었던 것은 사실입니다. 그래프를 보시죠(그래프 10).

그래프 10 ◈ 2008년 국제유가와 한국·유럽·미국의 기준금리

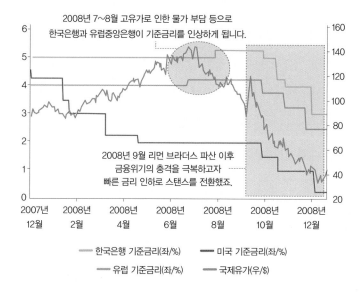

2008년 당시 국제유가는 배럴당 150달러에 육박할 정도로 높은 수준을
보였죠. 높아진 국제유가로 인해 물가 부담을 크게 느끼자 각국 중앙은행
은 경기 둔화에도 불구, 기준금리 인하를 적극적으로 하기 어려운 상황이
었답니다. 급기야 2008년 7~8월에 유럽중앙은행과 한국은행이 기준금
리 인상을 단행하죠. 이후 만난 글로벌 금융위기로 인해 국제유가 급락과
경기 둔화 우려를 읽고 각국이 금리를 빠른 속도로 인하하는 스탠스로 전
환했음을 확인할 수 있습니다.

| 일본을 휩쓸어버린 디플레이션

그렇지만 글로벌 금융위기 이후에 이런 스탠스는 크게 바뀌게 됩니다. 우선 전 세계에서 가장 먼저 디플레이션 불황으로 진입한 일본이 선구자적인 역할을 하게 되는데, 2012년도 하반기부터 아베노믹스(Abenomics)의 시작을 알리면서 무제한 양적완화를 시작하죠. 무제한 양적완화라는 어려운 단어를 보지 말고 그냥 무제한으로 엔화를 공급한다고 생각하면 됩니다. '언제까지 공급을 하는가'라는 질문에 대해 일본 엔화를 공급하는 일본 중앙은행은 이렇게 말하죠. "일본의 물가가 2퍼센트로 올라오는 그날까지 양적완화를 이어가겠다." 네, 앞서 인플레이션 때문에 큰 고통을 받았던 중앙은행들이 일본부터 시작해서 디플레이션의 공포를 겪자 이제는 디플레이션을 막기 위해 사력을 다하기 시작한 겁니다.

그리고 그 중심에는 글로벌 금융위기, 즉 거대한 부채의 위기가 있었죠. 부채가 많은 시기에는 무엇이 더 부담이 된다고 했죠? 네, 디플레이션 부담이 훨씬 크다는 말을 했습니다. 그래서 부채가 많

은 지금 디플레이션에 저항하기 위해 전 세계 중앙은행이 사력을 다하고 있죠.

그럼 어떤 식으로 정책을 펴는지 알아보겠습니다. 각국 중앙은행들은 적절한 수준의 인플레이션을 원하고 있죠. 적절한 수준의 인플레이션을 원한다고 하니까 시장 참여자들은 혼란스러워합니다. '뭐가 적절한 수준이라는 거지?' 적당하다 혹은 적절하다는 표현이 사실은 너무나 주관적이죠. 사람마다 다 다르게 느낄 겁니다. 중앙은행이 워낙 강한 인플레이션 파이터였기에, 일정 수준 물가가 올라오는 것을 보면 바로 금리를 인상하거나 유동성을 빨아들여서 물가를 잡곤 했답니다.

그러니 시장 참여자들은 물가가 조금만 올라도 자포자기에 빠집니다. 중앙은행에서 금리를 올려서 판을 다 깨버릴 것 같으니까요. 우선 적절한 물가가 어느 정도 레벨인지 알 수가 없습니다. 그럼 조금만 물가가 올라도 시장은 불안할 겁니다. '중앙은행이 보았을 때 적절한 물가 상승인가?' 하는 불안감에 어떻게 해볼 수가 없죠.

금융위기 이후 부채 위기로 인해 전 세계 경제가 연약한 상황입니다. 적절한 수준의 인플레이션을 만들어보고 싶은데 정말 어렵죠. 이것저것 노력해도 쉽지 않아서 시장 참여자들에게 물어봤더니 '중앙은행이 적절한 물가 수준만 오면 분위기 깨버릴 것이니까'라는 자조 섞인 답을 하는 겁니다. 그래서 중앙은행의 대표격인 미국의 Fed는 이렇게 이야기했죠. "적절한 수준은 연 2퍼센트 수준의 물가 상승이다"라고요. 적절한 물가 상승 수준이라는 말보다는 2퍼센트라는 숫자를 언급해주는 것이 훨씬 시장하고 소통하기에 좋죠.

그러자 시장이 말합니다. 그걸로는 부족하다고요. 2퍼센트라는 것까지는 알겠는데 예전에 보니까 물가가 2퍼센트 근처까지 올라오면 바로 금리를 올리면서 분위기를 깨버렸다고 또 볼멘소리를 하는 겁니다. 물가가 2퍼센트를 넘지 않게 하려면 1.8~1.9퍼센트 정도부터는 조금씩 금리를 인상하면서 분위기를 깨줘야 하기 때문에 중앙은행이 선제적으로 행동했던 것이죠. 또 어떤 경우에는 1.5퍼센트까지만 올라와도 물가가 더 오를 것 같은 분위기가 뚜렷하면 금리 인상을 하면서 군기 잡는 일도 많았다고 불평을 합니다. 그러자 Fed는 이렇게 말하죠. "옛날과는 달리 금리를 인상하기 전에는 한참 전에 예고를 해주겠다"라고요. 자기들이 직접 예고를 하고 시장이 준비를 해서 대응할 수 있는 시간을 충분히 주겠다고 말한 겁니다.

Fed는 과거에는 이른바 인플레이션 파이터였죠. 물가가 오르면 선제적으로 잡고자 노력했습니다. 선제적인 대응이기에 물가가 오르기 시작하면 언제 어떻게 등장해서 물가 상승의 뒤통수를 후려칠지 알 수 없을 정도였습니다. 그랬던 Fed를 기억하기에 시장에서는 인플레이션을 제대로 만들어내기 힘들었죠. 그래서 Fed는 금융위기 이후 이렇게 한 걸음 후퇴합니다. 우선 적절한 물가 상승 레벨은 2퍼센트 물가 상승이라고 알려주었고, 혹여나 금리 인상을 한다면 한참 전에 직접 알려주겠다고 말한 거죠. 미리 알람을 주겠다, 혹은 미리 가이던스를 주겠다고 한 이런 Fed의 정책을 '포워드 가이던스(Forward Guidance)'라고 합니다. 금융위기 이후 인플레이션을 만들어내기 위해 Fed가 전격적으로 도입한 방법이죠. 포워드 가이던스가 각 중앙은행에서 실제 쓰이는 것을 보여주는 언론 보도의 제목만 보고 가죠.

'포워드 가이던스'가 뭐길래? 연준 이어 ECB, BOE도 도입
-- 시중금리 불안해지자 '커뮤니케이션 정책 수단' 사용한 것

《뉴스핌》, 2013.7.5

| 디플레이션에서 벗어나려는 노력 1 — 대칭적물가목표

그런데 이 정도로는 많이 부족했던 것 같습니다. 아니 그보다는 금융위기 이후 부채 위기의 충격이 워낙에 컸다고 설명하는 것이 더 적절할 듯합니다. 이 정도로도 인플레이션의 복귀를 보기는 어려웠죠. 그래서 Fed는 2017년 '대칭적물가목표(Symmetric Inflation Goal)'라는 개념을 도입합니다. 이건 또 뭐지 싶을 텐데, 그리 어려운 거 아닙니다. 함께 보죠.

과거 Fed는 물가가 2퍼센트 이상 오르면 금리 인상을 통해 대응하겠다고 말했습니다. 이게 목표라면 사실상 물가 상승에 대해서만 Fed가 개입하겠다는 의미로 볼 수 있죠. 물가가 제대로 오르지 못하거나 혹은 하락하는 디플레이션 상황에 대해서는 특별한 대응이 없는 겁니다. Fed는 오로지 물가 상승이 2퍼센트를 넘으면 스트레스를 받고 걱정하고 무언가 대책을 쓰니까요. 그래서 대칭적물가목표라는 이야기가 나오는데요, 개념은 간단히 이렇습니다. 예전에는 2퍼센트라는 물가 목표를 정하고 2퍼센트보다 물가가 더 오르면 Fed가 스트레스를 받았죠. 예를 들어 물가가 2.3퍼센트만큼 오르고 있으면 원래 2퍼센트까지만 용인해주는 건데 0.3퍼센트가 더 올랐으니 그만큼 Fed가 고통스러워하고 이를 잡기 위해 무언가 정책을 사용해왔다는 겁니다.

그런데 이제는 2퍼센트만큼 물가가 오르지 않는 것에 대해서도 똑같은 수준으로 걱정을 하겠다고 말합니다. 예를 들어 물가가 1.7퍼센트밖에 오르지 않는다면 0.3퍼센트만큼 목표에 미달한 거죠. 이 경우 0.3퍼센트만큼 물가가 오른 상황과 동일한 수준으로

Fed가 걱정하고 그만큼의 정책을 쓰겠다는 겁니다. 과거의 Fed는 물가가 적정 물가(2퍼센트) 대비 더 오른 것에만 호들갑을 떨었다면, 이제는 적정 물가 대비 너무 부진한 물가에 대응하기 위해서도 비슷한 수준으로 호들갑을 떨면서 물가를 올리기 위해 경기부양에 나서겠다고 말한 겁니다.

0.3퍼센트의 추가 물가 상승만큼 동일한 수준으로 0.3퍼센트만큼의 부진한 물가를 고민해주겠다고 해서 '대칭적물가목표'라는 단어를 쓰는 것이죠. 밑의 그림을 보면, 그리고 대칭적물가목표가 도입되던 당시 언론 보도를 읽어보면 이해가 조금 더 빠를 겁니다.

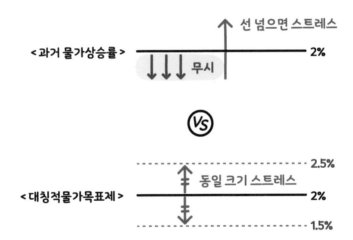

대칭적물가목표가 무엇인지를 아는 게 중요한 것은 아닙니다. 과거에는 물가 상승, 즉 인플레이션만 걱정하던 Fed가 이제는 물가 상승과 비슷한 수준으로 물가 하락 및 부진한 물가 상승을 걱정한다는 것이 핵심입니다. 이 개념이 도입된 것이 지난 2017년이었죠. 그럼 금융시장 역사에 남을 엄청난 사건 중 하나인 코로나19 사태 이후에 한 번 더 변화가 있지 않았을까요? 당연하죠. 2020년 8월, 이제는 제대로 중심추가 기울어지게 됩니다.

| 디플레이션에서 벗어나려는 노력 2 — 평균물가목표제

2020년 8월로 갑니다. 2020년 8월 말 Fed 파월 의장은 '평균물가목표제(Average Inflation Target)'를 발표했죠. 평균물가목표제? 뭔가 복잡한 느낌이지만 절대 어렵지 않습니다. 이렇게 생각해보죠. 과거에는 물가가 2퍼센트를 넘어서면 Fed가 금리를 인상하면서 강하게 대응하는 구조였죠. 그 이상으로 물가가 오르는 것을 절대로 용납하지 않았습니다. 그런데 2017년의 대칭적물가목표에서 보듯 이제 스탠스가 크게 바뀌었죠. 나아가 평균물가목표제에서는 Fed가 시장과 이렇게 대화를 합니다.

Fed가 묻습니다. "시장아, 시장아. 왜 힘들어 하니? 대칭적물가목표라고 해서 물가 상승률이 2퍼센트보다 낮으면 경기부양을 해주기까지 하는데, 뭐가 문제니?"

그랬더니 시장이 말합니다. "지금이야 물가 상승률이 2퍼센트가 안 되어서 경기부양을 하고 있지만 경기가 좋아져서 조금만 물가가 올라도, 2퍼센트 위로 조금만 올라가도 바로 금리 인상을 할 거잖아요. 미래가 없는 거죠, 뭐. 저희 지난 수년 동안 경기 침체로 정말 힘들었거든요."

Fed가 이 내용을 듣고 대답합니다. "그래, 지난 수년간 힘겨웠구나. 그럼 지난 수년간의 고생을 위로해주는 차원에서 무언가 보상을 해줘야겠네. 지난 수년간 물가가 2퍼센트에 못 미쳤던 만큼 앞으로 물가가 2퍼센트를 넘어서는 것에 대해서는 우리가 크게 문제 삼지 않을게."

지난 수년간의 고생을 위로해준다? 보상을 해준다? 무슨 이야기일까요? 이렇게 생각해보죠. 글로벌 금융위기 이후 지난 10여 년간 전 세계는 저성장·저물가의 늪에서 헤어나지 못했습니다.

그래서 물가 상승률이 연 2퍼센트에 못 미치는 수준이었죠. 지난 10년 동안 저물가였는데, 이제 2퍼센트 위로 올라온다고 바로 제어를 해버리는 건 좀 너무하는 것 아니냐고 시장은 말하는 겁니다. 그러자 Fed는 그럼 지난 10년 동안 물가가 2퍼센트에 못 미쳤던 만큼은 감안해서 눈감아주겠다고 말합니다.

좀 더 부연해보죠. 계산하기 좋게 지난 3년간 매년 1.5퍼센트씩만 물가가 올랐다고 가정합니다. 원래 매년 2퍼센트씩 올랐어야 하는데 3년간 0.5퍼센트씩 목표에 미달했던 겁니다. 그럼 3년을 누적으로 본다면 0.5퍼센트 곱하기 3년이니까 총 1.5퍼센트가 목표치에서 모자랐던 겁니다. 그럼 앞으로는 물가가 목표치인 2퍼센트 위로 올라와도 1.5퍼센트 모자랐던 만큼을 메워주는 동안에는 Fed가 금리 인상 등의 대응을 하지 않겠다고 말하는 겁니다.

물가가 올라서 2퍼센트를 넘어 2.5퍼센트, 3.0퍼센트, 3.5퍼센트까지 올랐다고 가정해보죠. 그럼 지난 3년간 총 1.5퍼센트가 모자랐는데, 올해는 목표보다 1.5퍼센트 높은 3.5퍼센트까지 물가가 오른 겁니다. 그럼 3년간 1.5퍼센트 모자랐던 만큼이 올해 단 한 방에 오른 거죠. 이제 지난 3년과 올해 평균까지 총 4년 평균을 내면 '(1.5퍼센트+1.5퍼센트+1.5퍼센트+3.5퍼센트)/4'니까 평균 2퍼센트의 물가가 나오게 됩니다. 그럼 여기까지는 Fed에서 규제 없이 넘어가겠다는 겁니다.

네, 이런 이야기로 이해하면 됩니다. 물가 상승률이 그냥 2퍼센트가 아니라 평균 2퍼센트가 되도록 하는 것이기 때문에 '평균 물가목표제'라고 합니다. 이해를 돕기 위해 그림을 덧붙이니 함께 보죠.

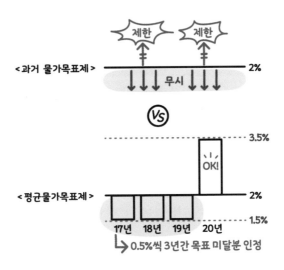

'평균물가목표제가 무엇이다'라는 것보다는 그 의의가 더 중요합니다. 이제 Fed는 물가가 오르지 못했던 것만큼 물가가 치솟는 것도 용인하겠다고 하는 겁니다. 물가 상승률이 워낙 부진하고, 인플레이션이 지독히도 찾아오지 않기 때문입니다. 그래서 Fed는 2퍼센트의 물가 상승 목표를 평균 개념으로 바꾸면서까지, 그리고 상당 수준 물가가 2퍼센트 위로 올라오더라도 이를 감내하면서까지 물가 상승을 유도하겠다고 선언한 겁니다. 대칭적물가목표보다 한 단계 더 나아간 거 아닌가요? 네, 맞습니다. Fed는 거대한 부채 환경하에서 오랜 기간 이어지고 있는 저성장의 늪을 탈출하기 위해, 기존과는 달리 대놓고 물가 상승을 유도하겠다고 말하고 있습니다. 중앙은행이 이제 인플레이션 파이터가 아니라 디플레이션 파이터가 되어버린 겁니다.

정리를 해봅시다. 과거 Fed를 비롯한 중앙은행들은 '인플레이션' 하면 자다가도 벌떡 일어나곤 했습니다. 특정 물가 상승 목표치를 정해놓고 그 위로 물가가 오르면 금리 인상을 통해 물가 상승을 억제하는, 이른바 인플레이션 파이터의 면모를 유감없이 보여줬죠. 그렇지만 글로벌 금융위기 이후 찾아온 디플레이션의 늪에서 중앙은행들도 변화를 모색합니다. 워낙에 물가가 오르지 않기에, 그리고 거대한 부채가 있는 환경에서 디플레이션은 너무나 두려운 존재임을 일본을 통해 배웠기에 각국 중앙은행들은 디플레이션에서 벗어나기 위한 정책을 도입하죠.

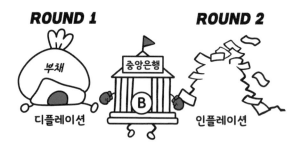

그중 하나가 포워드 가이던스였죠. 자신들은 알 수 없는 레벨로 물가가 조금만 올라도 바로 Fed가 금리 인상으로 뒤통수를 후려

친다는 생각에 의기소침해 있는 시장에게 2퍼센트라는 명확한 목표를 제시하고, 혹여나 금리 인상을 할 때에는 사전에 명확히 알려주겠다고 달래준 겁니다. 사전에 가이던스를 준다고 해서 포워드 가이던스라고 하죠. 과거와는 달리 '친절한 Fed 씨'의 느낌을 팍 줍니다.

여기서 한 걸음 더 나아간 것이 대칭적물가목표입니다. 물가가 2퍼센트 목표치 위로 오를 때 신경 쓰는 만큼, 2퍼센트 밑에 있을 때에도 동일한 수준으로 신경을 쓰겠다고 말한 겁니다. 과거에는 물가가 오르는 것만 신경을 썼지만 이제는 물가가 목표치까지 오르지 않는 것도 동일한 수준으로 고민하겠다고 한 거죠. 여기서 인플레이션과 디플레이션에 대한 고민을 함께하는 것으로 바뀐 겁니다. 그리고 마지막 평균물가목표제를 통해서 완전하게 디플레이션에 대한 걱정을 훨씬 더 크게 할 것임을 선언하죠. 물가가 일정 수준 오르더라도 과거에 고통받은 흔적이 있다면 그걸 감안해서 2퍼센트 위로 올라버린 물가도 이해하겠다고요. 네, 이제 Fed는 인플레이션과 디플레이션 중에 명확하게 디플레이션에 더 많이 신경 쓰고 있습니다.

이번 챕터는 생각보다 많이 길었네요. 다음에는 Fed가 이렇게 신경을 쓰고 있음에도, 그리고 돈을 그렇게 많이 풀고 있음에도 물가가 오르지 않는 이유에 대해 적어보겠습니다.

14

돈을 풀어도
물가가 오르지 않는 이유

앞에서 인플레이션과 디플레이션 중 무엇이 더 중요한지에 대한 설명과 함께 중앙은행의 스탠스 변화, 이른바 '디플레이션 파이터'로 변신한 모습을 살펴봤습니다. 이번 챕터에서는 최근에 가장 많이 받았던 '그렇게 돈을 많이 푼다고 하는데 물가는 왜 오르지 않는가'라는 질문에 대해 답을 해보겠습니다.

돈을 많이 푼다는 이야기는 결국 돈의 공급을 늘려서 돈의 가치를 떨어뜨린다는 것을 의미합니다. 직관적으로 돈의 가치 하락은 인플레이션으로 이어지게 되는데, 이상한 일입니다. 글로벌 금융위기 이후 미국은 세 차례에 걸친 양적완화를 했죠. 일본은 2012년부터, 그리고 유럽은 2015년부터 양적완화를 도입하면서 역시 돈 풀기에 가세했답니다. 코로나19 사태에 직면해서는 한 걸음 더 나아가 Fed는 무제한 양적완화를 선언했습니다. 글로벌 금융위기 이후 10년간 해왔던 양적완화의 수준을 뛰어넘는 3조 달러에 가까운 자금을 불과 수개월 내에 퍼부었죠. 이렇게 돈을 많이 퍼붓는데 왜 물가가 오르지 않을까요? 의구심이 생겨날 수밖에 없을 겁니다. 여기에 대해 여섯 가지 이유를 들어 답을 해봅니다.

최저가 경쟁 부추기는 아마존

우선 '아마존 효과'라는 것이 있습니다. 아마존 효과는 거대한 인터넷 플랫폼의 부상을 의미합니다. 인터넷 플랫폼을 통해 소비자들은 너무나 쉽게 여러 회사의 제품들의 가격을 비교할 수 있게 되었죠. 여기에 그치지 않습니다. 과거에는 단일 국가 내에서만 가능하던 가격 비교가 이제 이른바 '직구'라는 형태로 해외 제품들과의 가격 비교까지 가능해진 것이죠. 이렇게 되면 특정 국가에서 조금이라도 비싼 가격에 제품을 판매하는 것이 결코 쉽지 않습니다. 아마존은 그런 플랫폼의 대표라고 할 수 있습니다. 아마존에서 계속해서 하고 있는 이른바 '최저가 행사'는 제품을 판매하는 기업들을 무한경쟁에 돌입하게 함으로써, 그리고 소비자들이 효율적인 가격 비교를 통해 최적 가격으로 제품을 살 수 있게 함으로써 물가 상승을 억제하고 있죠.

현재 전 세계적으로 부채의 부담이 크다고 했죠. 부채 부담이 큰 만큼 전 세계적으로 소비가 부진한 편입니다. 전반적인 경기의 부진이 나타나게 되면 수요가 워낙에 적다 보니 기업들이 제품을 판매할 때 치열한 경쟁을 할 수밖에 없습니다. 그럼 제품 생산 원가가 상승하더라도 그 원가 상승 만큼을 소비자 판매 가격에 전가할 수가 없겠죠. 전가하는 순간 가격 경쟁력이 낮아지면서 판매가 되지 않을테니까요.

아울러 아마존은 온라인 유통 업체로서의 지위를 확고히 가져가고 있죠. 오프라인 매장에 비해서 가격 경쟁력이 월등히 높다 보니 오프라인 기업들이 빠르게 밀려나고 있습니다. 미국에서는 전통의 강호라고 하던 공룡 유통 업체들이 하나둘씩 무너지고 있죠. 이들의 파산으로 이른바 '창고 정리 세일(Clearance Sale)'도 종종 나타나게 됩니다. 창고 정리 세일이라고 하면 많이 저렴할 것 같다는 느낌이 팍 오지 않나요? 네, 온라인 유통 공룡의 부상과 오프라인 유통 업체의 몰락은 물가 상승 압력을 상당 수준 억누르게 됩니다. 아마존 효과를 다양하게 설명할 수 있겠지만 여기서는 물가와 관련하여 온라인 유통 업체 및 플랫폼의 관점에서 설명해봤습니다. 아마존 효과에 대한 논란을 담은 실제 언론 보도의 제목만 잠시 보고가죠.

美, 경기 고공행진에도 저물가 왜?…아마존 효과·노동생산성 ↑

《이데일리》, 2020.2.9

한은 "아마존 효과에…민간소비 느는데도 고용 줄고 물가 하락"

《경향신문》, 2018.12.11

| 원활한 공급으로 장기 저유가 유지

다음으로 국제유가의 하향 안정을 말할 수 있습니다. 물론 2020년 코로나19 사태 당시 국제유가가 마이너스까지 하락했던 것에 비하면 최근의 국제유가 반등세는 매우 강한 편이긴 하지만, 과거 고유가 시대에 비하면 초라할 정도로 낮은 편에 속하죠. 원유 가격을 분석하는 책이 아닌 만큼 간단하게만 짚어보겠습니다.

전 세계적으로 환경에 대한 관심이 높아지면서 석유와 같은 화석 에너지보다는 클린 에너지를 사용하려는 움직임이 바빠지고 있죠. 2000년대 초중반처럼 중국이 세계의 공장 역할을 하면서 제조업 공장을 돌리기 위해 원유를 빨아들이는 이른바 '원유 먹는 하마'의 이미지에서도 벗어났습니다. 중국 경기 역시 코로나19 사태 직후보다 개선되기는 했지만 과거 10퍼센트 이상의 고성장을 하던 때와 비교하면 상당히 쿨다운되어 있죠. 그만큼 원유에 대한 수요가 줄어들었다고 생각하면 됩니다.

원유의 수요는 감소했는데 원유의 공급은 여전하죠. 아니, 과거보다 원유 공급자는 더 많이 늘어났습니다. 대표적인 경우가 바로 미국의 셰일 기업들이죠. 과거에는 OPEC 산유국들이 원유 생산의 중심에 있었고, 이들의 패권에 러시아, 멕시코, 노르웨이, 나이지리아 등이 산유국으로서 경쟁 구도를 가져가고 있었답니다. 그런데 2010년대 들어 미국 셰일 산업이 크게 발전하면서 미국이 원유 생산의 중심으로 들어오게 된 겁니다. 10여 년 전만 해도 세계 1위 산유국은 러시아, 2위는 사우디아라비아였죠. 그러나 최근에는 1위 산유국이 미국, 2위가 러시아, 3위가 사우디아라비아입니다. 미국의 셰일 산업이 커지면서 원유 공급 구도가 크게 바뀌었죠. 공급 구도가 바뀌어도 핵심은 하나입니다. 전반적인 원유 공급이 상당히 늘어났다는 것이죠.

　경제학에서는 제품 가격이 하락하면 제품 공급자들이 공급을 줄인다고 배웁니다. 제품 공급자들이 저가에 판매하면 마진이 남지 않기 때문에 공급을 줄이는 거죠. 이렇게 공급을 줄이면 다시금 가격이 올라와서 제값에 제품을 판매할 수 있게 되곤 합니다. 그런데 첨예한 공급 경쟁이 있는 원유시장과 같은 상황에서는 이게 쉽지 않습니다. 미국이 원유 공급을 크게 늘려서 국제유가가 하락했죠. 과거 대비 유가가 하락했기에 사우디아라비아, 러시아 등은 원유 판매를 통해 얻는 마진이 크게 줄었다고 느낄 겁니다. 그렇지만 유가가 하락했다고 이들이 원유 공급을 줄일 수는 없죠. 혹여나 원유 공급을 줄이는 이른바 감산정책을 시행한다면 사우디아라비아나 러시아의 시장에 미국 셰일 기업들이 파고들어가게 될 겁니다. 네, 시장점유율(Market Share)을 빼앗기게 되는 거죠. 그리고 사우디아라비아와 러시아의 감산에 힘입어 유가가 다시 오르게 되면 미국은 자신들이 빼앗은 시장에서 보다 좋은 가격에 보다 많은 원유를 판매하게 되겠죠. 이런 사실을 알고 있기에 국제유가의 하락 상황에서도 사우디아라비아와 러시아 등 산유국들이 원유 공급을 줄이지 못하는 겁니다.

2020년 코로나19 사태 당시에 이런 상황이 보다 심각해졌죠. 코로나19 사태로 인해 아예 전 세계 경제가 멈출 것이라는 우려가 커지자 원유 수요가 크게 줄어들 것이라는 예상에 국제유가가 급전직하하게 됩니다. 너무나 빠른 유가 하락세에 산유국들은 위기 의식을 느끼면서 한두 국가가 감산하는 것이 아니라 함께 감산을 하는 이른바 '감산 공조'에 들어가게 되죠. 나 혼자만 감산을 하면 다른 산유국에게 내 원유 판매 시장을 빼앗기게 되지만 함께 감산을 약속하고 함께 공급을 줄이면 피해를 최소화할 수 있습니다. 이를 통해 국제유가의 급락을 막았죠. 네, 서로 친해서가 아니라 공멸을 막기 위해 공조를 했던 겁니다. 앞에서 OPEC이라는 단어가 나왔죠? 중동 산유국들이 만들어낸 원유 공급 국가들의 연합입니다. 중동 산유국들이 중심이었는데 이제는 러시아와 같은 비중동 산유국들도 함께 감산 공조에 들어간 겁니다. 그래서 최근

산유국들의 협의 모임이 OPEC이 아니라 OPEC+[러시아 등 비(非)
OPEC 산유국까지 포함하는 협의체]로 바뀌었죠.

여기서 문제 제기를 하나 해보겠습니다. 이런 형태의 공조는 강
한 결속력을 가지고 있을까요? 이런 형태의 약한 공조가 지속 가
능할까요? 극단적인 상황에서 나타났던 공조이기에 어느 정도 위
기가 해소되면 계속해서 감산 공조에 대한 불만이 쏟아지기 시작
할 겁니다. 국제유가가 배럴당 50달러 수준을 넘은 2021년 초부
터 원유 감산 공조가 흔들거리는 보도들이 나오기 시작했죠. 몇
개 기사의 제목만 인용하겠습니다.

OPEC+, 러·카자흐에만 증산 허용…사우디는 자발적 추가 감산

《연합뉴스》, 2021.1.6

주요산유국 OPEC+, 2월 감산규모 합의 실패⋯5일 연장 회의

《연합뉴스》, 2021.1.5

사우디 원유 증산 검토⋯3월까지는 감산 기조 유지

《연합뉴스》, 2021.2.18

OPEC+, 4월 하루 산유량 150만 배럴 증산 검토⋯4일 장관회의 논의

《이투데이》, 2021.3.3

네, 유가가 조금만 상승해도 감산 공조에서 다양한 잡음이 쏟아져 나옵니다. 어려운 순간이 지나면 감산 공조가 느슨해지고 원유의 공급이 재차 늘어나기 때문에 과거와 같은 드라마틱한 원유 가격의 상승을 기대하기가 어려운 겁니다. 참고로 1980년대에도 이런 비슷한 일이 있었습니다. 당시에는 사우디아라비아, 멕시코, 노르웨이, 구 소련(USSR)을 중심으로 한 원유 공급 과잉 경쟁이 있었죠. 1985년 12월 이후 나타난 극단적인 국제유가 급락 상황에서 산유국들은 울며 겨자 먹기로 감산 공조에 합의를 했습니다. 이후 국제유가가 오르면 증산을 하고, 하락하면 감산 공조에 나서기를 반복하게 됩니다. 그러면서 국제유가는 1985년 12월 수준인 배럴당 30달러를 넘는 데 수년이 걸렸죠. 네, 공급 과잉 경쟁이 나타나게 되면 장기 저유가의 가능성이 상당히 높아집니다.

그래도 '국제유가가 배럴당 60달러 수준이면 꽤 높은 거 아니냐'라는 생각이 들 수 있죠. 하지만 국제유가의 장기 추이를 보면 사뭇 다르게 느껴질 겁니다. 2008년과 2011년의 배럴당 100달러를 훌쩍 넘는 국제유가와 비교해보면 상대적인 저유가를 체감할 수 있죠. 국제유가 추이 그래프를 하나 첨부합니다(그래프 11).

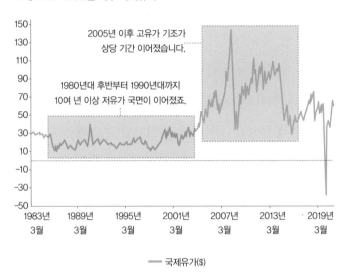

그래프 11 ◆ 1983년 이후 국제유가

2005년 이후 고유가 기조가 상당 기간 이어졌습니다.

1980년대 후반부터 1990년대까지 10여 년 이상 저유가 국면이 이어졌죠.

—— 국제유가($)

1983년 이후 국제유가 추이입니다. 2005년부터 2013년까지의 유가를 보면 배럴당 100달러 수준에서 움직이고 있음을 확인할 수 있죠. 1980년대 후반부터 1990년대를 거치면서 이어져온 배럴당 30달러 미만의 저유가 기조와 현격한 대조를 이루고 있습니다.

| 좀비기업의 단가 끌어내리기

인플레이션이 오지 않는 원인을 설명하고 있습니다. 아마존 효과와 장기 저유가를 알아보았죠. 다음은 구조조정의 지연을 들 수 있겠습니다. 앞에서 이 내용을 언급했습니다. '기준금리는 계속 낮아지면 좋은 것 아닌가'를 다룬 챕터에서 말이죠. 간단하게 다시 짚어보겠습니다. 경기 둔화로 인해 각국이 금리를 크게 낮춥니다. 금리를 낮추니 매우 어려운 상황에 직면해 있는 기업들이 숨을 돌릴 수 있게 됩니다. 물론 경쟁력 있는 기업들이 일시적인 자금난으로 인해 허덕이고 있다면 이런 금리 인하가 매우 큰 도움이 될 겁니다. 그런데 영업을 통해 돈을 벌어도 이자를 감당하기가 어려운 한계 기업들, 이들 중에 향후 개선을 기대하기 어려운 이른바 '좀비기업'들도 금리 인하를 통해 연명을 할 수 있게 됩니다.

이런 좀비기업들이 지속적으로 생산을 이어가게 되면 제품의 공급이 이어집니다. 참고로 이런 좀비기업의 문제는 중국에서 상당히 크게 부각되고 있습니다. 중국에 우후죽순으로 생겨난 철강, 조선 등의 제조업 기업들에서 이런 좀비기업들을 찾아볼 수 있죠. 중국 좀비기업들의 과도한 공급 확대로 인해 중국 내 과잉 생산 이슈는 좀처럼 수그러들지 않고 있고, 중국발 공급 과잉은 전 세계적으로 제품 가격의 하락 압력으로 작용하게 됩니다. 네, 인플레이션보다는 디플레이션을 가리키고 있는 거죠. 이런 문제에 공감하기에 중국 당국에서도 좀비기업들에 대한 과감한 구조조정을 담은 '공급 측 구조조정'에 대한 의지를 꾸준히 드러내고 있죠. 관련 기사 제목만 읽어보죠.

시진핑 중국 주석 "공급 측면 개혁, 흔들리지도 주저하지도 않을 것"

《이투데이》, 2016.5.17

中 "기업 과도한 채무는 은행출자로 전환"…'좀비기업'은 배제

《연합뉴스》, 2016.10.11

공급 측 구조조정이 빠르게 진행되면 살아남은 기업들이 상당한 경쟁력을 회복하는 데 도움을 주게 됩니다. 그럼 '저렇게 좋은 걸 왜 중국 당국은 쉽사리 하지 못하나'라는 생각이 들 겁니다. 문제는 제조업 기업들의 경우 고용 창출 효과가 상당하다는 겁니다. 이런 기업들이 구조조정되면 중국 내 실업자가 빠르게 증가할 수 있죠. 저성장 기조로 인해 새로운 일자리를 찾기 어려운 상황에서 구조조정을 마구잡이로 시행하는 것 역시 경제 전반에 큰 부담이 될 수 있습니다. 그래서 구조조정이라는 칼을 휘두를 때에는 신중하게, 그리고 가능한 한 경제에 부담을 주지 않도록 순차적으로 진행하곤 하죠. 순차적이라는 이야기는 결국 구조조정의 속도가 빠르지 않다는 의미가 되고, 상당 기간 제품 가격의 상승을 기대하기 어렵다는 결론으로 귀결됩니다.

| 작아진 소비 시장

물가가 오르지 않는 이유에 대해 아마존 효과, 장기 저유가, 구조조정 이슈까지 다루어봤습니다. 네 번째는 빈부격차의 확대입니다.

물가가 오르기 위해서는 소비자들의 소득이 늘어야겠죠. 그래야 소비를 더 많이 할 수 있고, 이를 통해 수요가 증가하면 물가 상승 효과를 볼 수 있을 겁니다. 이들의 소득이 늘기 위해서는 기업들이 투자를 늘려야 합니다. 기업 투자가 늘어나야 기업들이 채용을 늘리게 될 테니까요. 일반적으로 중앙은행이 기준금리를 인하하면 돈의 가격이 저렴해지기 때문에 기업들은 투자를 늘리곤 하죠. 설비 투자를 할 때에는 상당히 많은 돈이 필요한데요, 금리가 10퍼센트일 때 돈을 빌려서 설비 투자를 하기에는 부담이 상당히 크죠. 반면 금리가 2~3퍼센트 수준이라면? 낮은 금리에 대출을 받아서 설비 투자를 하는 데 부담이 크게 줄어들게 됩니다. 문제는 지금의 저성장 상황하에서는 기업들이 금리가 낮아져도 투자를 늘리지 않는다는 겁니다.

앞서 말했던 것처럼 전 세계적으로 부채가 상당히 많습니다. 정부, 기업, 가계 어디나 부채가 많은 상황이다 보니 거대한 빚을 안고 있는 상황에서 소비나 투자를 폭발적으로 늘리기는 상당히 부담스럽죠. 내 기업의 부채가 적다고 해도 소비자들의 부채가 많다면 이들이 소비를 크게 늘리지는 않을 겁니다. 그리고 부채가 많으면 작은 경제적인 충격에도 소비자들이 바로 지갑을 닫아버리는 문제가 생겨날 수 있죠. 코로나19 사태의 충격이 컸던 이유에 대해 설명할 때 코로나19 자체도 문제였지만 이미 부채가 엄청난 상황에서 벌어진 사건이었기 때문에 충격이 보다 컸음을 설명한 바 있습니다.

부채가 많고 성장이 연약하기 때문에 그리고 작은 충격에도 소비자들이 일시에 지갑을 닫아버리기 때문에 기업들 입장에서는 사업을 하는 데 불확실성이 너무나 큰 거죠. 불확실성이 크면 기업들은 금리가 낮아지더라도 투자를 늘리기가 부담스러울 겁니다. 투자가 늘지 않으니 고용 창출이 요원하고, 소득 및 소비의 증가로 이어지지 않습니다. 금리를 낮추어도 기업 투자라는 루트를 거쳐 실물경기를 자극하지 못하는 거죠. 그럼 금리가 인하되면서 기업들이 자금을 얻기가 쉬워진 것은 맞는데 투자를 늘리지 않는다면, 이 돈은 어디로 흘러 들어가게 될까요? 일본의 사례를 들어 봅니다.

1985년 9월 일본은 미국과 '플라자 합의(Plaza Accord)'라는 것을 하게 되죠. 당시 미국은 늘어나는 대일 무역 적자를 보면서 일본이 자국 통화가치, 즉 엔화 가치를 낮게 유지하면서 수출에서 상당히 유리한 위치를 점하고 있다고 주장합니다. 그러면서 엔화 가치의 절상, 즉 엔화 강세를 만들고자 하죠. 플라자 합의를 통해 엔화는 거의 두 배 절상이 되는데요, 달러당 250엔 수준이었던 달러·엔 환율이 불과 수개월 만에 달러당 120엔 수준으로 하락하게 됩니다. 1달러를 사는 데 250개의 엔을 줘야 했는데, 엔화가 강세가 되니 1달러 사는 데 120개의 엔만으로 충분한 거죠. 극단적 엔화 강세라고 할 수 있습니다.

엔 강세에 대처하기 위해 일본 당국에서는 금리를 낮추고 다양한 경기부양책을 쓰게 됩니다. 이렇게 해서 상당한 엔화 유동성이 시중에 공급되는데, 이렇게 금리가 낮아지고 돈을 구하기 쉬워져도 수출 제조업 기업들이 투자를 쉽게 늘리지 못합니다. 엔화가 강세이다 보니 가격 경쟁력이 크게 떨어지잖아요? 경쟁이 매우 치열해진 거죠. 기업들은 이런 돈을 어디에 투자할까 고심하고 있는데 이런 이야기가 들려오죠. 부동산 가격이 들썩거리고 있다고요. 네, 일본 기업들까지 부동산 투자에 열을 올리게 됩니다. 부동산을 너도나도 사려 하니 부동산 가격이 더 올랐겠죠. 수출 제조업 활동을 통해 버는 돈보다 부동산을 사서 발생하는 부동산 가격 상승으로 인한 이익이 훨씬 크다면 기업들은 당연히 부동산 투자를 선호하게 됩니다. 물론 뒤의 결과는 다들 알다시피 부동산 버블로 이어졌죠.

과거와 달리 금리를 낮추고 유동성 공급을 늘리더라도 기업들이 쉽사리 투자를 할 이유를 느끼지 못합니다. 오히려 이렇게 저금리에 자금을 확보하면 일본 기업들이 부동산 투자를 했던 것처럼 금융상품에 투자하는 일들이 벌어지죠. 혹은 이렇게 확보한 현금으로 투자를 늘리는 것이 아니라 자사주를 매입하거나 배당을 늘리게 됩니다. 기업들이 배당을 늘리게 되면 주주들은 보다 많은 배당금을 받게 되니 기분이 좋겠죠?

네, 특정 주식을 샀는데 배당을 더욱 많이 주는 거죠. 주식 투자로 수익을 얻는 방법은 크게 두 가지입니다. 첫 번째는 자본 차익의 증가죠. 말이 조금 어려워서 그렇지 그냥 투자했더니 주가가 오르는 겁니다. 두 번째가 배당금의 증가죠. 기업이 벌어들인 현금을 주주들에게 주식을 보유하고 있는 지분만큼 더 나누어주니 주주들이 좋아할 겁니다. 주주들이 좋아할 만한 주식의 주가는 오를 가능성이 높죠.

배당 외에 자사주 매입을 언급했는데요, 자사주 매입이라는 걸 직관적으로 설명해보면 이렇습니다. 여기 피자가 있습니다. 그리고 그 피자를 먹을 수 있는 권리가 적힌 종이가 있어요. 일종의 피자를 먹을 수 있는 지분이겠죠. 이 지분을 4명이 하나씩 갖고 있는 거죠. 그리고 이 4명이 피자를 나누어 먹는다고 생각해보는 겁니다. 그럼 각각 1/4로 나누어 먹을 겁니다. 피자를 기업의 이익이라고 생각하고 4명의 사람들을 주주라고 생각하면 각각 25퍼센트씩 수익 배분을 받을 수 있는 지분을 갖고 있는 겁니다.

일반적으로 기업이 성장을 하게 되어서 돈을 더 벌게 되면, 피자의 크기가 커지기 때문에 나누어 먹을 수 있는 피자가 더 많아지게 되죠. 그런데 피자를 더 많이 먹는 방법이 이것 말고 또 있습니다. 기업이 시장에서 지분을 사들이는 겁니다. 그래서 4명 중 1명의 지분을 사들이게 된 거죠. 그럼 이제 주주가 3명이 된 거죠. 그럼 기존의 피자 크기가 늘지 않았더라도 4명이 나누어 먹을 것을 3명이 나누어 먹는 구조가 됩니다. 그럼 예전에는 4명이서 각각 25퍼센트씩 먹다가 이제는 3명이서 33퍼센트씩 먹는 건가요? 네, 각자가 피자를 더 많이 먹을 수 있게 된 겁니다. 주주의 숫자가 줄어서 똑같은 지분을 갖고 있더라도 한 명이 먹을 수 있는 파이가 늘어난 것이니 주식의 매력이 그만큼 늘어난 거겠죠. 주가의 상승 요인이 될 겁니다.

이왕 여기까지 왔으니 조금만 더 이어가볼까요? 트럼프 행정부에서는 미국 기업들의 법인세를 낮춰 미국 경제를 보다 강하게 만들겠다는 이야기를 했습니다. 법인세를 낮추면 기업들이 세금을 덜 내게 되니 기업의 현금이 늘어나고, 이렇게 늘어난 현금이 투자로 이어질 테니 그럼 고용 창출이 일어나게 될 거라고요. 여기에 대해 학계에서 비판이 있었는데, 미국 정부의 재정 적자가 상당한데 이런 상황에서 감세까지 해주면 결국 국가의 재정 부담이 더 늘어나는 것 아니냐는 이야기였습니다.

여기에 대해 트럼프 행정부의 답변은 간단했죠. 법인세 감세를 통해 기업이 설비 투자를 늘리고 그 과정에서 일자리가 늘어나게 되면 더 많은 사람들이 급여를 받게 되고, 그렇게 되면 더 많은 사람들이 개인 소득세를 낼 것이다. 네, 법인세를 낮춰서 법인에게서 벌어들이는 세금 수입은 줄어들 수 있지만 일자리가 만들어지면서 개인들의 납세가 증가하기에 오히려 재정이 좋아질 수 있다는 논리였던 겁니다. 결과는 어땠을까요?

법인세를 감면해주었음에도 불구하고 기업들이 투자를 크게 늘리지 않았습니다. 기억하시겠지만 트럼프 행정부 당시 무역전쟁, 환율전쟁 등 정말 이슈들이 많았죠. 이런 경제 환경의 불확실성은 기업들의 투자 의욕을 꺾게 됩니다. 그럼 법인세 감면 덕에 남은 현금으로 무엇을 했을까요? 배당이나 자사주 매입을 늘리게 된 거죠. 그러니 주식시장에는 긍정적인 영향을 주었을 겁니다. 주식시장은 뜨거운 모습을 보였지만 기대했던 재정 적자의 감소는 현실화되지 않았습니다. 관련해서 기사 하나 인용하겠습니다.

美경제 전문가들 "트럼프 감세 약발 끝…고용·투자에 영향없다"

미국의 실물경제 전문가들은 지난 2017년 말 단행된 대대적인 법인세 감세의 효과가 대부분 사라진 것으로 평가했다고 미 언론들이 28일(현지시간) 보도했다. 전미실물경제협회(NABE)가 최근 민간 기업 및 무역 업계 이코노미스트 106명을 대상으로 조사한 결과, 응답자의 84퍼센트는 "감세가 고용·투자 계획에 영향을 미치지 않고 있다"고 답변했다. (……)

실제로 세(稅) 부담을 덜어낸 미국 기업들은 대거 자사주를 사들였다가 지난해 4분기 증시 급락으로 상당한 손실을 본 것으로 알려졌다. 케빈 스위프트 NABE 회장은 "감세가 시행되고 1년이 지난 시점에서 보면, 법인세 감세가 기업 투자나 고용에 그다지 변수로 작용하지 않는 것으로 보인다"고 말했다.

《연합뉴스》, 2019.1.29

조금 길게 돌아왔는데요, 과거에는 금리를 낮추면 기업들이 설비 투자를 늘려서 고용을 창출하곤 했습니다. 고용 창출은 개인의 소득 확대를, 그리고 소비 확대를 가져오면서 경제 성장을 이끌어내죠. 그런데 부채가 많은 상황에서, 그리고 경기가 좋지 않기에 시절이 하 수상한 상황에서는 이야기가 사뭇 다릅니다. 기업들은 현금이 생겨도 투자를 하지 않습니다. 오히려 그렇게 벌어들인 돈으로 부동산과 같은 자산에 투자를 하거나 혹은 배당 및 자사주 매입을 하게 되는 거죠.

그럼 금리를 낮추면 돈이 설비 투자로 가지 않고 자산시장으로 흘러 들어가게 되면서 자산 가격을 밀어 올리게 됩니다. 자산 가격은 상승하는데 설비 투자는 일어나지 않으니 실물경제에서 고용이 증가하지 않는 거죠. 그럼 경기는 침체일로에 있는데 자산 가격은 이례적인 상승세를 보이는 현상이 나타나는 겁니다.

2020년에도 비슷한 상황이 펼쳐졌죠. 코로나19로 인한 충격이 워낙에 크다 보니 금융시장 전체가 흔들렸고 실물경제 역시 멈춰 버렸답니다. 이 상황에서 금융 시스템까지 붕괴되면 실물경제에 보다 큰 충격을 줄 수 있기에 Fed를 비롯한 글로벌 중앙은행들이 강력한 경기부양에 나섰습니다. 이들은 양적완화라는 프로그램을 도입해서 시중에 상당한 유동성을 공급했죠. 이렇게 뿌려진 유동성은 어디를 향했을까요? 네, 자산시장을 향하게 됩니다. 실물경기는 주저앉아 있는데 주식시장을 비롯한 대부분의 자산은 뜨겁게 달아오르는 이례적인 강세장이 현실화된 겁니다.

자산 가격의 상승은 서민들보다는 자산을 많이 보유하고 있는 부유층의 소득을 크게 끌어올리는 요인이 될 겁니다. 빈부격차가 더욱 커지게 되는 거죠. 빈부격차의 확대가 소비에는 어떤 영향을 주게 될까요? 그냥 이렇게 생각해보죠. 1000억 원의 돈을 1000명에게 1억 원씩 나누어주는 경우와, 1000억 원의 돈을 1명에게 모두 몰아주는 경우. 이 둘 중에 어느 쪽에서 더 많은 소비가 일어나게 될까요? 개개인의 소비 성향도 있고, 생필품에 대한 소비가 필요하기에 당연히 전자에서 훨씬 많은 소비가 일어날 겁니다. 1명에게 1000억 원을 몰아주면 일정 수준 소비를 하고 나머지는 저축을 하거나 혹은 투자를 하게 되겠죠.

네, 강력한 경기부양이 투자로 이어져서 소비의 증대를 가져오는 것이 아니라 자산 가격의 상승으로 이어지면서 빈부격차를 확대시킵니다. 이렇게 되면 강력한 부양책에도 불구하고 경제 주체들의 소비를 끌어올리는 효과가 크지 않겠죠. 이는 수요의 확대를

강하게 자극하지 못하기에 실물경제에서 물가의 상승으로 이어지기 어렵습니다. 코로나19 이후 빈부격차가 크게 확대되었다는 기사를 인용하면서 다음으로 넘어가죠.

코로나19로 중국 빈부 격차 확대…가구 절반 재산 줄어

《연합뉴스》, 2020.4.23

코로나19에 빈부격차 심화…저소득층 근로소득, 부유층보다 4.5배 감소

《아시아타임즈》, 2020.8.20

| 통화가치를 낮추는 환율전쟁

지금까지 돈을 그렇게 많이 뿌렸는데도 물가가 오르지 않는 네 번째 이유를 꼽아봤습니다. 다섯 번째는 환율전쟁입니다. 환율전쟁이 뭔지 먼저 설명해야겠죠.

글로벌 금융위기 이후 전 세계가 저성장 기조에 접어들게 됩니다. 다들 부채도 많고 성장을 할 수 있는 아이템을 찾아내는 것도 너무나 어려운 상황인 거죠. 한 국가가 성장을 하기 위해서는 수출을 키우거나 내수를 키우는 방법이 있을 겁니다. 어느 쪽이 더 좋을까요? 내수를 키우기 위해서는 소비가 늘어야 하는데, 소비를 늘리려면 소득이 늘어야 합니다. 와, 앞에서부터 계속해서 소득 늘리기가 쉽지 않다는 말을 해왔죠. 고용이 창출되지 않으면 소득의 증가가 요원합니다. 그럼 미래의 소득을 현재로 당겨와서 소비를 하는 방법밖에는 없겠죠. 미래의 소득을 현재로 당기는 것이 바로 부채를 늘리는 겁니다. 빚을 낸다는 것은 지금 돈이 없지만 일단 돈을 빌려 쓰고 나중에 번 돈으로 빚을 갚겠다는 뜻이죠. 미래의 소득을 당겨온 만큼의 수수료를 지불해야 하는데 그 수수료가 바로 '대출 이자'라고 생각하면 됩니다.

그럼 미래 소득을 당겨서 소비를 하면 당장은 내수를 키울 수 있는데, 문제는 이미 전 세계적으로 부채가 상당히 늘어났다는 거죠. 네, 이미 미래 소득을 당겨서 쓸 만큼 썼다는 겁니다. 그럼 여기서 부채를 더 늘리면서 내수로 성장하는 것은 대부분의 국가가 상당히 부담스럽게 느끼겠죠.

그럼 자연스레 답은 수출로 넘어갑니다. 제품을 만들어서 다른 나라에 그 제품을 파는 거죠. 다른 나라의 소비, 즉 대외 수요에 우리의 제품을 공급하는 겁니다. 그럼 자국의 부채는 크게 늘지 않으면서 수출을 통해 부를 계속해서 늘릴 수 있죠.

길게 말씀드렸지만 직관적으로 경기가 좋지 않은 상황에서 빚내서 소비를 하는 게 좋은가, 아니면 제품을 만들어서 물건을 팔아 돈을 버는 게 좋은가의 문제입니다. 당연히 후자를 선택하겠죠. 그럼 이제 답은 나왔습니다. 수출을 늘리는 게 답이죠. 그런데 그런 생각을 하나의 국가만 하는 게 아니라 모든 국가가 한다는 것이 문제입니다. 그럼 당연히 경쟁이 발생하게 되겠죠. 수출 경쟁을 합니다. 다른 나라보다 물건을 많이 팔려면 제품 경쟁력이 높으면 되겠죠. 다른 나라에서 절대 생산할 수 없는 제품이 필요합니다. 그럼 경쟁이 붙더라도 내 나라만의 독특한 기술이 있으니 수출에서 우위를 점할 수 있을 겁니다. 그런데 이런 압도적인 기술의 보유라는 것이 생각보다 쉽지 않죠. 대부분의 기술이 비슷하다면 결국 가격을 더 낮춰서 제품을 판매하는 것이 답일 겁니다. 제품 가격을 낮추기 가장 좋은 방법은 자국 통화가치를 최대한 낮추어서 다른 국가 대비 수출 가격 경쟁력을 높여주는 거겠죠.

달러·원 환율이 달러당 1000원이면 1만 원짜리 제품을 미국에 수출할 때 미국 소비자들은 10달러에 사야 할 겁니다. 그런데 달러·원 환율이 달러당 2000원이라면? 네, 5달러면 미국 소비자들이 한국 수출 제품을 사들일 수 있죠. 예전에는 1달러를 살 때 1000원이 필요했지만 이제는 2000원이 있어야 1달러를 살 수 있습니다. 달러 대비 원화 가치가 하락한 거죠. 어려운 말로 원화 가치가 절하되었다고 말합니다.

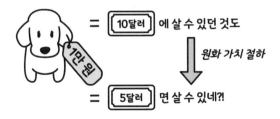

수출에서 가격 경쟁력을 높이기 위해 자국 통화의 가치를 경쟁적으로 낮추는(절하시키는) 국가 간의 경쟁을 '환율전쟁'이라고 합니다.

전 세계가 제품을 보다 싼 가격에 공급하기 위해 경쟁합니다. 그럼 전반적으로 제품의 가격이 하락 압력을 받게 되겠죠? 네, 물가 상승을 억제하는 압력으로 작용할 겁니다. 이보다 중요한 것은 다들 물건을 사고 싶어 하지 않고 수출을 통해 팔고 싶어 한다는 겁니다. 시장에는 사는 사람과 파는 사람이 있죠. 파는 사람은 넘치는데 사려는 사람이 없으면? 가격이 하락하게 될 겁니다. 환율전쟁은 글로벌 수요를 둔화시키는 요인입니다. 근본적으로 물가 상승 압력을 크게 억제하는 핵심 키워드라고 할 수 있습니다.

환율전쟁 이야기를 조금만 더 이어가겠습니다. '그럼 어떻게 자국 통화가치를 낮출 수 있지?'라는 궁금증이 생길 겁니다. 금리는 돈의 값이죠? 금리가 낮아지면 돈을 보유했을 때 받을 수 있는 이자가 줄어드는 만큼 그 돈의 매력이 감소할 겁니다. 한국 금리는 한국 돈인 원화를 보유했을 때 받을 수 있는 이자를 말하죠. 한국은행이 기준금리를 인하하면? 네, 원화 보유 시 받을 수 있는 이자가 줄어들게 되니 원화 보유의 매력이 사라지겠죠. 원화의 매력이 줄어든 만큼 원화 가치가 하락하게 될 겁니다.

그럼 특정 국가가 양적완화를 단행하면 어떤 일이 벌어질까요? 장기국채를 사들이면서 꽤 많은 현금을 뿌리는 겁니다. 현금의 공급이 크게 늘어나면 돈의 값이 내려가겠죠? 돈의 값이 금리인데요, 자연스럽게 금리가 내려가면서 그 나라의 통화가치도 하락하게 되겠죠. 2021년 초 호주 중앙은행은 호주 경기가 좋아지고 있음에도 불구하고 양적완화 확대를 고민했답니다. 호주 달러의 강세가 경제에 주는 부담을 우려했기 때문이죠. 호주 달러가 강세를 보이면 수출할 때 가격 경쟁력이 떨어지는 문제에 직면하게 됩니다. 지금 당장 경기는 회복세를 보이지만 호주 달러 강세가 이어지면서 수출이 꺾이면 경기 회복세 역시 일장춘몽에 그칠 수 있죠. 그렇기에 호주 달러를 발행하는 호주중앙은행(Reserve Bank of Australia, RBA)은 양적완화를 통해 호주 달러 공급을 늘리고, 이를 통해 호주 달러 강세를 저지하려 하는 겁니다. 관련된 기사 내용을 인용합니다.

RBA, 호주달러 절상 압력에 QE 확대 전망

호주중앙은행(RBA)이 2차 양적완화가 오는 9월에 끝나도 계속해서 채권을 매입할 것이라고 쿨라바캐피털인베스트먼트(CCI)의 키에란 데이비스 수석 전략가가 진단했다.

15일 다우존스에 따르면 데이비스 전략가는 주요국 중앙은행들이 올해 계속해서 채권을 매입함에 따라 호주 달러가 절상 압력을 받고 있다면서 이 때문에 RBA의 채권 매입이 지속될 것으로 전망했다.

《연합인포맥스》, 2021.2.15

'아, 이제 호주 중앙은행까지 알아야 하나'라는 거부감이 들 수 있는데요, 호주 이야기는 핵심이 아니고 금리를 인하하게 되었을 때 나타나는 효과를 이야기하고자 한 것입니다. 금리를 낮추면 기업들이 투자를 늘려 경기를 살리고, 이를 통해 물가 상승으로 이어진다는 것이 과거 경제학에서 하던 이야기였습니다. 그런데 지금은 오히려 금리를 인하하니 해당 국가의 통화가치가 낮아지고 이를 통해 낮은 가격의 물건을 해외에 수출할 수 있게 되죠. 전 세계적으로 저물가의 제품을 수출하니 물가 하락 압력이 강해집니다. 그럼 기업들이 돈을 벌기가, 그리고 공격적으로 투자하기가 정말 어려워지겠죠. 네, 금리를 낮추면서 불거지는 환율전쟁은 물가 상승보다는 물가 하락, 즉 디플레이션을 가리키고 있습니다.

돈을 많이 풀었는데 물가가 오르지 않는 이유를 살펴보고 있습니다. 이번 챕터는 꽤 긴데요, 그래도 고지가 머지 않았으니 조금만 참고 이어가보죠. 지금까지 다섯 가지 이유를 들어봤습니다. 아마존 효과, 장기 저유가 우려, 공급 측 구조조정의 지연, 빈부격차 확대, 그리고 환율전쟁이죠. 이제 마지막 이야기, 과도한 부채의 문제입니다.

| 적재된 과도한 부채

이제는 정말 지겨울 정도겠지만 다시 금리 이야기부터 시작하죠. '금리를 낮추면 기업이 투자를 늘려서 실물경기를 끌어올린다.' 이게 기본적인 경제학에서 하는 이야기들입니다. 그런데 앞서 환율전쟁 설명하면서도 말했지만 금리를 낮춰도 실물경제가 너무나 불안하면, 혹은 저성장 기조하에 환율전쟁의 파고로 인해 돈을 벌기 어려울 것 같으면 기업들은 금리 조금 낮춰준다고 투자를 늘리지 않습니다. 네, 성장이 정체된 상황이나 경제적 불확실성이 큰 상황에서는 금리를 낮춰도 투자로 이어지지 않죠.

이것보다 심각한 경우는 경제 주체들의 부채 부담이 너무나 커진 상황입니다. 1990년대 일본의 이야기를 해보죠. 일본 부동산 버블 시기에 일본 가계 주체들은 빚을 내서 집을 사들였죠. 홍길동이 10억 원짜리 집을 사는 데 내 돈 3억 원에 빚을 7억 원을 내서 샀다고 가정해보죠. 그러다가 집값이 크게 하락하면서 주택 가격이 5억 원이 됩니다. 빚은 줄어들지 않기 때문에 집값은 5억 원이지만 빚 7억 원은 고스란히 남은 상황이 되는 거죠.

홍길동은 두 가지 선택에 직면합니다. 그냥 깡통 주택을 은행에 넘기면서 빚을 갚지 못하겠다고 하거나, 월급으로 묵묵히 이 빚을 갚는 겁니다. 홍길동은 회사원이고 연 5000만 원 정도 소득이 생긴다고 합니다. 물론 홍길동이 디폴트, 이른바 "배 째!"를 선언한다면 신용불량자가 될 겁니다. 홍길동은 어떤 선택을 할까요? 여기서 중요한 것이 바로 대출 이자입니다. 만약 대출 금리가 너무 높아서 이자 부담이 크다면 이건 답이 없죠. 그렇지만 만약 금리가 매우 낮다면? 그럼 버텨볼 생각을 하게 될 겁니다. 1990년대 일본 부동산 버블이 붕괴된 이후 일본 중앙은행은 기준금리를 제로로 낮추면서 이른바 초저금리를 전 세계에서 가장 먼저 도입합니다. 금리가 낮아지면 투자나 소비가 늘어나는 것 아닌가요? 그런데 놀랍게도 홍길동은 금리가 낮아지니까 대출을 갚기 시작합니다. 소비는 최소한으로 하면서 대출을 꼬박꼬박 갚기 시작하는 거죠. 금리 인하를 통해 시중에 돈을 공급하니까 이 돈을 은행에 돌려주고 있죠. 네, 대출을 갚기 때문에 이렇게 공급한 돈이 시중에 소비나 투자의 형태로 풀려나가지 못하고 고스란히 은행으로 되돌아오게 되는 겁니다.

　금리는 돈의 값입니다. 돈의 값인 금리가 낮아지면 돈의 수요가 늘어나기에 사람들은 대출을 받아서 투자를 늘리고 소비를 늘리는 것이 정상입니다. 그런데 부채가 너무 과도한 상황에서는 금리가 낮아지니 기존 부채를 상환하기 시작합니다. 금리가 낮아지면 부채가 늘어나는 것이 아니라 기존의 부채를 갚아버리니 경기가 살아날 수 있을까요? 그리고 경기가 살아나지 않는데 물가가 올라갈 수 있을까요? 네, 일본이 장기 디플레이션의 늪에 빠진 가장 큰 이유입니다.

　그냥 일시적인 디플레이션이 아니라, 과도한 부채로 인해 생겨난 구조적인 디플레이션이었던 거죠. 쉽게 이 상황에서 벗어나지를 못합니다. 그리고 일본은 부동산 버블 붕괴 당시의 충격으로 인해 경제 주체가 자신감을 크게 잃어버린 상태였죠. 그러니 웬만한 경기부양책으로도 경제를 정상으로 되돌리기 쉽지 않았던 겁니다.

　리처드 쿠(Richard Koo)라는 경제학자가 쓴 『밸런스시트 불황으로 본 세계 경제』에는 이런 내용이 나옵니다. 1929년 미국의 대공황 당시로 갑니다. 대공황 버블 붕괴 이후 미국의 GDP 성장률은 마이너스 20퍼센트를 기록했죠. 연간 2퍼센트의 성장이 나와도 저성장이라고 하는데 마이너스 20퍼센트라면 정말 심각했을 겁니다. 그리고 1990년대 일본의 부동산 버블 붕괴 역시 대공황에 필적할 정도였죠. 그렇지만 흥미롭게도 버블 붕괴 당시 일본의 GDP 성장률은 0.2퍼센트 수준을 기록했습니다. 일본의 장기 침체 기간 내내 마이너스 레벨로 떨어진 적은 없습니다. 물론 0.2퍼센트는 매우 실망스러운 성장이지만 마이너스 20퍼센트보다는 나은 것 아닐까요? 리처드 쿠는 일본 버블 붕괴 당시 대공황처럼 마이너스 20퍼센트의 절망적인 경제 위축을 경험하지 않은 이유가 일본 정부의 강력한 재정 지출 등의 경기부양책에 있다고 이야기를 합니다. 네, 일본 정부의 엄청난 경기부양이 있었기에 0.2퍼센트의 성장이나마 기록할 수 있었다는 겁니다.

자, 이런 이야기를 해보죠. 집 앞 정원에 깊은 구덩이가 있습니다. 너무 보기 싫어서 공사업자에게 부탁해서 이 구덩이를 메워달라고 했죠. 하루 정도면 충분히 메워주겠지 생각을 하고 다음 날 아침에 가보니 그대로인 겁니다. 화가 나서 공사업자한테 이야기하는 거죠. 이 구덩이 왜 당장 메우지 않냐고요. 그러자 공사업자가 이렇게 말합니다. 와서 구덩이 밑을 한번 보라고요. 구덩이를 내려다보니, 와! 이건 구덩이가 아니라 그냥 크레바스인 겁니다. 답이 안 보이는 거죠. 웬만한 언덕을 파서 여기를 메워도 다 메워지지 않을 정도의 크레바스가 만들어져 있습니다.

버블 붕괴로 인한 강한 충격이 발생한 상황인데 부채 역시 상당합니다. 크레바스처럼 깊은 디플레이션 구덩이가 만들어져 있는 겁니다. 이 디플레이션이라는 구덩이를 메워서 인플레이션을 만들고 싶지만 웬만큼 돈을 부어도 구덩이가 쉽사리 메워지지 않는 거죠. 네, 버블 붕괴의 충격과 거대한 부채의 부담, 이는 커다란 디플레이션 압력으로 작용합니다. 디플레이션에서 빠져나오기 어렵게 만들죠.

돈을 그렇게 많이 풀었는데도 물가가 오르지 않는 이유에 대해 적어봤습니다. 과거와는 다른 온라인 유통 플랫폼의 등장으로 우리는 낮은 가격에 제품을 공급받습니다. 이른바 아마존 효과가 그

첫번째였습니다. 산유국들의 공급 과잉 경쟁이 이어지기에 장기 저유가의 가능성이 높죠. 이는 물가 상승 압력을 제한하는 두 번째 요소라 할 수 있죠. 저금리 기조하에서 나타날 수 있는 좀비기업의 연명은 공급 측 구조조정을 늦추면서 디플레이션 압력을 높이게 되니 이를 세 번째라고 할 수 있고요. 공급한 돈이 실물경제가 아닌 금융시장으로 유입되면서 만들어내는 자산 가격의 버블은 빈부격차로 이어지게 되면서 소비의 효율적 확대를 제한합니다. 이게 네 번째입니다. 저성장 기조하에서 이어지고 있는 환율전쟁의 확대 역시 물가 상승을 억제하는 다섯 번째 이유이고, 마지막으로 거대한 부채 부담이 기조적인 저물가 압력을 가하고 있음을 설명했습니다.

돈을 그렇게 많이 뿌리고 있는데도 물가가 쉽사리 올라오지 못하는 여섯 가지 이유, 여기서 줄이겠습니다. 다음 챕터에서는 그럼에도 불구하고 인플레이션을, 그리고 성장을 만들기 위한 Fed의 도전으로 이어가보겠습니다.

15

중앙은행이 디플레이션을 극복하는 방법

앞의 글처럼 경기부양책을 아무리 해도 물가가 오르지 않는 이유, 혹은 경기가 살아나지 않는 이유를 적다 보면 힘이 빠지면서 우울해지는 저 자신을 발견하곤 합니다. 저는 천성이 낙관론자인지라 저런 내용을 그리 선호하지 않습니다. 지금이 진짜 저런 상황이라고 해도 어떻게든 벗어날 수 있으리라는 희망을 버리지 않죠. 그리고 저는 그런 희망을 갖고 있을 뿐이지만 미국 중앙은행인 Fed는 실제 액션을 통해서 이 어려운 상황을 극복하고자 하고 있습니다. 거대한 디플레이션의 늪에서 벗어날 수 있는지, 할 수 있다면 어떻게 해야 하는지를 알아보죠.

글로벌 금융위기 이후 상당 기간이 지나도록 인플레이션을 만나기 어려웠죠. 계속해서 이어지는 저성장·저물가 기조에서 벗어나지 못하자 2016년 당시 Fed의 의장이었던, 그리고 2021년 현재는 미국 조 바이든(Joe Biden) 행정부의 재무장관으로 있는 재닛 옐런은 '고압경제(High Pressure Economy)'라는 단어를 언급하게 됩니다. 당시 기사를 인용합니다. 조금 어렵더라도 꼼꼼히 읽어주세요.

옐런 "고압경제 필요"…'인플레 오버슈팅' 용인 시사

재닛 옐런 미국 연방준비제도(연준) 의장이 14일(현지시간) '고압경제(High Pressure Economy)' 운용의 필요성을 역설했다. 고압경제는 수요가 공급을 웃돌아 인플레이션이 목표치를 넘어서는 한편, 일손을 구하기가 쉽지 않은 매우 타이트한 고용시장 상태를 말한다.

옐런 의장은 이날 보스턴 연방준비은행(연은) 주최 경제 콘퍼런스에서 이같이 말하며 아직 불충분한 회복세에 힘을 실어주고자 '인플레이션 오버슈팅'을 용인할 가능성을 시사했다.

옐런 의장은 "강력한 총 수요와 타이트한 노동시장을 통해 일시적으로 '고압경제'를 운영하게 된다면 기업 매출이 증가한다"며 "이는 기업 투자를 촉진해 경제의 생산 능력을 확대하게 될 것이 분명하다"고 말했다. 옐런 의장에 따르면 경제 성장으로 노동시장이 더욱 타이트해지면 불경기에 구직을 포기하고 퇴장했던 노동력들이 인력시장으로 되돌아온다. 또한 타 업종으로의 이동을 촉진해 경제의 효율성을 높인다.

《뉴스1》, 2016.10.15

영어 시험을 볼 때에는 단어 하나를 몰라서 해석이 영 되지 않는 문제를 종종 만나게 됩니다. 앞의 인용문을 읽기 위해서는 고압경제가 무엇인지를 확실하게 알 필요가 있죠. 첫 문단에 고압경제에 대한 정의가 적혀 있기는 하지만 이 단어를 처음 접하는 분들은 쉽게 와닿지 않을 겁니다. 이번 챕터에서는 고압경제에 대해서 자세히 살펴보겠습니다.

| 기업의 생산력을 높여주는 '고압경제'

경기 침체가 장기적으로 이어집니다. 그럼 경제 주체들의 자신감이 사라지게 되겠죠. 워낙 기업들이 무너지는 것을 많이 보았기 때문에, 그리고 실제로 실패할 가능성이 높기 때문에 함부로 투자를 하지 못합니다. 투자가 살아나지 않으면 고용이 창출되지 않죠. 그리고 소득이 늘지 않고 소비가 늘지 않을 겁니다. 그럼 당연히 물가도 오르지 않겠죠. 성장도 되지 않고 물가도 오르지 않는 늪에 빠져들게 될 겁니다. 금리가 조금 인하되거나, 돈을 조금 뿌려주어도 투자 회복은 감감무소식입니다. 그럼 어떻게 이 문제를 해결할 수 있을까요? 결국은 민간이 투자를 확대하도록 자극해줄 필요가 있겠죠.

홍길동은 제조업자입니다. '엣지'라는 제품을 만드는 기술을 갖고 있죠. 엣지를 생산해서 실제 판매를 하기 위해서는 공장을 세워야 합니다. 공장을 세우려면 당연히 돈이 필요하니 돈을 빌려서 투자를 해야 하겠죠. 다행히 금리가 정말 낮습니다. 그럼 부담 없이 돈 빌려서 공장 세우고 엣지를 생산하면 되는데 홍길동은 계속 고심만 하고 있습니다. 왜 그런지 물어보니 답은 간단하죠. 지금 시절이 하 수상하여 투자를 늘리기에는 너무나 부담스럽다는 겁니다. 그리고 과거에 공장을 세워서 투자를 했다가 잘되지 않아서 이미 빚더미에 앉아 있습니다.

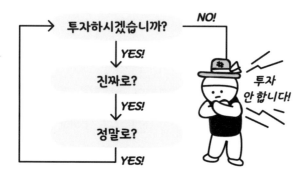

금리가 아무리 낮아도 투자를 해서 돈을 벌지 못하면 고스란히 빚을 더하게 되니까 홍길동은 새로운 투자에 신중, 또 신중을 기할 수밖에 없는 것입니다.

이렇게 하루 이틀 시간만 흘러가던 중 홍길동은 놀라운 현상을 목격합니다. 실물경제가 과열이 되는 겁니다. 그러면서 사람들이 엣지라는 제품을 너무나 사고 싶어 하죠. 사람들이 엣지, 엣지 하면서 거리를 돌아다니고 어느 마트에든 가서 엣지를 사려고 줄을 서는 겁니다. 와, 이건 그냥 제품을 만들기만 하면 장사가 될 것 같은 느낌을 너무 강하게 주는 거죠.

그래서 홍길동에게 다시 물어봅니다. 이 정도면 공장 세워서 투자를 해야 하는 거 아니냐고요. 얼마 전만 해도 겁에 질려 있던, 그리고 고심에 고심만을 거듭하던 홍길동도 마음이 동하기 시작합니다. 그리고 그 질문을 하고 있는 그 짧은 순간에도 주변의 모든 사람들이 엣지라는 제품을 사기 위해 스마트폰으로 예약 주문을 하고 있는 것이 눈에 들어오는 거죠. 망설일 필요가 뭐가 있을까요? 기존에 한 번 투자에 실패한 적이 있더라도, 그리고 이미 부채를 많이 갖고 있더라도 이 정도면 투자를 해야 하는 것 아닐까요?

그때 상대가 이야기를 더하죠. 지금 금리가 정말 낮다고요. 그러니 초저금리로 엣지 공장을 세워보라고요. 드디어 홍길동이 마음을 먹고 투자를 합니다. 그리고 고용을 늘리고, 소득이 늘고, 소비가 늘고……. 뭐, 이런 그림으로 이어지게 되는 것입니다. 너무 꿈같은 이야기인가요?

| 시장이 과열되더라도 고용 성장과 물가 안정이 최우선

고압경제는 실물경제를 뜨겁게 만들어서 경제 주체들의 수요를 폭발시키려는 정책입니다. 실물경제를 뜨겁게 만들기 위해서는 어느 정도 경기의 과열을 유도할 수밖에 없죠. 중앙은행인 Fed는 고용 성장과 물가 안정을 목표로 합니다. 그리고 여기에 하나 더 붙는데, 바로 금융 안정입니다.

그런데 고용 성장, 물가 안정, 금융 안정을 목표로 하는데 경기의 과열을 일부러 유도한다? 뭔가 모순적이지 않나요? 금융 안정이라 함은 경기의 과열을 막는 겁니다. 경기나 자산시장의 과열이 나타난 이후 그 과열이 식어버리면 경제 주체들이 받는 충격이 상당하기 때문이죠. 그렇지만 상황이 상황인 만큼, 그냥 현 상황대로 저성장·저물가를 계속 이어가게 되면 진짜 희망이 사라지게 되죠. 이런 거대한 디플레이션의 늪에서 벗어나기 위해서는 무언가 특단의 대책이 필요합니다.

네, 경기 침체와 물가 하락의 늪에서 벗어나기 위해 고압경제를 도입하게 되면 경기는 살아나면서 고용 창출이 가능해지겠죠. 그리고 물가도 하락 압력을 받다가 상승세로 전환될 겁니다. 실물경제에 일정 수준의 과열을 유도하고, 강력한 수요를 만들어내며(초과 수요라고 하죠), 물가 하락이라는 디플레이션 늪에서 벗어나는 정책입니다. 다만 한 가지를 희생해야겠죠. 그게 바로 앞서 말한 '금융 안정'입니다.

혹시 「인사이드 아웃」이라는 애니메이션을 아나요? 이 애니메이션을 보면 거의 후반부에 주인공 조이와 빙봉이라는 코끼리가 암흑의 계곡에 빠져버립니다. 나올 수 있는 방법이 없습니다. 둘이 함께 힘을 모아 로켓 화차 같은 것을 만들고, 이를 하늘로 쏘아올리면서 절벽 위로 올라서려 하지만 번번이 실패하죠. 마지막에는 로켓의 힘을 이른바 영혼까지 끌어올리면서 하늘로 뛰어오르는데, 그 과정에서 빙봉이라는 코끼리는 스스로 화차에서 떨어집니다. 조이는 절벽 위로 올라오는 데 성공했지만 계곡 속으로 뛰어든 코끼리 빙봉은 사라져버렸죠. 개인적으로 이 애니메이션에서 가장 기억에 남으면서도 애석했던 장면이었습니다.

갑자기 왜 애니메이션 이야기를 하나 싶죠. 조이가 디플레이션이라는 계곡에서 벗어나기 위해서는 영끌의 에너지가 필요합니다. 그리고 빙봉의 희생이 필요하죠. 조이의 성공은 인플레이션으로의 복귀입니다. 영끌의 에너지는 강력한 고압경제 정책이 되고, 빙봉은 중앙은행의 목표 중 하나인 금융 안정이라고 할 수 있겠죠.

금융 안정을 희생하면서라도 초과 수요를 만들어낼 수 있다면 금융위기 이후 지겹도록 길게 이어져온 저성장·저물가의 늪에서 벗어날 수 있는 동력을 찾을 수 있지 않을까요? 네, 이제 앞서 인용한 기사를 다시 읽어보면 이해가 잘될 겁니다. 다시 인용합니다.

옐런 "고압경제 필요"…'인플레 오버슈팅' 용인 시사

재닛 옐런 미국 연방준비제도(연준) 의장이 14일(현지시간) '고압경제(High Pressure Economy)' 운용의 필요성을 역설했다. 고압경제는 수요가 공급을 웃돌아 인플레이션이 목표치를 넘어서는 한편, 일손을 구하기가 쉽지 않은 매우 타이트한 고용시장 상태를 말한다.

옐런 의장은 이날 보스턴 연방준비은행(연은) 주최 경제 콘퍼런스에서 이같이 말하며 아직 불충분한 회복세에 힘을 실어주고자 '인플레이션 오버슈팅'을 용인할 가능성을 시사했다.

옐런 의장은 "강력한 총 수요와 타이트한 노동시장을 통해 일시적으로 '고압경제'를 운영하게 된다면 기업 매출이 증가한다"며 "이는 기업 투자를 촉진해 경제의 생산 능력을 확대하게 될 것이 분명하다"고 말했다. 옐런 의장에 따르면 경제 성장으로 노동시장이 더욱 타이트해지면 불경기에 구직을 포기하고 퇴장했던 노동력들이 인력시장으로 되돌아온다. 또한 타 업종으로의 이동을 촉진해 경제의 효율성을 높인다.

《뉴스1》, 2016.10.15

첫 문단에서 고압경제는 수요가 공급을 웃돌아 인플레이션 목표치를 넘어서는 것이라는 이야기가 나오죠. 수요가 공급보다 많은 상황을 우리는 초과 수요라고 합니다. 수요가 많으면 물가가 오르는 인플레이션이 나타나죠. 인플레이션이 Fed의 목표치 수준을 넘어서면 Fed는 물가 안정을 위해 금리를 인상하는 등 과열을 억제하기 위해 나서야 하지만, 고압경제를 이어가기 위해서는 금리를 인상해서는 안 됩니다.

두 번째 문단을 보면 인플레이션 오버슈팅을 용인할 것임을 시사했다고 나오죠. Fed가 정하는 일정 수준의 물가 상승 목표를 넘어서 물가가 오르더라도 금리를 올리지 않고 놓아두겠다고 말하고 있습니다. 경기의 과열이나 자산 가격의 상승은 어떻게 하느냐 고요? 아까 말했죠, 빙봉의 희생. 금융 안정은 잠시 뒷전에 모셔두 는 겁니다.

마지막 문단을 보죠. 고압경제를 운영하면 수요 초과이기 때문 에 기업들이 돈을 벌 수 있겠죠? '엣지'라는 상품 기억하나요? 너 도 나도 비싼 값에 사려고 하기에 기업들은 돈을 벌 수 있습니다. 그럼 투자를 더욱 늘리지 않을까요? 투자를 늘린 만큼 일자리가 만들어지게 되고 노동시장에서 노동의 공급보다 노동자를 고용하 려는 수요가 많아지기에 노동의 대가인 임금이 오르게 됩니다. 임 금 상승으로 소비가 살아나기에 경기는 좋아지게 될 것이고, 그럼 더 많은 투자가 일어나면서 더 많은 고용이 창출될 겁니다. 이 경 우 구직을 포기했던 실업자들도 일자리로 복귀해서 경제가 보다 강한 활력을 띄게 되겠죠. 이게 2016년 당시 옐런 의장이 언급했 던 고압경제입니다.

| 무한 공급의 결말은 거대한 인플레이션이다?

2020년 코로나19 사태로 인해 글로벌 경제 전체가 큰 충격에 휩싸이자 Fed는 적극적으로 나서서 무제한 양적완화를 단행합니다. 그리고 트럼프 행정부에 이어 바이든 행정부 역시 과감한 경기부양에 나서게 되죠. 무제한 양적완화 규모는 금융위기 이후 있었던 세 차례 양적완화의 규모를 넘어섰고, 정부의 재정 지출 역시 빠르게 증가하면서 미국 정부의 재정 적자는 유례없는 수준으로 높아졌습니다. 그럼 돈을 너무 많이 푸는 것 아니냐, 정부 재정 적자가 너무 심각한 것 아니냐부터 시작해서 이렇게 하다가 진짜 물가 상승 압력을 너무 크게 높이는 것 아니냐는 우려의 목소리가 등장하게 되겠죠. 그런 우려의 목소리를 담은 이야기를 로렌스 서머스 (Lawrence Summers)라는 빌 클린턴(Bill Clinton) 행정부 당시의 재무 장관이 언급하게 됩니다. 기사 인용합니다.

美 대규모 경기부양책 추진에…"인플레이션 자극" vs "내년 완전고용 가능"

서머스 전 장관은 "엄청난 불확실성이 있는 와중에 제2차 세계대전 때와 가까운 규모의 대규모 부양책을 추진하는 것은 우리가 한 세대 동안 경험해보지 못한 인플레이션 압력을 촉발할 수 있다"며 "조 바이든 대통령의 (경기부양) 계획은 진행돼야 하지만 인플레이션과 금융 안정을 위협하지 않는 방식으로 운용돼야 한다"고 썼다. 바이든 행정부가 추진 중인 1조 9000억 달러 규모의 부양책이 부작용을 일으킬 수 있다는 우려를 제시한 것이다. (……) 즉, 실제 경기가 부진한 정도에 비해 준비 중인 부양책 규모가 너무 커서 실행될 경우 자칫 경기 과열과 물가 상승을 부를 수 있다는 것이다.

《동아일보》, 2021.2.8

로렌스 서머스는 글로벌 금융위기 이후 전 세계적인 저성장·저금리가 상당 기간 이어질 것임을 주장한 사람이죠. 인플레이션은 앞으로 상당 기간 찾아오지 않을 것이라고 가장 선봉에 서서 주장했답니다. 그런데 앞의 기사 인용문을 보면 서머스가 앞장서서 한 세대 동안 경험해보지 못한 인플레이션을 만날 수 있다고 말하고 있죠. 그리고 그 이유로 바이든 행정부의 거대한 경기부양책을 언급합니다. 디플레이션 구덩이가 크레바스처럼 깊지만 아예 옆의 산을 깎아서 흙을 들이붓는 방식까지는 너무하는 것 아니냐고, 그렇게 하면 집 앞의 구덩이만 메우는 게 아니라 집 앞에 산이 하나 생긴다고 말하는 겁니다. 여기서 말하는 산이 바로 거대한 인플레이션이겠죠.

와, 서머스 전 장관처럼 인플레이션에 대해 회의적이었던 사람이 인플레이션을 걱정할 정도니…… 중앙은행인 Fed는 기준금리 인상을 비롯한 각종 긴축 정책 카드를 만지작거리려야 하지 않을까요? 물가 폭등에 자산 버블 등이 촉발될 수도 있을 테니까요. 그런데 이런 이야기에 미국 재무장관인 옐런이나 Fed 의장인 파월은 매우 담담하게 이렇게 말합니다. 인용합니다.

美 공식실업률 6.3%인데 파월·옐런 10%대 언급하는 이유는

옐런 장관은 지난 18일 CNBC와의 인터뷰에서 "만약 어떤 의미에서 정확하게 측정한다면, 실업률은 10퍼센트 부근일 것이다"라고 말했다. 이보다 일주일 앞서 파월 의장은 노동시장의 지속하는 충격을 언급하면서 미국의 실업률을 옐런 장관과 마찬가지로 10퍼센트 수준으로 평가했다.

지난 10일 웹캐스트로 진행한 뉴욕 이코노믹 클럽 연설에서 파월 의장은 "노동통계국은 많은 실업자가 고용된 것으로 잘못 분류됐다고 보고했다. 이런 오류를 바로잡고 지난해 2월 이후 노동시장을 떠난 사람들까지 포함한다면 1월 실업률은 10퍼센트에 가까울 것이다"고 말했다.

《연합인포맥스》, 2021.2.23

코로나19 이후 회복의 기운이 나타나고 있는 것은 사실이지만 실제 실업률을 제대로 계산하면 10퍼센트에 이르는 등 미국 경제는 아직 회복기에 진입했다고 보기 어렵다는 거죠. 서머스는 과도한 경기부양이 만들어낼 수 있는 인플레이션을 걱정하고 있는데, 옐런은 현재 실업률이 (서머스가) 생각하는 것보다 훨씬 높다고 합니다. 앞의 예에 비유하자면 디플레이션의 구덩이가 산 하나 깎아 넣어서 메워지는 수준보다 더 깊다고 말하는 겁니다. 인플레이션은 찾아오지 않으니 과감한 경기부양책이 필요하다고 역설하는 거죠. 파월 역시 실업률이 실질적으로는 10퍼센트에 이를 것이라며 추가적인 경기부양책의 필요성을 주장하고 있습니다.

최근 코로나19 백신 보급이 빨라지면서 경제 정상화의 기운이 물씬 풍기고 있습니다. 그럼에도 지금 경기부양을 줄여서는 안 되죠. 저성장·저물가의 늪에 너무나 오랫동안 빠져 있으니까요. 여기서 벗어나려면 보다 과감한 정책이 필요하기에 지금 '고압경제'를 실현시키고 있습니다. Fed는 물가 상승의 두려움이 있더라도, 혹은 금융 안정을 희생시키더라도 "지금은 크게 행동할 때(Act Big)"라고 말합니다. 그것이 저성장·저물가의 늪에서 벗어날 수 있는 동력이 될 수 있기를 기도하면서, 이만 줄입니다.

거대한 디플레이션의 늪

인플레이션과 디플레이션에 대해 이야기해봤습니다. 생각보다 길죠? 그리고 조금은 지루했을 수도 있지만 적어도 2008년 글로벌 금융위기 이후의 세계 경제는 이 두 가지로 나누어진다고 봐도 될 정도로 중요한 이슈입니다. 제가 공부를 시작했던 2004년부터 글로벌 금융위기 이전까지는 인플레이션이 가장 큰 화두였답니다.

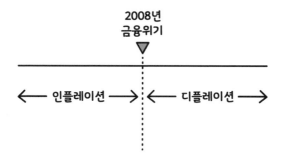

2001년에 중국이 세계무역기구(WTO)에 가입하게 되면서 중국이 수출을 할 수 있는 시장이 크게 넓어졌죠. 생산의 3요소가 있습

니다. 노동, 토지, 자본이 그것인데 당시 중국의 노동력은 정말 풍부했죠. 그냥 노동력이 풍부한 것이 아니라 다른 국가와 비교했을 때 임금이 워낙 낮은지라 낮은 비용에 고용을 하여 제품을 생산하기 편했습니다. 또 중국에서 토지를 논할 필요는 없죠. 그 광활한 땅을 생각하면 그냥 답이 나옵니다. 마지막이 자본인데 중국은 1990년대 초반부터 제한적이나마 글로벌 국가들과 교역을 하면서 달러를 벌어들였고, 조금씩 금융시장을 개방하면서 해외 투자자금을 받기 시작했습니다. 노동, 토지, 자본이라는 생산의 3요소가 갖춰진 거죠. 그런데 이런 이야기가 나옵니다. 생산을 해서 어디에 파느냐는 겁니다. 그때 WTO가 나온 거죠. 중국이 전 세계 국가들에 제품을 수출할 수 있게 되었으니 이제 생산만 하면 되는 겁니다.

중국이 세계의 공장 역할을 하면서 성장 드라이브를 걸게 됩니다. 제품을 생산하려면 원자재도 필요하겠죠? 국제유가가 급등을 하고 구리, 철광석, 아연 할 것 없이 모든 원자재의 가격이 하늘 끝까지 올라갑니다.

중국을 비롯한 전 세계 경기가 과열 양상을 보이는 상황에서 원자재 가격까지 오르게 되니 물가는 상승하겠죠. 네, 그때는 인플레이션을 걱정하던 때였습니다. 2008년 당시 인플레이션에 대한 경계심을 전하는 기사 제목을 몇 개 읽어보죠.

美 경제 스태그플레이션 짙어지나

《한국경제》, 2008.8.20

日 경제도 스태그플레이션 조짐

《한국경제》, 2008.8.13

한국 스태그플레이션 가능성 OECD '최고'

《이데일리》, 2008.7.27

기록적 고유가, 인플레 공포 계속 확산

《파이낸셜뉴스》, 2008.5.29

[확산되는 인플레이션의 공포] "고유가로 美 성장률 1.5%P 하락"

《한국경제》, 2008.5.29

세계 휩쓰는 물가 급등 쓰나미…인플레 공포에 지구촌이 떤다

《한국경제》, 2008.4.13

전 세계가 인플레이션을 어떻게 바라보았는지 대충 분위기가 느껴지나요? 기사들 중에 2008년 8월 기사도 있죠. 네, 리먼 브라더스 파산 직전에도 인플레이션에 대해 걱정했던 겁니다. 그러다가 만난 것이 글로벌 금융위기였죠. 2008년 9월 15일 미국의 4위 투자은행인 리먼 브라더스가 파산하면서 금융위기가 본격화되었습니다. 그날 이전만 해도 인플레이션을 걱정하던 금융시장은 디플레이션 때문에 전전긍긍하기 시작했죠. 수십 년 동안, 바로 전날까지만 해도 동부전선의 인플레이션을 방어하고 있었는데 갑자기 서부전선에서 디플레이션이라는 괴물이 튀어나온 겁니다. 앞에서 2008년 8월의 인플레이션 걱정 관련 기사를 인용했죠. 이번에는 불과 3개월 후 분위기가 확 바뀐 2008년 11월의 디플레이션 관련 기사 제목들을 인용합니다.

미 경제 '소비급랭' 디플레이션 공포 휩싸여

《한겨레》, 2008.11.20

스멀스멀 엄습해오는 디플레이션의 망령

《매일경제》, 2008.11.28

美 디플레이션 공포…CPI 사상최대폭 하락

《파이낸셜뉴스》, 2008.12.17

中 물가상승률 1%…디플레 공포 엄습

《이데일리》, 2009.2.10

걱정거리가 인플레이션에서 디플레이션으로 불과 수개월 만에 바뀌어버렸죠. 그리고 당시 충격을 극복하는 과정에서 생겨난 부채발 디플레이션 압력에서 아직까지도 벗어나지 못하고 있습니다. 그리고 여기서 헤어나오기 위해 Fed는 고압경제라는 개념까지 도입합니다.

앞으로 우리는 이 부분을 지켜보아야 합니다. 고압경제라는 부스터를 달고, 금융 안정이라는 중앙은행의 목표 하나를 희생하면서까지 디플레이션의 늪에서 벗어나려고 하는 지금의 이 노력이 성공할 것인지가 첫 번째겠죠. 성공한다면 우리는 디플레이션에서 인플레이션으로의 전환을 보게 될 겁니다. 실패한다면 다시금 디플레이션의 늪 속에서 다음 번 점프를 고민하게 되겠죠. 두 번째는 만약 인플레이션이 나타났을 때, 정말 오랜만에 만나는 인플레이션이라는 친구가 통제 가능한 친구일지, 아니면 통제 불가능한 나쁜 인플레이션일지를 보는 겁니다.

어떻게 될까요? 아무도 알 수 없겠죠. 다음 장에서는 인플레이션과 디플레이션, 그리고 성장의 회복과 저성장의 지속 등 다양한 유형들을 살펴보면서 이 책의 핵심인 '부의 시나리오'에 대해 이야기해보겠습니다.

제4장

시나리오를 그려
다음 스텝을 선점하라

- 성장과 물가로 구분하는 4가지 '부의 시나리오'
- 오건영의 포스트 코로나19 시나리오

부의 시나리오

16

성장과 물가로 구분하는
4가지 '부의 시나리오'

종종 이런 질문을 받습니다. '거시경제나 환율, 혹은 금리를 아는 것이 투자에 도움이 되나요?' 당연히 도움이 되겠죠. 투자에는 우리가 잘 아는 주식 투자만 있는 것이 아닙니다. 부동산 투자도 있고 외환에 투자하는 FX 투자, 그리고 채권 투자 역시 그런 범주에 포함이 됩니다. 부동산 투자를 할 때 금리를 무시할 수 있을까요? 어떤 부동산 전문가에게 묻더라도 금리는 매우매우 중요한 요소라는 답변을 듣게 될 겁니다. 그리고 금리는 채권 투자 그 자체라고 할 수 있죠. 금리가 오른다는 이야기는 채권 가격이 하락한다는 이야기고, 금리가 내린다는 이야기는 채권 가격이 오른다는 의미니까요. 당연히 투자에 도움이 됩니다. 아마도 그런 질문을 하는 분들은 투자를 '주식 투자'에 한정해서 생각한 것이 아닌가 싶습니다. '주식 투자에 거시경제, 금리, 환율, 물가 같은 요소들을 보는 것이 그렇게 중요한가?' 하는 생각인 거죠. 일단 투자하고자 하는 기업의 실적이나 그 기업의 중요한 미래 성장 아이템들처럼 직관적으로 이해되는 건 아니겠지만 당연히 중요합니다.

주식을 볼 때 매우매우 중요한 요소는 '성장'과 '금리'입니다. 성장이 강하게 나오더라도 금리가 너무 높으면 사람들은 주식 투자를 하지 않고 예금에 가입하려 하겠죠. 연 50퍼센트씩 오를 수 있는 정말 좋은 주식이 있는데 연 100퍼센트를 주는 정기예금이 있다면 당연히 주식 투자보다는 예금에 돈을 넣으려고 할 겁니다. 혹여나 발생할 수 있는 위험 없이 투자가 가능하니까요. 네, 주식을 볼 때에는 기업의 실적을 보는 것이 물론 중요하지만 그 기업이 처해 있는 여러 제반 환경을 눈여겨보는 것도 중요합니다. 그 중에는 금리도 들어가고 환율도 들어갈 겁니다.

어항 속에 있는 물고기들에 투자한다고 해보죠. 어항 속에 아마존이라는 강력한 물고기가 있습니다. 누구도 이 물고기에게 덤빌 수 없죠. 모든 사람들이 아마존은 영원하리라 생각합니다. 그런데 만약 어항이 깨지면 어떤 일이 벌어질까요? 어항이 깨지면 아마존도 다른 물고기들처럼 어려운 상황에 봉착하게 되지 않을까요? 물고기 그 자체를 분석하는 것도 중요하지만 물고기가 살고 있는 환경에 대해서도 고려하는 것이 물고기 투자에 큰 도움이 될 겁니다. 아마존이 너무 좋아서 투자하고 싶은데 어항 저 한쪽에 길게 금이 가고 있다면 위험 관리에 들어가야겠죠. 이렇듯 경제 환경, 금리, 환율 등을 아는 것이 투자에 도움을 줄 수 있습니다.

그럼 당연히 이런 질문이 나올 겁니다. 필요한 것은 알겠는데, 우리가 경제의 어떤 요소들을 어떤 식으로 투자에 접목시킬 수 있는가 하는 것이죠. 이번 장에서는 성장과 물가라는 중요한 두 가지 팩터(Factor)를 가지고 투자와 연결해보려고 합니다. 앞에서 성장이 중요하다는 이야기, 그리고 성장을 만들어내기 위해서 전 세계 정부와 중앙은행이 해왔던 이례적인 노력들을 살펴봤습니다. 당연히 투자에는 성장이 중요한 팩터가 될 겁니다. 물가 역시 마찬가지죠. 디플레이션과 인플레이션 사이에서 투자의 패턴이 크게 바뀔 수도 있을 겁니다. 이런 점들을 염두에 두고 성장과 물가라는 두 가지 관점에서 투자에 도움이 되는 이른바 '부의 시나리오' 이야기를 해보려고 합니다.

투자에 영향을 주는 경제 팩터들은 여러 가지가 있을 겁니다. 그중에서도 저는 성장과 물가에 집중해보는 것입니다. 우선 성장을 보면 성장이 강하게 나오는 고성장과 지금처럼 주춤한 저성장으로 구분할 수 있을 겁니다. 물가 역시 마찬가지겠죠. 물가가 상승하는 고물가와 지금처럼 정체되어 있는 저물가로 나누어볼 수 있겠죠. 자, 그럼 성장에는 고성장과 저성장, 물가에도 고물가와 저물가가 있으니 이들을 가지고 네 가지 경우를 구성해볼까요. 바로 고성장·고물가, 저성장·고물가, 고성장·저물가, 저성장·저물가입니다. 그림으로 그려보면 이렇게 나오겠죠.

	고성장	저성장
고물가	시나리오 1 고성장 · 고물가	시나리오 2 저성장 · 고물가
저물가	시나리오 3 고성장 · 저물가	시나리오 4 저성장 · 저물가

| 시나리오 1 – 고성장·고물가

그럼 각각의 시기에는 어떤 자산들이 각광을 받는지 생각해보겠습니다. 먼저 고성장·고물가 시대를 살펴볼까요? 고성장·고물가 시기는 제가 평생 겪어보지 못한 것 같습니다. 그런데 생각해보면 또 찾아볼 수 있어요. 가장 가까운 때로는 글로벌 금융위기 이전인 2005~2008년 중국의 강력한 투자 성장을 통해 나타난 고성장·고물가 시대를 이야기해볼 수 있겠죠.

성장이 강하게 나옵니다. 그럼 당연히 주식시장에는 긍정적인 영향을 미칠 겁니다. 그럼 채권에는 어떤 영향을 주게 될까요? 경제 성장이 강해지면 사람들의 소비도 늘어나게 될 것이고, 기업들은 너도나도 그런 소비를 통해 돈을 벌기 위해 제품 생산 라인을 늘리게 되죠. 네, 투자를 확대하는 겁니다. 투자를 늘리는 과정에서 당연히 돈을 빌리게 될 텐데요, 기업들이 너도나도 돈을 빌려서 투자에 나섭니다. 그럼 기업 투자발 대출 수요, 즉 자금에 대한 수요가 확 커지게 됩니다. 수요가 늘어나면 당연히 가격이 오르겠죠? 돈의 값을 우리는 금리라고 합니다. 결국 성장이 강해지면 금리는 상승하게 되겠죠. 금리가 올라가면 어떤 자산이 피해를 보게 될까요? 채권이 어려워집니다. 어쩌면 이런 해석도 가능하죠. 성장이 나와서 주식 투자하기 좋은데, 군이 안전자산인 채권을 사들일 이유가 없다. 돈이 몰리지 않는 채권시장은 그야말로 울상이 됩니다.

주식과 채권에 하나만 더 이어가보죠. 대체자산이라는 것이 있습니다. 간단하게 설명하자면 앞에서 1970년대 거대한 인플레이션의 시대를 언급한 적이 있습니다. 석유파동의 시기입니다. 물가가 오르면서 주가도 깨지고, 금리가 오르니 채권 가격도 무너졌습니다. 주식·채권 분산투자의 의미가 없던 때였죠. 그래서 전통적인 투자자산인 주식·채권 외에 다른 투자자산을 찾아야 한다는 이야기가 나왔고, 그래서 나온 것 중 하나가 바로 대체자산인 원자재와 금이었습니다. 고성장·고물가 시기에는 워낙에 원자재에 대한 수요도 많기 때문에 원자재 투자 재미가 쏠쏠했겠죠. 2005~2008년 당시 국제유가가 배럴당 150달러 가까이 상승했고, 전 세계 원자재 가격의 흐름을 종합적으로 반영하는 CRB(Commodity Research Bureau) 지수 역시 급등했습니다. 국내에서도 원유, 원자재, 농산물 펀드 등의 붐이 불었죠.

하나 더, 물가가 올라갑니다. 물가가 올라간다는 건 돈의 가치가 떨어진다는 이야기죠. 돈은 종이 화폐입니다. 종이 화폐의 가치가 떨어지면서 실물 화폐의 가치가 상승하게 되는데, 그게 바로 금입니다. 과거 금본위 화폐제를 쓰던 시기가 있었죠. 당시에는 돈을 찍을 때 국가가 보유하고 있는 금만큼만 찍을 수 있었습니다. 1971년까지 금 1온스(약 31그램)에 35달러까지만 찍을 수 있었는데요, 지금은 전혀 그렇지 않죠. 돈을 마구 찍게 되면 돈의 가치가 하락하는데, 이 경우 금 1온스를 대체하는 종이 화폐의 가치가 하락하면서 금 가격을 밀어올리게 됩니다. 네, 물가가 오른다는 이야기는 종이 화폐의 가치가 하락한다는 이야기가 되고, 이건 결국 금 가격을 밀어올리는 요인이 되죠. 고물가의 시기라고 할 수 있는 2005~2008년 금 가격은 강세를 보인 바 있습니다. 자, 고성장·고물가의 시대를 정리합니다. 이 시기에는 주식은 강세, 채권은 약세, 그리고 원자재 및 금은 강세를 보이죠. 2005~2008년 당시 해당 자산들의 움직임을 나타낸 그래프를 첨부합니다(그래프 12, 13).

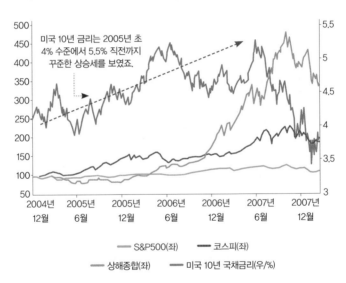

그래프 12 ◆ 2004년 말부터 2008년 초, 한·미·중 주가 지수와 미국 국채금리

2005년부터 2008년 초까지 한국·미국·중국 등의 주가와 미국 국채금리를 비교한 그래프입니다. 우선 2007년 전까지 미국 국채금리는 꾸준

한 상승세를 보였음을 알 수 있죠. 금리의 상승으로 인해 채권은 재미없는 자산이었습니다. 주가의 경우 미국·한국·중국의 주요 지수를 2005년 1월을 100으로 환산해서 표시한 것인데요, 중국 주식시장이 가장 뜨거운 모습을 보였고 한국 역시 상당한 강세를 나타냈음을 확인할 수 있습니다.

그래프 13 ◆ 2004년부터 2008년, CRB 인덱스와 국제유가

━━ CRB 인덱스(좌/$) ━━ 국제유가(우/$)

각종 원자재 가격을 합쳐서 지수로 만든 CRB 인덱스와 국제유가 추이입니다. 당시 중국을 중심으로 한 전 세계의 성장을 반영하면서 원자재 가격이 큰 폭으로 상승했죠. 국제유가 역시 사상 최초로 배럴당 100달러 선을 훌쩍 뛰어넘는 강세를 보였습니다. 성장이 강하게 나오고 물가가 상승하는 국면에서 원자재 가격이 두드러진 강세를 보였음을 알 수 있습니다.

| 시나리오 2 − 저성장·고물가

이젠 사분면의 두 번째인 저성장·고물가를 이야기해보죠. 최근에는 이 시기를 만난 적이 거의 없습니다. 비슷하다고 할 만한 때가 2008년 5월 정도였는데, 당시 이야기는 잠시 후에 해보겠습니다. 이렇게 일시적으로 찾아왔던 저성장·고물가의 시기를 제외하면 1970년대로 가야 이런 시대를 찾을 수 있죠. 네, 1970년대 석유파동 당시를 짚어봐야 할 듯합니다.

직관적으로 성장이 약하면 기업들의 제품 판매액이 줄어들 것이라는 생각이 팍 듭니다. 그런데 고물가가 겹치게 되니, 기업들의 원료 구입 비용이 크게 상승하면서 생산 비용의 증가를 만들죠. 일반적으로는 생산 비용이 오른 만큼 그 생산 원가를 판매가에 전가합니다. 생산 원가가 올랐으니 부득이하게 제품 판매가를 올린다는 공지를 띄우는 거죠. 그런데 저성장으로 인해 경기가 좋지 않고 경쟁도 워낙 치열하니 이렇게 제품 원가가 오른 것을 판매가에 전가하면 장사가 더 안될 것 같은 느낌이 듭니다. 그럼 기업들 입장에서는 판매액은 줄었는데, 생산 원가가 늘어난 만큼 판매 마진이 줄어들게 되죠. 당연히 주식시장에는 악재로 작용하게 되겠죠. 1970년대 당시 글로벌 주식시장은 다른 시기에 비해 현저히 부진한 모습을 보여줬습니다. 네, 저성장·고물가 시기에 주식시장은 매우 어려운 상황에 처하게 됩니다.

그럼 채권시장은 어떨까요? 채권은 구매력을 유지시키기 위해 존재하는 자산입니다. 이게 무슨 소리일까요? 예를 들어보죠. 홍길동이 100만 원을 가지고 있습니다. A라는 물건을 사려고 하는데 지금 100만 원입니다. 홍길동은 이 물건을 1년 후에 사기로 결심합니다. 그런데 1년이 지난 후에 보니 제품 가격이 103만 원이 되었습니다. 물가가 오른 거죠. 홍길동은 망연자실합니다. 고이 모셔두었던 현금 100만 원을 꺼내보지만 그걸론 A를 살 수 없게 된 거죠. 네, 물가가 오르면서 현금의 구매력이 떨어진 겁니다. 1년 전으로 되돌아갑니다. 이와 함께 홍길동은 연 3퍼센트 이자를 주는 정기예금에 가입합니다. 1년이 지나 정기예금을 깨보니 원금 100만 원에 이자 3만 원을 합해서 103만 원을 받았습니다. 그러면 103만 원으로 가격이 오른 A를 여전히 살 수 있습니다. 구매력을 유지해준 거죠. 정기예금이나 채권은 안전하게 내 현금의 구매력을 지켜주는 역할을 하는 데 큰 의미를 갖고 있습니다.

문제는 물가가 너무 많이 오르는 상황이겠죠. 물가가 10퍼센트씩 뜁니다. 그럼 100만 원이었던 제품이 1년 후에는 110만 원이 되는 겁니다. 그런데 정기예금금리는 3퍼센트에 지나지 않죠. 그럼 그 누구도 정기예금에 가입하지 않을 겁니다. 앞으로 큰 폭으로 오를 것이라 생각되는 제품을 먼저 사들이기 위해 난리가 나겠죠. 제품 가격이 크게 뛰면 물가 상승 폭이 더욱 커지게 되겠죠. 네, 아무도 채권에 관심을 갖지 않습니다. 그럼 어쩔 수 없이 돈을 빌려야 하는 기업이나 국가는 금리를 높여주면서 돈을 빌려야겠죠? 네, 더 높은 금리를 부르면서 돈을 빌리게 됩니다. 금리가 올라가니 당연히 채권 가격이 하락하면서 채권에는 손실을 주게 되겠죠. 1970년대 채권시장 역시 매우 좋지 않은 흐름을 보여줬습니다. 당시 주식과 채권 가격 추이를 잠시 보고 가죠(그래프 14).

그래프 14 ◆ 1970년대 S&P500 지수와 미국 10년 국채금리

1960년대 후반부 강한 상승세를 보이던 S&P500 지수는 1970년대에 들어오면서 부진의 늪에서 벗어나지 못했습니다. 성장이 둔화되면서 물가가 오르는 것이 기업들의 실적에는 큰 부담으로 작용했던 것이죠. 국채금리는 큰 폭으로 상승하면서 채권 투자자들에게 공포감을 안겨주었습니

다. 투자자들은 주식과 채권이 동반 부진에서 벗어나지 못하자 새로운 투자의 대안을 찾기 시작합니다.

그럼 1970년대에는 어떤 자산이 좋았을까요? 네, 앞에서 이미 답은 나왔죠? 원자재 가격이 크게 뛰었습니다. 그리고 물가가 올라가면서 종이 화폐의 가치가 하락하는 만큼 금에 눈을 뜨게 되었죠. 당시 배럴당 2~3달러 수준을 유지하던 국제유가가 배럴당 40달러를 넘는 상승세를 보였고, 온스당 35달러 수준이었던 국제 금 가격이 온스당 600달러를 넘어서는 강세를 보였습니다(그래프 15).

그래프 15 ◆ 1970년대 금 가격 추이

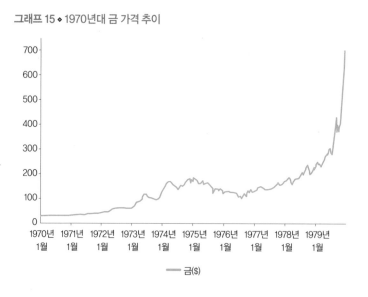

1970년대 금 가격을 보면 마치 최근의 비트코인 가격 상승세를 보는 듯한 느낌이죠. 1971년 금본위 화폐제가 철폐된 이후 금 가격은 큰 폭으로 상승하기 시작합니다. 이후 1970년대 후반 온스당 600달러를 넘어서는 강세를 보이는 등 1970년대 초반 대비 큰 폭으로 상승세를 나타냈죠.

앞서 저성장·고물가가 잠시 나타났던 시기로 2008년 중반을 언급했는데요, 당시의 상황을 잠깐 살펴보죠. 2008년 초부터 미국에서는 부동산 가격이 하락하면서 모기지 채권이 흔들리기 시작했습니다. 그리고 이런 모기지 채권에 집중적으로 투자를 많이 했던 미국의 은행들이 함께 휘청거렸죠. 이런 상황을 타개하기 위해 Fed가 나서서 양적완화까지는 아니지만 금리를 빠르게 낮추고 여러가지 루트를 통해 유동성을 공급하는 프로그램을 도입했답니다. 문제는 이렇게 공급한 유동성이 당시 상승 가능성이 높던 원자재 시장으로 흘러들어가면서 국제유가를 배럴당 140달러까지 밀어올리게 된 겁니다. 국제유가의 급격한 상승은 물가 상승 기조를 더욱 강화시켰죠. 당시에 주식시장은 고전했고, 채권시장 역시 Fed가 금리 인하를 단행했음에도 물가 상승발 금리 상승으로 인해 부진한 모습을 보였답니다. 반면 국제유가를 비롯한 원자재 가격은 큰 폭으로 상승세를 보였고 금 가격 역시 꾸준한 상승세를 이어갔죠. 저성장·고물가 시기에 볼 수 있는 자산 가격의 움직임이 나타났던 겁니다. 당시 주가, 금리, 그리고 원자재 시장의 동향을 그래프를 통해 살펴보면 느낌이 올 겁니다(그래프 16, 17).

그래프 16 ◆ 2008년의 코스피, S&P500, 미국 10년 국채금리 추이

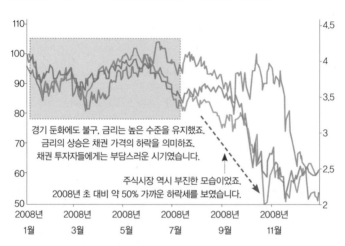

경기 둔화에도 불구, 금리는 높은 수준을 유지했죠. 금리의 상승은 채권 가격의 하락을 의미하죠. 채권 투자자들에게는 부담스러운 시기였습니다.

주식시장 역시 부진한 모습이었죠. 2008년 초 대비 약 50% 가까운 하락세를 보였습니다.

── 코스피(좌)　　── S&P500(좌)　　── 미국 10년 국채금리(우/%)

2008년 1월 코스피와 S&P500 지수를 100으로 환산한 그래프입니다. 2008년 말까지 주식시장은 거의 50퍼센트 가까이 하락하는 부진을 겪었죠. 금리 역시 2008년 말에는 큰 폭 하락하기는 했지만 2008년 3분기까지는 꾸준히 높은 수준을 유지했습니다. 금리 상승 국면에서 고전하는 채권의 특성을 감안했을 때 2008년 상반기는 채권 투자에도 좋은 시기는 아니었음을 알 수 있죠.

그래프 17 ◆ 2008년 금과 국제유가

2008년 금과 원유 가격의 움직임을 그린 그래프입니다. 금 가격은 온스당 1000달러 수준까지 상승하는 강세를 보였고, 국제유가 역시 배럴당 140달러를 넘어서면서 사상 최고가를 기록했죠. 글로벌 금융위기가 본격화되기 이전에는 금과 원유 등의 자산이 인플레이션 국면에서 상당한 강세를 보였음을 알 수 있습니다.

| 시나리오 3 - 고성장·저물가

이제 고성장·저물가로 가봅니다. 개인적으로는 앞으로 꼭 한번 만나고 싶은 시기입니다. 이럴 때는 주식시장이 정말 환상적인 상승세를 보이곤 하죠. 이런 시기가 있었나 싶은 생각이 들 수 있는데, 논란의 여지는 있지만 개인적으로는 2017년이 그런 시기가 아니었나 생각합니다.

2015~2016년이 되자 미국 경제는 금융위기 이후 전 세계에서 가장 강한 경기 회복을 맞게 됩니다. 경기 회복이 가시화되자 물가 상승 및 경기 과열 등을 염두에 두고 Fed는 기준금리 인상을 고민하게 되죠. 실제로 2015년 12월부터 미국의 금리 인상 사이클이 금융위기 이후 최초로 돌아가기 시작합니다. 미국이 금리를 인상하기 시작하자 미국 금리 인상을 감당하지 못하는 이머징 국가들은 제대로 긴장하고 있었죠. 앞에서 성장과 금리를 말했는데요, 성장이라고 다 같은 성장이 아닙니다. 성장도 미국의 성장과 이머징 국가들을 비롯한 미국 외(Non-US) 국가들의 성장으로 나누어볼 수 있겠죠. 당시 미국의 성장은 강했기에 금리의 상승을 감당할 수 있었지만 Non-US 국가들의 성장은 그렇지 못했기에 미국 금리의 인상을 감당하기 매우 어려웠답니다. 그러니 미국 금리 인상 이야기가 나오자 오히려 중국을 비롯한 이머징 국가들이 크게 흔들리는 상황이 펼쳐지게 됩니다(그래프 18).

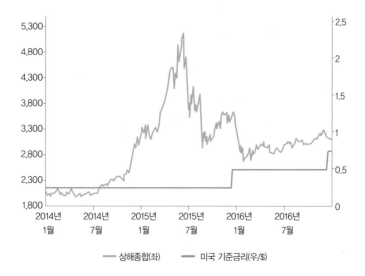

그래프 18 ◆ 2014년부터 2016년, 미국 기준금리와 중국 상해종합 지수

— 상해종합(좌)　　— 미국 기준금리(우/$)

2014년 하반기부터 미국 Fed는 기준금리 인상 카드를 만지작거리기 시작합니다. 그러나 그래프에서 보이는 것처럼 2015년 여름 중국 증시가 붕괴되고 이머징 시장 전반에 부채 위기가 드리우자 금리 인상을 늦추게 됩니다. 실제 2015년 12월에야 첫 금리 인상이 있었고, 2016년 말에 두 번째 금리 인상을 했죠. 금리 인상의 속도가 현격하게 느려진 것이라 할 수 있습니다.

글로벌 경제가 워낙에 연약한 것을 인지한 당시 Fed 의장 재닛 옐런은 금리 인상을 기존에 계획했던 것보다는 천천히 가는 것이 좋겠다고 판단하죠. Fed의 금리 인상이 기존의 계획 대비 매우매우 늦어집니다. 금리 인상이 예상보다 늦어지자 과도한 금리 인상을 예상하고 크게 위축되어 있던 이머징 국가들이 제대로 회복세를 보이기 시작했죠. 미국의 성장도 나왔지만 보다 중요한 건 이머징 국가들도 경기부양에 나서면서 성장의 고삐를 단단히 쥐었다는 겁니다. 조금 더 자세히 설명을 해보죠.

브라질의 경우를 보면 느낌이 올 겁니다. 브라질은 2015~2016년 정치적인 혼란과 국영 기업들의 부채 문제로 인해 매우 어려운 시기를 보내고 있었습니다. 여기에 미국 금리 인상이라는 악재까지 겹치면서 이른바 퍼펙트 스톰을 만난 것이죠. 브라질의 경기가 좋지 않으면 기준금리를 낮춰서 경기부양에 나서야 하겠죠. 문제는 미국이 기준금리를 인상한다는 겁니다. 미국이 금리를 인상하는데, 브라질이 금리를 낮추면 어떤 일이 벌어지게 될까요? 브라질에서 돈이 빠져서 미국으로 흘러 들어가겠죠. 가뜩이나 경기도 좋지 않은데 브라질에서 자금이 빠지는 겁니다. 그냥 빠지지 않고요, 브라질에 들어올 때 브라질의 주식, 채권을 사들였던 해외 투자자들은 나갈 때 그 주식과 채권을 팔겠죠. 그리고 그렇게 받은 브라질 헤알화를 팔고 달러를 사서 도망치게 됩니다. 그럼 브라질 주식시장이 무너지게 되고, 채권을 마구 팔아대니 채권 가격이 하락하면서 금리가 뛰어오르게 되겠죠. 경기도 좋지 않은데 금리가 오르면 더욱더 경기를 찍어 누르는 요인이 될 겁니다. 브라질 헤알화를 마구 팔고 달러를 사들이게 되면 헤알화 가치가 하락하게 되는데요, 헤알화 가치 하락은 브라질의 수입 물가 상승으로 이어지게 되죠. 달러당 2헤알이었던 환율이 달러당 4헤알이 됩니다. 헤알화 가치가 많이 하락한 거죠. 그럼 해외에서 1달러 제품이 수입되어 들어온다고 할 때, 기존에는 2헤알로 살 수 있던 제품이 이제는 4헤알이 됩니다. 네, 제품의 가격인 물가가 올라가게 되는 거죠. 경기는 좋지 않은데 자금은 빠져나가고, 주식시장은 무너지고, 금리는 뛰고, 물가도 오르는 정말 어려운 상황에 처하게 된 겁니다.

길게 설명했지만 결국에는 브라질이 경기부양을 위해 금리를 인하하려는데 미국이 금리를 인상하면서 나타나는 문제인 거죠. 그런데 미국이 금리 인상을 최대한 늦추겠다고 말합니다. 그럼 미국 금리 인상이 무서워서 경기가 둔화되고 있음에도 단행하지 못했던 브라질의 금리 인하가 시작될 수 있는 것 아닌가요? 맞습니다. 브라질이 드디어 과감한 금리 인하에 나서게 됩니다. 그러자 브라질 경기가 살아나기 시작하죠. 보통 브라질 금리가 인하되면 브라질 헤알화 가치가 하락할 것이라는 생각이 듭니다. 금리는 돈의 값이고, 브라질 금리는 브라질 돈의 값이니 브라질 금리가 낮아지면 브라질 헤알화를 보유했을 때 받을 수 있는 이자가 낮아지고, 이로 인해 헤알화 보유의 매력이 낮아지니 헤알화 가치가 더 떨어질 것이라는 생각이죠.

그런데 환율을 볼 때 금리만 볼 게 아니라 성장도 함께 봐야 합니다. 예를 들어 브라질 금리가 다른 국가들의 금리보다 높으면 다른 나라에서 브라질로 자금이 들어오게 되죠. 들어올 때는 다른 나라의 통화를 팔고 브라질 통화를 사들이게 됩니다. 그럼 다른 나라 통화가치는 하락하고 브라질 헤알화 가치는 상승하게 되겠죠. 만약 브라질이 다른 어떤 국가보다 강한 성장세를 보이게 되면 브라질에 투자해서 그 성장의 과실을 먹으려는 투자자들이 늘어나게 됩니다. 그럼 브라질의 자산을 사들이는 과정에서 당연히 헤알화를 살 수밖에 없을 것이고, 이는 헤알화 가치 상승으로 이어지게 됩니다.

네, 2016~2017년 브라질이 미국 금리 인상이 지연된 덕에 어렵게 금리를 인하합니다. 그리고 이는 어렵던 브라질 성장에는 진짜 가뭄에 단비가 되어줍니다. 브라질의 성장세는 회복세를 보였고, 금리는 낮아졌지만 성장이 강해질 것이라는 기대감에 해외 자금이 브라질로 유입되면서 헤알화는 초강세를 나타내게 됩니다. 헤알화가 강세를 보이니 수입 물가도 낮아지면서 물가도 안정을 찾았겠죠.

이렇듯 미국이 금리 인상을 늦추면서 이머징 국가들을 비롯한 Non-US 국가들이 금리 인하 등 경기부양에 강하게 나서게 됩니다. 미국의 성장뿐 아니라 Non-US의 성장이 함께 나오게 된 거죠. 물론 과거에 비해서 고성장이라고 하기는 어렵지만 최근의 기준으로 보면 상당한 성장세였죠. 그래프로 보죠(그래프 19).

금융위기 이후 지루하게 이어지던 저물가 기조는 이어졌는데

그래프 19 ◆ 2016년부터 2018년 초, 브라질 10년 국채금리와 달러·헤알 환율

─── 브라질 10년 국채금리(좌/%)   ─── 달러·헤알 환율(우)

2016년부터 2018년 초까지의 브라질 금리와 환율 흐름입니다. 2016년 초 Fed의 금리 인상 속도가 늦춰지자 브라질 중앙은행은 본격적인 금리 인하에 나서게 되죠. 기준금리가 인하되자 그래프에서 보이는 것처럼 10년 국채금리 역시 빠른 속도로 내려옵니다. 독특한 것은 브라질의 경기가 살아날 것이라는 기대감에 외국인 투자자금이 유입되니 헤알화 역시 동반 강세를 보이게 되죠. 달러·헤알 환율이 달러당 4헤알에서 3헤알까지 빠르게 하락(달러 대비 헤알 강세)하는 것을 볼 수 있습니다.

요, 당시 Non-US의 활약이 겹치면서 나타난 고성장과 계속해서 이어져오던 저물가가 겹치면서 고성장·저물가라는 참 보기 드문 국면이 만들어졌답니다. 그럼 2017년에는 각 자산군별로 어떤 흐름이 나타났을까요?

우선 주식시장은 당연히 좋았겠죠? 주가는 고공행진을 이어갔고, 코스피 지수는 수년간 주가가 오르지 못한다고 해서 붙여졌던 이른바 '박스피'라는 오명을 벗어던지고 사상 최고치 경신 행진을 이어가면서 2017년 말 2600포인트 고지에 등정했습니다(그래프 20).

주식시장도 미국뿐 아니라 이머징 국가의 주식시장이 함께 초

그래프 20 ◆ 2010년부터 2017년 말, 코스피 지수

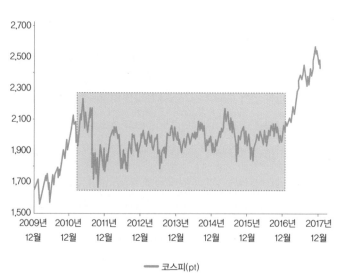

코스피(pt)

개인적으로 정말 싫어하는 단어 중 하나가 박스피입니다. 위의 그래프에서 보는 것처럼 코스피 지수는 금융위기 이후 수년 동안 1800~2100 박

스권에서 지루한 횡보를 이어갔습니다. 그러나 2017년 이후 나타난 글로벌 성장과 Fed의 대칭적물가목표 도입, 반도체를 비롯한 IT빅사이클 도래의 기대감 속에서 박스를 뚫고 큰 폭으로 상승세를 보이게 되죠.

강세를 나타내는 이른바 주식의 시대였죠. 채권의 경우는 조금 애매하긴 한데요, 이렇게 생각하면 좋을 듯합니다. 우선 성장으로 인해 금리가 오르는 면이 있습니다. 이는 채권시장에는 분명히 악재라고 할 수 있죠. 그러나 물가가 저물가 상황을 유지하고 있었던 관계로 고물가 시대처럼 채권시장이 무너져 내리는 상황은 나타나지 않았습니다. 깊게 들어가면 너무 복잡하고요, 저물가 시대인 만큼 고물가 시대에 고전했던 채권이 미소를 지을 수 있었다, 이렇게 생각하면 될 듯합니다. 그러니까 채권 역시 나쁘지 않은 수준이었죠.

그럼 원자재나 금은 어땠을까요? 물가는 안정되어 있습니다. 그리고 미국이 금리 인상을 늦추는 만큼 시중 유동성은 풍부했죠. 이런 유동성은 원자재나 금보다는 주식시장을 향했을 겁니다. 물가 상승의 수혜를 받는 원자재나 금은 당시 그다지 인상적인 성과를 보이지 못했죠. 물론 원자재별로 차이가 있었지만 전반적으로 주식에 비해서 좋은 움직임을 보이지 못했습니다. 그럼 이렇게 정리할 수 있을 겁니다. 고성장·저물가에는 주식이 왕이고, 채권은 나쁘지 않은 수준이며, 원자재나 금은 비추천이다.

| 시나리오 4 ─ 저성장·저물가

이제 마지막 저성장·저물가 시기입니다. 저성장·저물가라는 단어는 조금 친숙하지 않나요? 앞에서도 수차례 나왔을 겁니다. 글로벌 금융위기 이후의 거대한 부채 문제로 인해 수년째 성장이 정체되어 있고, 물가 역시 상승할 기미를 보이지 않는 지금의 상황을 말하죠. 저성장·저물가 시기에는 자산군별로 어떤 모습을 보이게 될까요?

일단 성장이 정체된 만큼 주식시장은 힘겨운 모습을 보일 겁니다. 그리고 물가가 오르지 않고 경기부양을 위해 돈이 많이 풀리는 만큼 돈의 값인 금리는 하락 일변도를 유지하겠죠. 금리가 오를 때 울상이었던 채권시장은 어떨까요? 금리가 낮아지면 당연히 채권시장은 방긋 웃게 될 겁니다. 물가가 낮은 수준을 유지하면 물가 상승의 수혜를 받는 자산인 원자재나 금은 부진한 모습을 보일 거고요. 네, 간단히 정리해보면 저성장·저물가 시대 자산시장의 움직임은 주식은 부진하고, 채권은 강하며, 원자재나 금은 힘겨워하는 모습이라고 할 수 있습니다.

그런데 뭔가 좀 이상하지 않나요? 지금이 저성장·저물가의 시대인데, 주식시장은 상당히 강한 면모를 보여주고 있습니다. 그리고 고점 대비로는 하락했지만 금 가격 역시 나쁘지 않은 성과를 보이고 있죠. 무언가 잘못된 것 같다는 생각이 들 수 있을 겁니다. 답은 간단합니다. 저성장·저물가의 시기가 장기화되면서, 그리고 2020년 코로나19 사태라는 거대한 충격이 찾아오게 되자 변화가 생긴 것이죠. 그리고 그 변화는 전 세계 중앙은행이 주도하게 됩니다. 네, 과거에는 볼 수 없었던 강력한 돈 풀기 프로그램을 가동한 겁니다. 중앙은행이 들어와서 저성장·저물가에서 벗어나도록 모든 노력을 기울이게 되죠. 그 노력을 네 글자로 '고압경제'라고 한다고 앞서 설명했습니다. 저성장·저물가 시기만을 볼 것이 아니라 중앙은행의 등장이 어떤 변화를 만들었는지를 함께 봐야 하는 것입니다.

중앙은행이 돈을 뿌립니다. 돈의 공급이 늘어나면 가뜩이나 낮은 금리가 더 낮아지겠죠. 그래서 전 세계가 마이너스 금리를 비롯, 사상 최저 금리를 기록하게 되죠. 이렇게 풀려나온 돈은 어디론가로 향하게 됩니다. 돈은 어딘가 성장이 나오는 곳에 가서 고이게 되죠.

네, 아무리 저성장 시기라고 해도 성장이 나오는 기업들이 있을 겁니다. 마치 코로나19 사태 한복판에서 언택트 관련 기업들이 각광을 받은 것처럼요. 성장이 나타나지 않는 국면에서 강한 성장을 나타낸다면, 마치 천연기념물처럼 그 성장은 희소가치를 인정

받게 되겠죠. 시중에 풀린 돈이 사막에서 오아시스를 만난 것처럼 이런 성장주를 향하게 됩니다. 성장주로 돈이 몰리면서 성장주 초강세가 나타나게 되고요. 미국의 성장주와 가치주 등 다양한 종목들을 모아놓은 S&P500 지수와 성장주를 주로 담고 있는 나스닥 지수의 상승 폭만 보아도 성장주 쪽으로 돈이 많이 몰렸음을 알 수 있을 겁니다. 중앙은행이 등장해서 유례없는 유동성을 공급했기에 성장주를 중심으로 해서 주식시장이 초강세를 보이게 된 겁니다(그래프 21).

그럼 중앙은행의 유동성 공급이 금에는 어떤 영향을 미칠까요?

그래프 21 ◆ 2010부터 2017년, S&P500과 나스닥 지수

나스닥 지수는 IT, 바이오 등의 성장 관련 첨단산업 기업들의 비중이 매우 높죠. 반면 S&P500 지수는 첨단산업 관련 기업 외 전통 산업군에 속하는 기업들도 포함하고 있습니다. 2010년 이후의 성장주는 IT와 바이오 등이었고, 이런 기업들의 비중이 높은 나스닥 지수가 S&P500 지수보다 확연한 강세를 보이고 있음을 알 수 있죠. 2009년 12월을 100으로 환산한 그래프를 통해 봤을 때 S&P500 지수는 약 230 정도까지, 나스닥은 300 정도까지 상승했음을 볼 수 있습니다.

금은 중앙은행 정책의 리트머스 시험지입니다. 가장 민감하게 반응하곤 하죠. 중앙은행이 종이 화폐의 공급을 크게 늘리려 한다는 이야기가 나오면 당연히 종이 화폐의 반대편에 서 있는 실물 화폐인 금은 미소를 짓게 되지 않을까요? 코로나19 사태의 정점에서 양적완화를 통해 자금의 공급을 크게 확대하던 2020년 중반, 금 가격은 사상 최고치를 경신했습니다. 이후 Fed의 유동성 공급 스탠스가 다소 약해지자 강세 기조가 누그러들었지만 저성장·저물가 시기에도 중앙은행의 이례적인 유동성 공급이 확대될 경우 금 가격 역시 강세를 보인다는 것을 알 수 있죠. 다음 페이지의 그래프를 보겠습니다(그래프 22).

그래프 22 ◆ 2014년 이후 금 가격

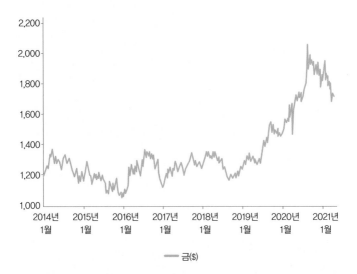

─── 금($)

2014년부터 Fed가 금리 인상의 기치를 들어올리자 금 가격이 고전하기 시작했죠. 금 가격은 2015년 12월 온스당 1050달러 수준으로 바닥을 기록한 이후에도 2019년 초반까지 지루한 흐름을 이어갔습니다. 그러나 2019년 하반기 Fed가 금리 인상을 멈추고 금리 인하에 돌입하자 강한 상승세를 보이게 되죠.

지금은 저성장·저물가 국면입니다. 그런데 여기서 벗어나기 위해 노력하는 만큼 중앙은행 찬스를 반영할 필요가 있죠. 이 경우 저성장·저물가 시기 주식은 성장주 중심으로 초강세, 채권은 강세, 그리고 금 역시 양호한 자산이 됩니다.

이제 이런 내용들을 도식화한 사분면을 다시 그려보죠.

	고성장	저성장
고물가	2005~2007년 중국 고성장 주식 GOOD 채권 BAD 원자재·금 GOOD	1970년대 석유파동 주식 BAD 채권 BAD 원자재·금 GOOD
저물가	2017년 글로벌 경기 회복 주식 GOOD 채권 GOOD 원자재·금 BAD	2020년~? 현재 주식 BAD 성장주 GOOD 채권 GOOD 원자재·금 BAD 금 GOOD $ Fed의 유동성 공급

그림을 보면 각 국면별로 어떤 자산이 양호한 성과를 보이는지, 혹은 부진한지 정리가 될 겁니다. 그럼 여기서 이런 질문이 나오겠죠. '그럼 지금 저성장·저물가 국면이니까 성장주 투자하라는 이야기인가요?' 아뇨, 투자는 미래를 보고 하는 거죠. 부동산 투자를 할 때도 지금 지하철이 없어도 2년 후 지하철이 들어올 것이라는 정보를 듣고 미래의 그림을 그리면서 투자를 합니다. 미래를

보면서 투자한다는 관점을 염두에 두고 그림을 다시 보죠. 지금은 저성장·저물가 국면에 있지만 미래에도 계속 저성장·저물가 국면에 위치해 있을까요? 저성장·저물가 국면에서 벗어나 다른 국면으로 이동한다면 어느 국면으로 이동하게 될까요? 아마 저마다 다른 의견을 내놓을 겁니다.

| 지금은 저성장·저물가 시대, 다음 스텝은?

우선 저성장·저물가 국면에 계속해서 머물 것이라고 생각하는 사람들이 있겠죠. 고압경제정책이든 뭐든 간에 지금의 부채 수준을 생각할 때, 그리고 성장이 정체되어 있음을 생각할 때 지금의 불경기가 계속 이어질 수밖에 없을 것 같다는 겁니다. 이런 생각이라면 저성장·저물가 시기에 유리한 자산을 집중적으로 담아두는 것이 좋을 겁니다. 다만 혹여나 다른 국면으로 이동할 수 있다는 점을 감안해서 고성장·고물가, 고성장·저물가 등 다른 국면에서 유리한 자산을 약간이라도 포트폴리오에 담아둘 필요는 있겠죠.

다음으로 저성장·고물가로 이동할 것 같다고 하는 경우도 있을 겁니다. 이게 제일 무서운 시나리오입니다. 고압경제를 통해서 저물가의 늪에서는 빠져나가지만 나쁜 물가 상승을 만나는 것이죠. 나쁜 물가 상승으로 인해 가계의 소비가 억눌리게 되고, 기업들의 마진도 위축이 되면서 성장은 정체가 됩니다. 저성장·고물가라는 정말 생각하고 싶지 않은 1970년대식 악몽이 반복되는 겁니다. 네, 최근에 일부 전문가들을 통해서 과도한 돈 풀기가 결국에는 화폐가치의 급락으로 이어지면서 걷잡을 수 없는 물가의 폭등으로 이어지는 것 아니냐는 이야기가 종종 나오곤 하죠. 저물가 기조를 탈피해서 만날 수 있는 최악의 경우가 저성장·고물가라고 생각하면 될 듯합니다.

이쪽으로 변해갈 것 같다는 생각이 든다면 현재의 저성장·저물가 시대에 유리한 자산을 집중적으로 투자 포트폴리오에 담되 미래를 생각해서 저성장·고물가 시대에 유리한 원자재나 금 등의 자산을 점점 더 늘려가는 투자 전략을 생각해보는 것이 좋겠죠. 국면의 변화를 반영해서 가장 확률이 높은 국면에서 성과를 낼 수 있는 자산들을 미리 투자 포트폴리오에 담아 이른바 길목 지키기를 할 필요가 있습니다.

고압경제 프로젝트가 성공합니다. 그동안 보기 어려웠던 성장이 나오는 거죠. 이 경우 고성장·고물가 혹은 고성장·저물가 국면으로 변화가 나타날 겁니다. 고성장 국면에서는 주식의 경우 성장주 외에 다른 주식들도 고민해볼 필요가 있습니다. 앞서 성장주가 저성장 국면에서 각광을 받는 이유를 말할 때 그 이야기를 했죠. 전반적인 저성장으로 인해 성장주가 갖고 있는 성장이 제대로 희소가치를 인정받고, 그래서 돈이 몰리는 것이라고요. 그런데 경제 전반에 성장의 훈풍이 돕니다. 성장주뿐 아니라 그동안 성장과는 관련이 없던 기업들도 강한 회복세를 보이게 되죠. 그럼 성장주만의 희소가치가 사라지게 될 겁니다. 성장주 자체가 나빠지는 것이 아니라 다른 대안들이 생겨나기에 성장주의 희소가치가 사라지면서 성장주 이외의 다른 주식들이 보다 강한 모습을 보이게 되죠. 주식 내에서도 포트폴리오의 변화가 필요할 겁니다. 앞서 그림에 나와 있는 것처럼 고성장 시기에 유리한 자산들을 적극적으로 포트폴리오에 반영하고 변화의 시기에 맞춰 계속해서 포트폴리오 내에서 성장 시기에 유리한 자산의 비중을 올려나가는 쪽으로 계획을 세워보면 좋을 듯합니다.

지금까지 성장과 물가라는 거시경제의 중요한 두 가지 팩터를 가지고 사분면을 만들고 실제 투자 계획으로 연결해보았습니다. 지금 저성장·저물가 상황에 처해 있다는 인식 이상으로 중요한 것은 '앞으로 어떤 국면으로 이동할 것인가'입니다. 이걸 예상한다는 것 자체도 매우 어렵기에 기본적으로 각 국면으로의 이동을 대비할 수 있는 자산들을 조금씩 깔아두고 나름 가능성이 높다고 판단되는 국면의 자산 비중을 더 높여주는 것이 필요하겠죠. 반대로 가능성이 확실히 낮다고 생각되는 국면에 해당되는 자산 비중은 상대적으로 더 낮추는 것이 필요할 겁니다. 포트폴리오는요, 미래가 어떻게 될지 모르기에 생각하지도 못한 변화가 다가왔을 때 이에 대비하기 위해 여러 자산을 분산해서 담아두는 겁니다. 그렇지만 아무 자산이나 마구 담기보다는 이제껏 설명한 것처럼 거시경제의 중요한 팩터를 반영한 시나리오들을 정리하고, 나름 가능성 높은 시나리오를 생각하면서 비중을 조절하는 계획을 세워보는 것이 효과적일 겁니다.

성장과 물가를 두고 네 가지 부의 시나리오를 정리해봤습니다. 그런 생각을 많이 합니다. 인간의 언어로 모든 세상을 표현할 수는 없다는 생각이요. '하얗다'라는 단어는 그 많은 하얀 색을 다 설명할 수 없죠. 그냥 이른바 '퉁 치는' 정도에 지나지 않습니다. 그렇기에 명도라는 것이 있는 것 아닐까요? 100만큼 하얗다, 80만큼 하얗다, 이런 정량적인 수치가 나오는 거죠. 갑자기 생뚱맞은 말을 꺼내는 이유는요, 같은 저성장·저물가 시기라고 해도 다 같은 저성장·저물가 시기가 아닐 겁니다. 그리고 지금이 저성장·저물가 시기가 아니라 저성장·고물가 시기와 살짝 겹쳐져 있는 시기일 수도 있죠. 현재의 상황을 무 자르듯 몇 개의 단어로 구분하는 것은 분명 어폐가 있을 겁니다. 그렇지만 다소 무리가 따르더라도 투자 포트폴리오에 거시경제 팩터를 적용하는 방법을 알기 쉽게 전달하기에는 이런 도식화된 설명이 필요하다고 생각했습니다.

추가로 각 국면별 우수한 성과를 냈던 자산들을 저는 주식, 채권, 금이라는 소수의 자산에 한정해서 설명했지만, 여기에서 설명하지 못한 다른 여러 자산들도 함께 보면서 앞의 그림을 보다 풍성하게 만들어보기를 조언합니다.

예를 들어볼까요? 저는 고성장·고물가 국면의 예로 2000년대 중반을 들었죠. 당시에는 미국 주식이 좋았을까요, 중국 주식이 좋았을까요? 당시 미국 주식은 상대적으로 매우 부진했죠. 그리고 IT 관련 기업들이 많이 포진해 있는 나스닥 지수가 특히 저조한 성과를 보였습니다. 미국 주식은 전반적으로 상승 강도는 약했지만 미국의 금융주는 강한 모습을 보였죠. 그렇지만 중국이나 신흥국의 주식시장 강도에 비할 바는 아니었습니다. 당시 코스피 지수는 2003년 500포인트를 간신히 넘는 수준에서 큰 폭 반등해서 2007년 10월 2060포인트를 상회할 정도로 강한 상승세를 보였답니다. 재미있는 것은 국내 시장에서도 IT 관련 업종이나 자동차 관련주는 상대적으로 부진한 반면 철강, 조선, 건설 등의 중후장대 산업과 금융주가 유독 강한 모습을 나타냈다는 겁니다.

그럼 앞에서는 단순히 고성장·고물가 시대에 주식시장이 좋다고 말했지만 주식이라고 해서 모든 주식 섹터가 다 좋은 것은 아닐 겁니다. 중후장대 관련주, 가치주, 혹은 금융주 등 주식 내에서도 보다 좋은 성과를 낼 수 있는 주식을 선별할 수 있겠죠. 저는 건설주, 조선주 등의 섹터나 성장주, 가치주 등의 스타일 정도로만 말했지만 개별 종목까지도 생각해볼 수 있겠죠.

채권도 다 같은 채권이 아닐 겁니다. 단기채, 중기채, 장기채, 투자등급 회사채, 투기등급 회사채, 선진국 국채, 이머징 국채, 전환사채 등 정말 다양한 투자 대상이 있죠. 채권이 안 좋다고 해서 다

같이 부진한 것이 아니라 주식시장과 밀접한 연관성을 보이는 투기등급 회사채나 전환사채, 그리고 이머징 국가의 통화가치 상승을 반영한 이머징 국채 등은 2000년대 중반의 고성장·고물가 시기에 미국 국채보다는 양호한 성과를 기록했던 바 있습니다. 지금 언급한 주식, 채권 자산군별로 보다 세부적인 투자 대상들을 성장과 물가로 만들어낸 사분면에 배치해보면서 포트폴리오 전략을 수립해보는 것은 어떨까요?

과거와 달리 지금은 정말 다양한 펀드 상품이나 ETF 상품들, 그리고 국내외 주식 종목에 투자할 수 있는 방법이 열려 있죠. 아마 과거에는 이런 글을 쓸 엄두를 내지 못했을 겁니다. 그렇지만 이제 스스로 공부를 해서 투자를 해야겠다는 대중적인 움직임이 있는 만큼, 그리고 다양한 자산에 보다 편하게 투자할 수 있는 상품들이 나와 있는 만큼, 성장과 물가 같은 경제 데이터를 투자에 연결시키는 방법으로 네 가지 시나리오를 활용한 투자 포트폴리오 구성에 대해 이야기해볼 수 있었습니다. 조금은 생소하더라도 중장기적인 관점에서 자산 배분 투자를 할 때 자그나마 도움이 될 수 있도록 길게 적어보았습니다. 이 정도로 이 책에 대한 변(辯)을 하면서 이만 줄이겠습니다. 이제 거의 끝이 보입니다. 마지막 챕터에서는 저의 부족한 식견을 담아 앞서 말한 네 가지 시나리오 중 어떤 시나리오의 가능성이 높을지에 대한 개인적인 견해를 적어보겠습니다.

17

오건영의
포스트 코로나19 시나리오

마지막입니다. 앞에서 네 가지 시나리오를 설명했는데요, 이론만 제시하면 너무 밋밋할 것 같아 부족하나마 제 의견을 제시해볼까 합니다. 우선 저는 천성이 낙관론자인지라 성장이 나올 것이라는 낙관론에 기반해서, 저성장·저물가라는 지금의 상황에서 벗어날 수 있을 것이며 물가가 오르더라도 저성장·고물가와 같은 최악의 상황에는 처하지 않는다는 전망을 제시해봅니다. 미래의 그림을 그리는 만큼 논리의 비약이 존재할 수 있겠지만 과거의 사례를 들면서 차분히 풀어보겠습니다.

| 수요 부족은 세계적인 문제

앞에서 돈을 많이 풀어도 물가가 오르지 않는 이유에 대해서 설명했죠? 여섯 가지 원인을 제시했는데, 그중 두 가지만 다시 강조해보겠습니다. 첫 번째는 부채의 충격이 워낙에 크다는 점이죠. 부채가 많으니까 웬만한 경기부양에도 기업들은 투자를 늘리지 않고 가계는 소비를 늘리지 않습니다. 결국 투자와 소비가 개선되지 않기 때문에 만성적인 수요의 부족으로 이어지는 것이 물가가 상승하지 않는 이유라고 했습니다. 두 번째로는 전 세계적인 환율전쟁을 뽑아봅니다. 저성장 기조하에 모든 국가는 빚을 내서 소비를 하는 것보다는 자국의 통화가치를 낮추어 수출해서 돈을 버는 것을 선호하죠. 모두가 물건을 팔고 싶어 하고 빚을 내서 사려고 하지 않기 때문에 공급은 많지만 수요가 부족한 상황이 이어집니다. 네, 부채 충격으로 인한 수요 부족처럼 환율전쟁에서도 수요 부족이 확인되네요. 수요가 부족하기에 제품의 가격이 상승하는 인플레이션 혹은 성장을 기대하기는 여전히 어려워 보입니다.

두 번째 원인인 환율전쟁까지 해결할 수 있는 것은 아니지만 부채의 충격에도 불구하고 디플레이션의 늪에서 헤어나오기 위해 시도하고 있는 것이 바로 '고압경제'입니다. Fed는 어느 정도 초과 수요를 만들기 위해 일정 수준의 경기 과열, 혹은 물가의 상승이 나타나더라도 현재의 완화적인 통화정책을 유지하겠다고 선언했죠. Fed의 유동성 공급이 이어지게 되면서 미국 경제가 회복된 다면 미국의 소비는 살아날 수 있을 겁니다. 그렇지만 문제는 여전히 남습니다. 미국만의 소비로는 지속 가능한 전 세계적인 경제 성장을 만들어내기 쉽지 않을 것이라는 점이죠. 코로나19 사태를 겪으면서 미국은 제2차 세계대전 이후 가장 많은 수준의 부채 부담을 안고 있습니다. 그 심각성을 다룬 기사 몇 개의 제목만 봐도 느낌이 올 겁니다.

코로나19 사태로 글로벌 부채 역대 최대⋯30경 원 돌파

《한국경제》, 2020.11.20

가계기업 은행빚·정부부채 트리플 1천조 원 시대

《연합뉴스》, 2021.1.15

"美도 국가부채 위기, 내년에 GDP 넘어설 듯⋯'2차대전 이후 처음'"

《동아일보》, 2020.9.3

코로나19 백신이 보급돼 정상 경제로 돌아오더라도, 그리고 고압경제정책을 통해 경기가 뜨거워지더라도 지금의 이 많은 부채 부담을 쉽게 떨쳐낼 수는 없겠죠. 일시적인 강한 경기 반등을 기대할 수는 있지만 다시 돌아올 부채 부담으로 인해 지속 가능한 회복을 이어갈 것이라는 판단을 쉽사리 내릴 수 없을 겁니다. 잠시 디플레이션의 절벽 위로 올라올 수는 있지만 워낙 미끄러워서 다시 밀려 내려갈 수 있다는 이야기죠.

┃ 미국이 경기부양책을 유지한다면

미국 홀로 경기부양을 통해 미국의 수요를 끌어올립니다. 문제는 미국만 수요를 끌어올리고 있다는 점이죠. 중국은 코로나19 사태에서 가장 빠르게 벗어났고, 어느 정도 경제가 정상화된 상황입니다. 그러자 바로 코로나19 국면에서 이어왔던 경기부양책을 조금씩 줄이기 시작하고 있죠. 네, 중국은 고압경제를 원하지 않는 겁니다. 지금 중국 역시 부채가 과도하다는 인식, 그리고 여기서 추가로 부채를 늘려서 경기 과열을 만들어내었을 때 닥칠 수 있는 부채의 위기를 부담스러워하는 거죠. 그럼 미국은 나홀로 수요 성장이 나타나는 것이고, 중국을 비롯한 Non-US 국가들은 부채를 더 늘리면서 글로벌 수요 성장을 만들어내는 데에는 소극적인 행보를 보이는 겁니다.

어느 시장이나 물건을 파는 사람이 있고, 물건을 사는 사람이 있을 겁니다. 코로나19 회복 국면에서 저성장·저물가에서 벗어나기 위해 눈여겨봐야 할 것은 글로벌 시장에서 물건을 사들이는 수요가 어떻게 늘어나는지입니다. 그런데 미국의 고압경제를 제외하면 아직 그 역할을 누가 할지 뚜렷하게 나타나지 않습니다. 잠시 비행기를 생각해보죠. 양쪽 날개에 엔진이 있습니다. 하나는 미국이라는 엔진이고, 다른 하나는 Non-US라는 엔진이죠. 미국이라는 엔진 하나만으로 날게 되면 그 엔진이 위치한 쪽으로 세계 경제라는 비행기가 크게 기울어져서 날게 되겠죠. 그리고 그 힘이 강하지 않을 겁니다. 거기에다 혹여나 미국의 경기에 충격을 줄 수 있는 작은 이벤트에도 그 엔진이 꺼질 수 있다는 두려움이 상존하기에 수시로 휘청거릴 수 있겠죠. 반면 미국이라는 엔진과 함께 Non-US라는 엔진이 함께 가동된다면 어떨까요? 네, 세계 경제라는 비행기가 균형이 잡힌 상태에서 보다 탄탄한 비행을 이어갈 수 있을 겁니다. 미국만의 수요 성장이 아니라 Non-US의 수요 성장 역시 중요한 겁니다.

1980년대의 예를 들어보죠. 당시 미국은 달러 강세로 인한 수출 감소와 불경기로 인한 내수 소비시장 침체로 어려운 상황에 직면해 있었죠. 미국의 소비가 회복되지 않으니 당연히 전 세계 경기 회복 역시 늦춰질 수밖에 없었습니다. 당시 미국의 소비가 부족한 틈을 메워준 국가가 바로 일본이었죠. 1985년 9월 플라자 합의라는 것이 있었는데요, 당시 엔화가 큰 폭으로 절상이 되었죠. 엔화 절상이라는 악조건에 처하자 일본은 수출 성장에서 제동이 걸릴 것을 직감한 후 금리 인하 등을 통해 내수 성장을 도모합니다. 네, 미국의 수요 회복이 부진한 가운데 일본이 강력한 수요로 등장해준 겁니다. 물론 일본 경제가 거대한 버블로 치닫게 되었지만 미국만의 소비 성장이 아니라 일본의 소비가 크게 확대되면서 글로벌 경제 회복에는 큰 역할을 했죠. 참고로 1990년대 초 일본은 버블 붕괴로 인해 장기 침체에 빠졌지만 일본의 버블 덕에 잠시 쉬어갈 수 있었던 미국 경제는 본격적인 확장기에 들어가게 됩니다. 1990년대는 그야말로 미국의 시대였습니다. 1998년 다우존스 지수는 사상 최초로 1만 포인트를 등정하며 팍스 아메리카나 시대를 열게 되죠. 전 세계의 자금이 미국으로 몰려들었고, 미국의 성장 및 소비는 강한 기조를 이어갔습니다(그래프 23, 24).

그래프 23 ◆ 1980년대 달러 인덱스와 미·일 주가 지수

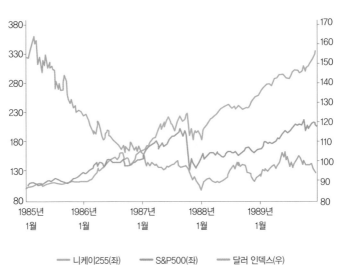

─ 니케이255(좌)　　─ S&P500(좌)　　─ 달러 인덱스(우)

파란 선이 달러 인덱스입니다. 달러 인덱스가 1985년 초부터 큰 폭으로 하락하고 있죠. 달러 약세를 말합니다. 달러는 1980년대 후반부 내내 약세였죠. 주가를 볼 필요가 있는데요, 미국 S&P500과 일본 니케이225 지수를 1985년 1월부터 비교한 그래프도 같이 있습니다. 1985년 1월을 100으로 환산한 수치인데, 1980년대 말을 보면 S&P500 지수는 200 정도까지, 니케이225 지수는 330 수준까지 상승했음을 알 수 있습니다. 1980년대 당시 달러 약세와 함께 미국 주식시장보다 일본 주식시장이 더 뜨거웠음을 의미하죠.

그래프 24 ◆ 1990년대 달러 인덱스와 한·미 주가 지수

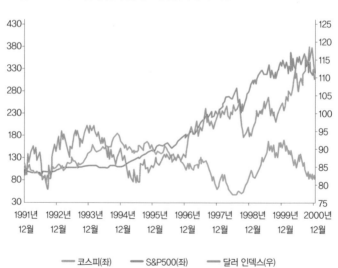

1990년대 중반을 거치면서 파란색 달러 인덱스는 강한 상승 추세를 보임을 알 수 있죠. 1990년대 초반 85 수준에 머물던 달러 인덱스가 2000년 말에는 110 선까지 올라와 있습니다. 달러 강세를 의미하죠. 코스피 지수와 S&P500 지수의 비교 그래프도 함께 있는데, 1991년 12월을 100으로 환산해서 비교한 그래프입니다. 초록 선의 코스피는 2000년 말까지 지지부진한 수준을 보이는 반면, 미국 S&P500 지수는 330 정도까지 튀어오르는 강세를 보였죠. 1990년대는 달러 강세와 함께 찾아온 이른바 미국의 시대였습니다.

그렇지만 이런 미국의 성장세는 2000년대 초반 IT 버블의 붕괴와 2001년 9·11테러를 만나면서, 그리고 글로벌 금융위기의 파고 앞에서 좌초하게 되죠. 그럼 미국의 수요가 위축되어 있던 당시 1980년대 일본과 같은 역할을 해줄 수 있는 누군가가 필요했을 겁니다. 네, 당시에는 Non-US 국가들의 성장이 두드러졌죠. 중국의 고성장 이외에도 브라질, 러시아, 인도와 같은 브릭스 국가들이 핵심이 되어 성장의 중심에 서게 됩니다. 전 세계 돈이 이머징 시장으로 몰렸습니다.

달러를 팔고 이머징 국가의 통화를 사들이고, 이렇게 받은 이머징 국가 통화로 이머징의 주식 채권을 사들였죠. 이른바 이머징의 시대가 열렸던 겁니다.

글로벌 금융위기 직후에도 마찬가지였는데요, 미국이 금융위기의 직격탄을 맞으면서 미국이라는 거대한 글로벌 소비 수요가 위축됩니다. 수요가 줄어드는 만큼 제품 가격이 하락하게 되고, 이는 디플레이션 압력을 높이게 되죠. 디플레이션 압력은 기업 투자 및 가계 소비의 침체를 촉발하게 됩니다. 부채가 많은 상태에서 찾아온 디플레이션 압력, 이게 글로벌 금융위기의 핵심이었습니다.

당시에 중국은 4조 위안의 경기부양책을 비롯하여 강한 통화완화 정책을 써서 부채를 크게 늘리며 강력한 수요 확대에 나섰죠. 중국의 수요 확대로 인해 미국의 수요 공백이 일정 수준 메워지게 됩니다. 중국의 회복이 글로벌 경제에 큰 역할을 한 만큼 2010년대 초반까지는 중국을 비롯한 이머징 국가들의 상대적인 강세가 이어졌죠.

미국 경제가 2013~2014년 들어 본격적인 회복 사이클에 접어들게 되자 미국이 중심이 된 성장이 다시금 나타나게 됩니다. 그리고 우리는 미국 경제가 강하다는 점을, 그리고 미국 금융시장에 투자하는 것이 가장 성과가 좋다는 점을 잘 알고 있죠. 그게 지금의 상황입니다. 다음 페이지 두 그래프를 보죠(그래프 25, 26).

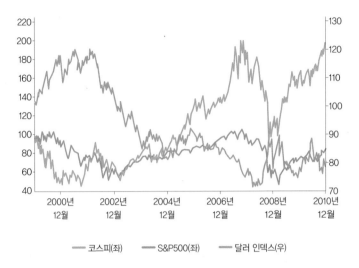

그래프 25 ◇ 2000년대 달러 인덱스와 한·미 주가 지수

코스피(좌)　　S&P500(좌)　　달러 인덱스(우)

2000년대 들어 달러 인덱스는 꾸준한 하락세를 보이고 있죠. 2001년 말 120포인트까지 올랐던 달러 지수는 2010년 말에는 80포인트를 기록하고 있습니다. 주가 지수 비교도 함께 봐야 합니다. 2000년 1월을 기준으로 코스피 지수와 S&P500 지수를 100으로 환산한 그래프입니다. 미국 S&P500 지수는 2010년 말까지 부진한 모습이었던 반면 코스피 지수는 거의 200까지 상승하는 기염을 토했죠. 달러 약세와 함께 찾아온 이른바 이머징의 시대였습니다.

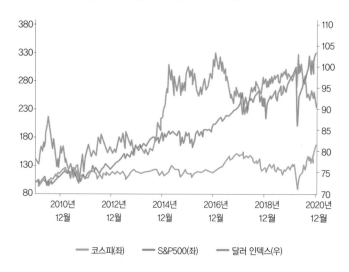

그래프 26 ◆ 2010년대 달러 인덱스와 한·미 주가 지수

코스피(좌)　　　S&P500(좌)　　　달러 인덱스(우)

2010년대를 보면 달러 인덱스는 2010년 초 80포인트 수준(오른쪽 축을 보세요)에서 2015~2016년에는 105까지 상승하는 등 꾸준한 강세를 이어갔습니다. 주가 비교 역시 중요한데요, 2010년 1월을 기준으로 코스피 지수와 S&P500 지수를 100으로 환산한 그래프입니다. 코스피 지수는 2010년 100에서 2020년 말 150 수준까지 상승한 반면, S&P500 지수는 2010년 100에서 2020년 말 300을 넘는 상승세를 보였죠. 지금 많은 사람들이 미국 투자를 선호하는 이유도 여기서 찾을 수 있을 듯합니다.

과거 이야기를 다소 지루할 정도로 길게 설명한 이유는 1980년 대에는 미국의 소비가 위축될 때 일본이라는 수요가 존재했다는 것을 알아야 하기 때문입니다. 2000년대에도 마찬가지였죠. 미국의 소비가 위축되는 시기에는 이머징을 비롯한 Non-US 국가들의 수요가 이를 상당 수준 보완해주었고, 그런 도움을 받은 덕분에 회복할 수 있었습니다.

단일 엔진으로 날아다니는 비행기보다는 양쪽 날개의 엔진을 모두 가동하는 비행기가 더 안정적이지 않을까요? 지금 저성장·저물가의 늪에서 헤어나기 위해 미국 정부와 Fed는 고압경제라는 해결책을 가지고 나왔지만 이는 미국만의 경기 회복을 의미할 가능성이 높습니다. 그리고 이미 미국 경제 주체들의 부채가 크게 늘었기에, 그리고 미국의 재정 적자도 심각하고 무역 적자 역시 상당하기에 지속가능성 여부에서는 물음표가 생겨날 수밖에 없죠. 이를 메워주기 위해 Non-US 국가들의 수요 성장이 함께할 필요가 있습니다. 그래서 그런 그림이 그려졌던 과거의 상황을 잠시 설명한 겁니다.

아마 여기까지 읽으면 이런 생각이 들 겁니다. '좋아. 무슨 이야기인지는 알겠는데, Non-US 국가들이 지금 소비를 늘릴 정도로 양호한가?'라는 거죠. 네, 물론 미국 이상으로 Non-US 국가들의 상황이 어려운 것은 사실입니다. 특히 일부 이머징 국가들의 경우 코로나19 이후 부채가 너무 크게 늘어났는데, 이걸 감당하는 것 자체가 매우 부담스러울 정도니까요.

여기서 이런 이야기를 해봅니다. 우선 미국 Fed의 통화 완화가 보다 강하게 이어질 필요가 있다는 겁니다. 미국이 달러 공급을 늘리게 되면 달러는 약세 기조를 보이게 되겠죠. 그럼 Non-US 국가들이 금리를 낮추는 등 돈을 풀어 경기를 부양하는 데 드는 부담을 상당 부분 덜 수 있습니다. 미국이 금리를 올릴 때 Non-US 국가들이 금리를 내리면 대규모 자본이 미국으로 이동하게 되면서 Non-US 국가들이 위기에 처할 수 있음을 언급한 바 있습니다. 그러나 미국이 계속해서 강한 완화적 통화정책을 이어간다면 Non-US 국가들이 어느 정도 경기부양에 나설 수 있는 여지를 마련할 수 있겠죠. 마치 2016년에 Fed가 금리 인상 속도를 늦추면서 Non-US 국가들이 금리 인하 등 경기부양을 할 수 있는 여유를 확보해준 것과 비슷한 원리입니다.

중국이 환율전쟁을 일으키지 않는 것이 중요

미국의 보다 강한 통화 완화 정책 외에도 한 가지 말할 수 있는 것이 바로 중국의 내수 확대입니다. 내수 확대에 가장 필요한 조건은 위안화 절상과 금리 인하겠죠. 위안화 가치가 상승하게 되면 해외에서 수입되어 들어오는 제품의 가격을 낮출 수 있습니다. 수입 물가가 낮아지게 되면서 물가가 안정이 되면 중국 당국은 금리 인하에 나설 수 있죠. 이 경우 물가는 안정되어 있는데 경기부양을 위한 강한 정책이 나오니 중국의 소비 수요가 크게 확대될 수 있습니다.

중국은 Non-US 국가들, 특히 이머징 국가들에게는 참 독특한 존재입니다. 이머징 국가들은 중국과 수출 경쟁을 하죠. 중국 역시 수출 성장이 상당히 큰 비중을 차지하는 국가니까요. 그리고 중국은 이머징 국가들의 제품을 수입하여 소비하는 수입국이기도 합니다. 한국 역시 대중국 수출의 비중이 상당히 큰 편이죠. 그럼 이머징 국가들에게 있어 중국은 수출 경쟁국이자 자신들의 물건을 사주는 국가죠. 그럼 위안화 가치가 절하된다면 어떤 일이 벌어질까요?

이머징 국가 통화가치보다 위안화 가치가 하락하게 되면 중국은 다른 이머징 국가들보다 수출에서 가격 경쟁력을 갖게 될 겁니다. 위안화 표시 제품이 더 저렴하니 미국과 같은 수입국에서는 중국 제품을 선호하게 되겠죠. 그리고 중국이 이머징 국가들로부터 제품을 수입할 때에는 더 많은 위안화를 지불해야 할 겁니다. 위안화 가치 하락으로 인해 수입 물가가 상승하게 되면서 이머징 국가들의 제품을 사들일 때 부담을 느끼게 되는 거죠. 네, 간단히 정리하자면, 위안화 가치가 하락할 경우 이머징 국가들은 수출에서 중국에 밀리게 되고, 중국 자체에 수출할 때에도 어려움을 겪게 되는 것이죠.

그렇기에 대부분의 이머징 국가들은 위안화 가치에 매우 민감한 반응을 보입니다. 그래서 위안화 가치가 하락하면 그만큼 자국 통화가치를 낮추면서 충격을 최소화하고자 노력하죠. 위안화 가치가 하락하면 다른 나라들이 자국 통화가치를 경쟁적으로 낮추는 환율전쟁이 보다 심해지곤 합니다.

갑자기 환율전쟁 이야기가 나왔습니다. 환율전쟁은 글로벌 수요를 좀먹는, 물가 상승을 억제하는 악재라고 했죠. 위안화 가치 하락은 환율전쟁의 기폭제가 될 수 있기에 유의해야 할 요인입니다. 그럼 반대로 생각해보죠. 만약 위안화 가치가 상승한다면 어떤 일이 벌어지게 될까요?

네, 앞서 말씀드린 요인들과 반대의 움직임이 나타날 겁니다. 그냥 한 줄로 정리하죠. 환율전쟁이 상당히 약화될 수 있습니다. 위안화가 강세를 보이기에 다른 Non-US 국가들이 자국 통화가치가 상승하는 현상이 나타나도 부담이 훨씬 덜한 겁니다. 내 나라 통화가치만 상승하고 다른 나라 통화가치는 하락한다면 수출할 때 이른바 독박을 쓸 수 있는데요, 내 나라 통화가치가 오른 만큼 다른 나라 통화가치도 상승한다면 그 부담이 한결 덜하겠죠. 중국이 위안화 가치의 상승, 즉 위안화 절상을 받아들이게 되면 환율전쟁이라는 악재 역시 한풀 꺾이게 되는 겁니다.

| 아름다운 강세장은 각국의 공조 속에서 피어난다

이제 미국의 완화적 통화정책 유지와 중국의 위안화 절상 및 내수 확대라는 두 가지 스토리를 연결합니다. Non-US 국가들은 저금리를 유지하면서 경기부양에 나설 때 미국 눈치를 보지 않을 수 없죠. 미국이 금리를 올릴 때 저금리를 유지하는 이른바 역주행을 했다가는 자본 유출의 직격탄을 맞게 되니까요. 그런데 미국이 계속해서 달러 공급을 늘리고 있고 금리 인상 역시 계속해서 늦춥니다. 그럼 Non-US 국가들이 저금리를 유지하면서 경기부양을 하기에 아무래도 유리하겠죠. 여기에 중국이 위안화 절상을 받아들여주면서 내수 확대를 해준다면 Non-US 국가들 역시 자국 통화가치의 경쟁적 절하를 의미하는 환율전쟁에 나서지 않을 수 있을 겁니다.

꿈같은 이야기인가요? 꼭 꿈만은 아닌 것이 2016~2017년에 이런 비슷한 그림이 펼쳐졌던 바 있음을 앞에서 이야기했습니다. 미국은 금리 인상을 최대한 늦추면서 Non-US 국가들이 금리 인하 등 경기부양에 나설 수 있는 여지를 만들어줬고, 이들은 금리 인하 및 자국 통화가치 절상을 받아들이면서 본격적인 성장을 창출했던 것이죠. 2017년의 아름다운 강세장은 이런 각국의 국제 공조 하에서 꽃을 피웠답니다.

물론 아직은 가시화되지 않은 이야기지만 전 세계 국가들은 지금의 저성장·저물가 기조에서 벗어나고자 사력을 다하고 있습니다. 기존에 해왔던 패턴에서 벗어나 무리수를 두기도 하죠. 물가 상승을 제어하는 데 앞장서는 이른바 인플레이션 파이터였던 Fed가 지금은 디플레이션 파이터로 변신하여 경기부양에 전념하고 있습니다. 미국과 중국이 지금은 갈등을 빚고 있지만 저성장·저물가의 늪에서 빠져나오기 위한 노력과 갈등의 과정 속에서 방금 말한 것과 같은 국제 공조 역시 가능하지 않을까 하는 기대를 가져봅니다. 물론 거기까지 가는 과정에서 수차례 금융시장이 흔들리는 국면들이 펼쳐질 수 있겠죠. 하지만 이런 갈등의 과정 속에서 공조의 싹이 트지 않을까 생각해봅니다.

| 미래 시나리오를 그리면 나만의 포트폴리오 완성

소설처럼 들리겠지만 국제유가 급락의 갈등 국면에서 국제 공조를 통해 OPEC+를 만들어낸 사우디아라비아와 러시아의 사례를 생각해보면 불가능한 이야기도 아닐 것이라 생각합니다. 이를 통해 세계 경제라는 비행기가 미국의 수요 성장이라는 싱글 엔진이 아닌 전 세계 수요 성장이라는 멀티 엔진에 의해 균형 잡히고 지속 가능한 비행을 할 수 있기를 기대해봅니다. 네, 낙관의 편향을 가지고 있는 저는 저성장·저물가 국면에서 벗어나 고성장·고물가나 고성장·저물가 국면으로 이동할 수 있을 것이라고 생각하고, 또 희망합니다.

그럼 이런 저의 시나리오를 앞의 사분면에 연결한다면 어떤 식으로 포트폴리오를 구성할 수 있을까요? 아직은 저성장·저물가의 국면에 머물러 있기에, 그리고 고성장·고물가 국면으로 넘어가기에는 시간이 필요할 것이기에 이런 시간적 흐름을 고려할 필요가 있을 겁니다. 그럼 당장은 포트폴리오에 저성장·저물가 국면에서 유리한 자산들을 높은 비중으로 담아두는 것이 필요하겠죠. 성장주와 채권, 그리고 금을 담아두는 것이 좋을 겁니다. 그렇지만 이후 고성장·고물가 국면으로의 전환을 고려해야 할 겁니다. 네, 시간을 두고 중후장대 관련 섹터에 대한 비중, 혹은 금융주에 대한 비중을 조금씩 확대하면서 고성장·고물가 국면에서 취약한 채권 자산의 비중을 조금씩 줄여나가는 포트폴리오 전략이 적절할 것이라고 봅니다.

그리고 지역 측면에서는 미국 관련 자산에 대한 비중 혹은 선진국 관련 자산의 비중이 높지만 시차를 두고 조금씩 신흥국 자산의 비중, 특히 중국 자산의 비중을 늘려가는 전략 역시 주요하겠죠. 하나 더, 저성장·저물가 국면에서 고성장·고물가 국면으로 전환되는 갈등 구조하에서 수차례 금융시장이 불안한 모습을 보일 수 있다는 말을 했습니다. 포트폴리오 전체가 불안한 흐름을 보일 때에는 내 포트폴리오를 위험에서 보호하는 보험자산이 필요하겠죠? 네, 대표적인 안전자산인 달러 역시 포트폴리오에 일부 편입하면서 자산 가격 조정에 대비해둔다면 중간중간 금융시장이 흔들리는 국면에서도 중장기적 관점에서 무게중심을 잡고 나만의 투자 방식을 이어갈 수 있으리라 생각합니다.

부의 시나리오

경제 데이터로 완성하는
최적의 포트폴리오

먼저 이번 책에서 다룬 내용을 간단히 정리해보겠습니다. 첫 번째 장에서는 금융위기 이후, 그리고 코로나19 이후 심화된 저성장·저물가 기조에 대해서 자세히 다루어보았습니다. 현재 상황에 대한 인식에 도움이 될 수 있도록, 그리고 최근 나오는 기사들 중 적어도 중앙은행의 정책 부분을 읽을 때 이해할 수 있도록 최대한 쉽게 쓰려고 노력했습니다. 첫 번째 장을 통해 지금이 저성장·저물가 시기이고, 중앙은행들이 어떤 노력을 하는지를 볼 수 있었을 겁니다.

두 번째 장에서는 한국의 정책에 대해 적어봤습니다. 사람들이 가장 궁금해하는 것 중에 '금리는 계속 내리면 좋은 것 아닌가?'라는 질문에 대한 답을 하면서 우리나라가 Fed처럼 양적완화 등을 마음껏 하는 것이 어려운 이유에 대해 설명했습니다.

세 번째 장에서는 왜 지금 중앙은행들이 인플레이션보다 디플레이션에 더 신경을 쓰는지를 정리해보았죠. 그리고 이를 인식한 Fed의 정책 스탠스가 인플레이션 파이터에서 디플레이션 파이터로 전환해왔던 과정 역시 다루어보았습니다. 그리고 왜 이런 노력을 경주하고 있음에도 불구하고 물가가 오르지 않는지를 자세히 설명했죠. 거기에다 저성장·저물가 상황에서 빠져나오기 위해 필요한 고압경제가 무엇인지 알아봤습니다.

마지막 장이 핵심인데요, 부의 시나리오에서는 이 책 전반에 걸쳐 다루고 있는 '성장'과 '물가'를 두 개의 축으로 해서 네 가지의 시나리오를 구성했습니다. 그리고 시나리오별로 주식, 채권, 대체자산들의 움직임을 살펴보았죠. 첫 번째 장에서 다루었던 저성장·저물가 시기와 중앙은행의 정책 이슈를 통해 현재 국면을 정의하고, 세 번째 장에서 다루었던 고압경제를 통해 향후의 변화 방향에 대해 가늠해보았습니다. 네 가지 시나리오는 그 자체로 정체되어 있는 것이 아니라 계속해서 바뀌어나가겠죠. 현재는 저성장·저물가 시나리오지만, 고압경제를 통해 다른 시나리오 국면으로 변화할 수 있습니다. 우리는 그런 변화에 대비할 수 있도록 다양한 시나리오를 예상하며 내 포트폴리오를 지킬 수 있는 계획을 세워야 한다는 것을 당부했습니다.

이번 책처럼 여러 가지 주제로 짤막한 글을 쓰다 보면 어떤 일련의 흐름이 없이 지식의 나열이 되어버리는 문제가 생기곤 합니다. 저도 이런 점을 크게 우려했기에 초기 책의 기획 단계에서 고민을 많이 했습니다. 토막 글을 하나로 꿰어낼 수 있는 핵심 메시지를 잡고, 그 메시지를 설명하기 위해 챕터를 나누고 배치해서 자연스럽게 설명이 이루어질 수 있도록 노력했습니다. 기획은 그렇게 했지만 실제 읽었을 때 복잡하게, 혹은 흐름이 이어지지 않는 것처럼 느껴진다면 그건 저의 불찰이라고 생각합니다.

코로나19 사태 이후 나타난 동학개미운동과 경제에 대한 깊은 관심, 그리고 주식 투자 열풍을 바라보면서 한편으로는 투자 활성화가 필요하다는 생각을 하면서도 다른 한편으로는 쏠림 현상이 나타나는 것에 대한 부작용을 걱정했습니다. 과열이나 쏠림이 나타난 이후에는 상당히 큰 후유증이 따를 수 있기 때문이죠. 이에 포트폴리오 분산투자에 대한 메시지를 전하고자 했고, 단순히 여러 자산을 나누어 사라는 조언보다는 경제 상황을 반영한, 시나리오 베이스의 포트폴리오 분산투자를 고민해볼 것을 제안하고 싶었습니다. 그리고 이 책을 통해서 단순히 '어디에 투자해라', '어떤 포트폴리오를 짜라'가 아니라 중요한 경제 데이터를 중심으로 어떻게 포트폴리오를 짤 수 있는지 콘셉트와 아이디어를 전해보았습니다. 설명한 네 가지 시나리오를 보다 깊이 있게 학습한다면 더 풍성하고 효과적인 포트폴리오가 만들어질 것으로 기대합니다.

이런 의도와 노력이 여러분의 투자에 부족하나마 도움이 될 수 있기를 진심으로 바라며 졸작을 줄이겠습니다. 감사합니다.

금융 공부를
시작하는 법

마켓에 대한 전망이나 현상을 어떻게 해석하냐는 질문도 많지만 가장 많이 받는 질문은 바로 "금융에 대한 공부를 어떻게 하면 좋을까요?"입니다. 이런 질문을 받을 때마다 한 가지 막연한 생각과 두 가지 우려가 생깁니다.

한 가지 막연한 생각이라 함은 이 질문이 "영어 어떻게 하면 잘할 수 있어요?"라는 질문과 상당히 비슷하기 때문입니다. 이런 질문에 간단히 답하면 상당히 성의가 없어 보입니다. 예를 들어 "매일 영어를 듣고 읽으시면 돼요"라는 답변이죠. "영어 공부에는 왕도가 없습니다"라는 첨언도 함께요. 만고의 진리이고 반론 불가한 이야기지만 이런 답변은 언뜻 매우 맥이 빠지는 느낌을 줄 수 있죠. 마찬가지로 "매일 금융 공부하세요"라는 이야기만으로는 무언가 부족하기에 어디서부터 어떻게 답해야 할지 참 막연한 느낌을 받게 됩니다.

두 가지 우려 중 첫 번째는 제가 이런 질문에 답을 할 수 있을 정도의 전문가인가 하는 생각입니다. 각종 방송이나 인터뷰에 출연할 때 느끼는 감정하고 비슷한데요, 특히 「삼프로TV」에 출연할 때는 이런 부담을 상당히 크게 받습니다. 채널의 부제가 '경제의 신과 함께'잖아요. '나는 그런 말을 들을 레벨이 전혀 아닌데'라는 생각과 '대단한 전문가는 아닐지라도 지금 전달한 내용이 청취자분들께 작게나마 도움이 되어야 하는데'라는 생각이 계속해서 교차하는 겁니다. '금융 공부를 어떻게 하느냐'는 질문에 답할 때에도 이런 느낌을 받습니다. 그렇다고 전문가에게 문의하라고 답하는 것은 더욱더 성의 없어 보이겠죠.

하나 더, 답을 하다 보면 제가 과거에 어떻게 공부를 해왔는지에 대한 이야기로 흘러가게 되더군요. 그럼 그 유명한 '라떼는 말이야' 드라마가 탄생하게 됩니다. 사람마다 다 각자에게 맞는 공부 방법이 있다고 생각합니다. 특정인이 자신에게 맞는, 그리고 어쩌면 운이 따라줘서 할 수 있었던 방법을 일반화해서 '이게 정답이다'라고 말하는 오류를 범할 가능성이 상당히 높죠.

이런 이유들로 이 질문을 받으면 참 많은 고민을 하게 됩니다. 그래도 이왕 제목으로 뽑아봤으니 말은 해봐야겠죠? 그냥 이 책의 저자는 이런 식으로 공부했구나 정도로 읽어보셨으면 합니다.

2004년 가을이었습니다. 당시에 근무하고 있던 은행에서 해외 펀드를 판매하기 시작했고, 저는 고객 상담을 위해서 해외 펀드에 대한 교육을 받아야 했습니다. 사실 '우리나라 주식시장도 제대로 알지 못하는데 무슨 해외 투자 공부를 해' 하는 생각이 앞섰는데, 생각보다 교육 과정이 나쁘지 않았습니다. 당시 유럽은 유로화가 출범된 지 얼마 되지 않은 상태인지라 약간의 혼란이 있었지만 빠른 회복세를 보이고 있었고, 일본은 '잃어버린 10년(2004년 당시에는 10년이라는 표현을 썼습니다. 지금은 잃어버린 4반세기로 바뀌었지만요)'에서 벗어나고 있었죠. 그리고 미국 경제 역시 IT 버블과 9·11테러로 인한 경기 침체에서 벗어날 것이라는 전망이 강했답니다. 그리고 당시에는 중국을 비롯한 이머징 시장에 눈을 돌려야 한다는 이야기가 많았답니다.

그렇지만 이렇게 한두 번의 교육을 받는다고 해서 머리에 남는 것이 아니죠. 휘발성이 워낙에 강한지라 다음 날이면 잊어버리게 되는데요, 그걸 저의 지식으로 만들 필요가 있었답니다. 그래서 직접 펀드에 가입을 했죠. 너무 작은 금액으로 가입하면 진짜 잊어버리게 되고 큰 금액은 사회 초년생에게 부담이 되니까 약간 신경

이 쓰이는 금액으로 세 개의 펀드에 가입을 했습니다. 당시 중국 펀드 하나, 국내 주식형 펀드 하나, 그리고 태평양 펀드라고 해서 호주·일본 등의 태평양 연안 국가들에 분산투자하는 펀드를 하나 가입했습니다. 그리고 각 펀드의 움직임을 매일매일 기록으로 남기고자 노력했죠. 이유가 맞든 틀리든 상관하지 않았습니다. 웹서핑을 통해서 국내 주식이 오늘 왜 오르고 내렸는지, 그리고 중국과 일본 등의 해외 시장이 왜 흔들렸는지 등을 계속해서 트래킹 했습니다.

지금하고는 사뭇 다른 것이 2004년 당시에는 경제 매체가 그렇게 많지 않았습니다. 그리고 지금처럼 자세한 설명을 담거나 해외 유명 언론의 내용을 빠르게 번역해서 게시해주는 기사도 흔하지 않았답니다(아, 벌써 '라떼는 말이야'가 나오니 두렵습니다). 생각보다 많은 시간을 웹서핑에 썼던 것 같고요, 그렇게 기사들을 열심히 읽었죠. 아마 이런 질문이 생길 듯합니다. 왜 책을 읽지 않았냐고, 혹은 왜 증권사 애널리스트들의 리포트를 읽지 않았느냐고요. 저도 읽고 싶었는데요, 우선 책은 따분하게 느껴지기도 했고 당시의 저에게는 매우 어렵게 느껴졌습니다. 당시 서점에 가서 매크로 경제 관련 도서를 보면 대부분 번역서가 많았는데요, 개인적으로 초심자에게는 번역서를 그리 추천하지 않습니다. 번역서는 아무래도 흐름을 따라가기에 조금 불편한 점이 있어요. 마치 외국인이 한국 말하는 느낌……. 가뜩이나 내용도 친숙하지 않은데 문투까지 맞지 않으면 조기에 포기할 가능성이 높죠. 저 역시 그런 사람 중 하나였답니다. 증권사 리포트 역시 하나의 장벽처럼 느껴졌답니다. 외계어가 난무한다는 생각이 들었죠. 다만 경제신문 기사는 잘 이해는 안 되어도 무언가 알 듯 말 듯한 그런 느낌이 있었죠.

여기서 두 가지 조언을 드리고 싶습니다. 우선 첫 번째는 기사를 읽다가 갑자기 외계어로 된 문장이 나오면서 한국말인데 하나도 이해가 안 되는 부분이 종종 등장할 겁니다. 여기서는 그냥 넘어가면 안 되고요, 웹서핑이나 유튜브 등을 보면서 파고들어 가는 게 매우 중요합니다. 물론 처음 하면 기사 한두 개 보고 거의 탈진 상태에 빠지게 될 텐데요, 이게 쌓이고 쌓이다 보면 그게 내공이 되는 것 아닌가 생각합니다.

두 번째는 읽고 듣는 것만으로는 한계가 있다고 생각합니다. 기억에 잘 남지를 않거든요. 직접 말하고 써보는 게 중요합니다. 말하기는 스스로를 가르친다고 생각하고 말하면…… 조금 이상한 사람 같으니 생략하고요, 일기를 쓰는 것처럼 스스로 시장에 대해 분석해서 글로 남겨보는 것이 좋습니다. 글을 쓰려면 우선 형식을 만들어야 하죠. 그리고 그 형식에 맞춰 콘텐츠를 만들어넣어야 합니다. 콘텐츠를 만들기도 어려운데, 정제된 형식까지 갖춰야 하니 초반에는 상당히 힘겹습니다. 그래도 이 역시 축적되면 나만의 내공이 될 수 있겠죠.

이 글쓰기는 나의 사생활을 적는 일기가 아니고 스스로 시장을 보는 시각을 적는 겁니다. 저는 목적에 충실하면서도 계속하는 동력을 만들기 위해 2005년 3월부터 제 글을 사내 메신저를 통해서 직원분들과 공유했습니다. 당시 너무 보잘것없는 내용이었기에 반응을 보이지 않는 분들이 많았지만 젊은 친구가 열심히 한다고 격려해주는 분들도 있었죠. 그리고 저만의 구어체 문투를 선호해주는 분들도 있었습니다. 바빠서 글을 쓰지 않은 날은 "오늘은 글 쓴 게 없나요?"라는 메시지를 받기도 했습니다. 이런 게 상당한 에너지를 주고요, 또 스스로를 강제하는 동력이 됩니다. '일주일에 네 개, 시장 관련 에세이를 쓰자'라고 생각하고 성심껏 적었죠. 글도 많이 쓰면 쓰는 속도가 빨라집니다(물론 타자 속도가 빨라지는 게 더 크다고 생각합니다. 전 독수리 타법인데 16년을 쓰다 보니 슈퍼 독수리가 되었어요). 그리고 소재를 찾는 속도가 빨라지게 되죠. 마지막으로 글을 쓰게 되면 그 기억이 보다 오래가게 됩니다.

자, 여기서 잠시 다른 이야기를 해볼게요. 금융시장의 현상을 분석할 때는 두 가지를 봐야 하죠. 지금 현재의 수많은 지표들, 즉 현황을 봐야 합니다. 지금의 모습 그 자체죠. 그리고 과거로부터의 흐름 역시 함께 봐야 합니다. 저라는 사람이 가지고 있는 사고방식이나 지식 등은 '내가 살아온 과거의 총합'입니다. 금융시장 역시 마찬가지죠. 예를 들어볼까요? 특정 국가의 실업률이 10퍼센트라고 합니다. 엄청난 실업률이죠. 10명 중에 1명이 실업자라는 이 야기입니다. 그럼 이런 국가의 주식시장이 좋을 수가 없겠죠. 그런 데 알고 봤더니 지난 30년 동안 평균 실업률이 30퍼센트였던 겁니다. 최근 빠르게 성장하면서 실업률이 가파르게 하락하고 있는 거죠. 네, 10퍼센트라는 실업률은 절대적으로는 좋지 않지만 과거에 비해서 계속해서 나아지고 있는 겁니다. 그래서인지 그 국가의 주식시장이 방긋 웃게 되는 거죠.

'아, 안다고! 현재 모습도 봐야 하지만 과거도 봐야 한다는 거 누가 모르냐'라는 생각이 드실 겁니다. 그런데요, 과거 금융시장 흐름을 공부한다는 것이 생각보다 쉽지 않습니다. 저 역시 마찬가지입니다. 마치 일주일 전의 날씨를 공부하는 것과 비슷한 느낌이죠. 여러분께 1년 전의 날씨를 설명하면 흥미가 생길까요? 맘잡고 과거를 공부하는 게 쉽지 않다면 현재에 충실해지는 게 중요합니다. 지금 우리가 공부하고 있는 금융시장의 모습도 미래의 우리가 바라봤을 때는 과거가 되겠죠. 지금부터라도 차곡차곡 쌓아나간다면 정말 중요한 자기만의 데이터가 될 겁니다. 책으로 보고 느끼는 것하고, 내가 직접 투자를 하고 그 흐름을 실시간 뉴스로 보면서, 나의 언어로 글을 쓰면서 배우는 것은 상당한 차이가 있습니다.

저는 2004년부터 시장을 봤다고 했죠. 글은 2005년부터 썼답니다. 그때 이후로는 시장의 흐름에 대한 기억이 생생합니다만 그 이전인 2000년 IT 버블 붕괴 때나 2001년 9·11테러, 2002년 월드 컴(World Com)의 파산, 2003년 이라크전이 있었던 시기 시장의 움직임은 책으로 본 것이 전부입니다. 저 역시 2000년 당시의 흐름을 설명할 때에는 제가 직접 겪었던 시기와 비교해 디테일에서 현격한 차이를 보입니다. 반면 2008년 금융위기나 그 이후의 회복 과정 등은 직접 겪었기에 친숙하게 느껴지죠.

지금부터 나만의 데이터를 쌓아나가는 것이 중요합니다. 지수가 몇 포인트였고 얼마 올랐다가 아니라 어떤 이슈가 있었고, 그이슈로 인해 주식은 어떻게 되었고, 금리는 어떻게 되었으며, 환율은 어떻게 반응했다라는 식의 스토리들과 스냅샷들을 그려나가는 것이 좋습니다. 분석을 위해서는 과거를 알아야 하는데 그게 현실적으로 쉽지 않으니 지금부터라도 나만의 데이터를 만들어가야 합니다. 그런데 매일매일 기록으로 남기는 건 워낙 힘든 일입니다. 페이스북에 글을 남기거나 블로그 등을 활용하는 것, 그리고 유튜브에서 나의 스토리를 말하는 것 등이 좋은 방법이 될 수 있습니다. 강추합니다.

또 경제신문 기사를 매일매일 읽는 것을 추천합니다. 과거에 비해 최근에는 《파이낸셜 타임스》나 《월스트리트저널》, 《니케이》 등의 주요 외신에서 보도된 내용이 꽤 빠른 속도로 번역되어 올라오곤 하죠. 그리고 요즘은 경제 전문 기자들이 다양한 그래프 등을 곁들이면서 구어체로 쉽게 설명해주는 특집 기사들도 자주 올려주곤 합니다. 저 역시 매일 읽으려고 하는데요, 《한국경제》김현석 기자님, 조재길 기자님이나 《서울경제》김영필 기자님, 《이데일리》이정훈 기자님 같은 분들의 시장 관련 브리핑 기사는 꾸준히 읽어보면 좋을 듯합니다. 그리고 유료 사이트이긴 하지만 보다 깊이 있는 내용을 원한다면 《글로벌 모니터》같은 사이트에 가입해서 안근모 편집장님 같은 분들의 내공 넘치는 분석 기사들을 읽어보는 것도 공부하는 데 도움이 되리라 생각합니다.

언론 보도 이외에도 다양한 공부 방법이 있죠. 우선 국제금융센터 사이트를 추천합니다. 유료 리포트도 많지만 데일리 리포트 등은 무료인 데다가 이른바 '고퀄'입니다. 저 역시 2007년부터 꾸준히 읽어오고 있습니다. 데일리 외신 자료의 주요 기사들을 전문가의 시각에서 깔끔하게 요약해서 게시해주고 있죠. 전문가가 맛있는 부위만 먹기 좋게 회를 떠놓은 느낌이라고 생각하면 될 듯합니다. 초심자들이 보면 상당히 딱딱하게 느껴질 수 있습니다만 꾸준히 읽어나가면 큰 도움을 받을 수 있을 겁니다. 이 외에 증권사 리포트나 블로그, 페이스북, 유튜브 등을 보는 방법이 있죠.

그리고 추천을 하기보다는 접근 방법에 대해 한 가지만 조언을 하고자 합니다. 이런 저런 자료들을 막연히 읽는 것보다는 두세 명 정도 나와 코드가 맞는다는 느낌이 드는 전문가의 자료를 꾸준히 읽어보는 게 좋습니다. 나하고 맞는 전문가를 찾으면 그 사람은 내 금융 학습의 멘토가 됩니다. 그리고 그 전문가에 대한 호감과 믿음이 생겨나면 그 사람의 과거 자료들도 읽어보게 되죠. 자, 여기서 포인트가 나옵니다. 앞서 과거 데이터를 공부하는 것이 현실적으로 쉽지 않다는 말을 했죠? 5년 전의 기사를 읽어보는 것, 이거 생각보다 어려운 일입니다. 그렇지만 내가 좋아하고 믿는 전문가가 있다면 그 사람이 과거에 했던 다양한 인터뷰나 강연 등을 캐치업하면서 과거의 흐름 역시 공부해볼 수 있지 않을까요? 그리고 그런 가상의 멘토들이 즐겨 쓰는 분석 방식이나 인사이트, 이런 것들은 향후 스스로 마켓을 분석할 때 쓸 좋은 도구가 될 겁니다. 참고로 저는 10~15년 전에 증권사 리포트 등을 읽을 때 몇몇 전문가의 글에 꽂혀서 그분들의 과거 자료까지 스크랩해서 모아두었고, 지금도 가끔씩 꺼내 읽곤 합니다. 그중에는 여전히 레전드이신 김일구 상무님이나 김학균 센터장님, 윤지호 센터장님, 고태봉 센터장님도 계시죠.

마지막으로 책에 대해서 말해볼까요. 어느 정도 신문 기사나 리포트가 익숙해진 이후에 책을 읽어보길 당부합니다. 그리고 처음에는 너무 어려운 책보다는 아주 쉬운 내용의 책을 접해보기를 추천합니다. 기사나 리포트에 익숙해진다는 이야기는 책에 나오는 단어 하나하나의 의미를 이해할 때 큰 부담을 느끼지 않는다는 것이고, 아주 쉬운 내용의 책부터 읽어나간다면 한 권 한 권 완독을 해가는 재미가 생겨나기 때문이죠. 가장 중요한 것은 흥미라고 봅니다. 그리고 여러 권의 책을 읽는 것도 좋지만 하나의 책을 수차례 읽어보는 것도 좋습니다. 저 역시 마찬가지였는데요, 경제 관련 도서는 읽더라도 휘발성이 매우매우 강합니다. 그렇기에 한 번 읽고 다음 번에 다시 읽을 때 정말 새롭다는 느낌도 종종 받곤 하죠. 그리고 일회독을 할 때에는 전혀 느끼지 못했던 저자의 메시지를 만나게 되는 경우도 많습니다. 경제라는 익숙하지 않은 영역과 친해지기 위해서는 자주 접하는 것이 중요하죠. 하나의 책을 수차례 읽으면서 경제 관련 도서를 부담없이 받아들일 수 있는 초석을 만들어간다고 생각하면 좋을 듯합니다.

쓰다 보니 '라떼는 말이야' 이야기가 너무 길어진 듯합니다. 정리를 해볼까요?

① 일정 금액 투자를 하면서 금융에 대한 관심을 갖자.
② 꾸준히 신문 기사를 읽자.
③ 매일매일의 흐름을 글로 기록하자.
④ 글을 매일 쓰기 위해 나 스스로를 강제하는 방법을 찾자(페이스북이나 블로그 운영 등)
⑤ 각종 매체에서 나만의 가상 멘토를 찾고 그들을 트래킹하자.

이런 방식을 통해서 나만의 과거 분석 데이터를 쌓고, 이를 바탕으로 현재를 진단하며 미래의 흐름을 조심스레 판단해보는 훈련을 반복하면 좋을 것으로 생각합니다.

영어를 잘하기 위해서는 매일매일 일상에서 영어를 써봐야 하고, 직접 영문 글을 써보고 원어민들과 대화를 하는 게 좋습니다. 금융 공부 역시 다르지 않죠. 전문가들에게 배우고, 스스로 체득하며, 투자를 통해서 실전 능력을 배양하는 겁니다. 결국은 공자님 말씀입니다. 왕도는 없고, 계속해서 관심을 갖고 학습을 해야 한다는 것이 핵심입니다.

끝으로 추천 도서를 몇 권 적으면서 답변을 줄입니다.

1. 이종헌, 『에너지 빅뱅』, 프리이코노미북스, 2017

초심자가 에너지 산업에 대한 공부를 시작하기에 최적의 책이라고 생각합니다. 과거 원유시장에 대한 이야기부터 각국의 에너지 패권을 위한 경쟁, 그리고 향후 흐름에 대한 설명까지 알기 쉽게 다루고 있죠. 신재생 에너지를 알기 위해서는, 그리고 인플레이션을 공부하기 위해서는 에너지 가격에 대한 이해가 필수입니다. 이에 최적의 책이라 생각합니다.

2. 찰스 윌런, 김희정 옮김, 『돈의 정석』, 부키, 2020

금융의 역사를 알기 쉽게 적은 역작입니다. 디플레이션과 인플레이션의 개념과 같은 기초적인 이야기부터 시작해 금융시장의 실제 흐름 속에서 어떤 이슈들이 부각되었는지, 그리고 화폐를 공급하는 중앙은행은 왜 지금과 같은 정책을 펴는지에 대해 재미있게 기술하고 있습니다. 금융시장의 역사와 통화정책을 공부하려는 초심자에게 적격인 책입니다.

3. 신환종, 『인플레이션 이야기』, 포레스트북스, 2021

올해 발간된 책인데 나오자마자 단숨에 읽었습니다. 현대 금융 시장의 역사를 인플레이션의 관점에서 설명하는 책은 많지 않고, 그나마도 학술적인 책이 대부분입니다. 저자가 증권사 리서치를 오래 하셨기 때문인지 매크로 경제의 흐름을 투자자의 관점에 도움이 되도록 썼습니다. 쉬운 책은 아니지만 과거부터 지금까지 매크로 경제 흐름을 공부하기에 좋습니다.

4. 오태민, 『비트코인은 강했다』, 케이디북스, 2017

암호화폐에 대한 책들은 많지만 그 원리를 구체적으로 설명한 책은 많지 않습니다. 이 책에 '비트코인 가격이 어떻게 된다'라는 전망은 없습니다만 화폐라는 관점에서 비트코인을 설명해주고 있죠. 암호화폐에 대한 이해를 한 단계 더 올리는 데 좋은 책이라고 생각합니다.

5. 아서 크뢰버, 도지영 옮김, 『127가지 질문으로 알아보는 중국경제』, 시그마 북스, 2017

책이 난이도가 조금 있습니다만 저자의 인사이트가 정말 훌륭합니다. 초심자에게는 조금 어려울 듯하고, 중국 금융시장에 대해 공부를 조금 더 깊게 하고자 하는 분들에게 추천하는 책입니다. 특히 중국의 성장 과정, 경제의 불균형, 그리고 부채의 리스크 등을 설명할 때에는 상당한 인사이트를 보여주죠. 중국에 대한 보다 깊은 학습을 원한다면 일독을 권합니다.

6. 최정혁, 『월가의 승자들』, 삼성경제연구소, 2021

거인의 어깨에 올라타서 금융시장을 보는 것이 필요하죠. 그렇지만 그런 거인이 교과서에 나오는 애덤 스미스(Adam Smith)나 알프레드 마샬(Alfred Marshall)과 같은 너무 옛날 사람인 경우가 많습니다. 이 책에서는 최근 월스트리트에서 성공적인 경영을 하고 있는 금융인들에 대한 흥미로운 설명이 가득합니다. JP모건(J.P. Morgan)의 제이미 다이먼(Jamie Dimon)을 비롯 레이 달리오(Ray Dalio)와 로이드 블랭크페인(Lloyd Craig Blankfein), 하워드 막스(Howard Marks) 등 요즘도 많이 회자되는 금융 전문가 11인에 대한 담론을 펼칩니다. 쉽게 읽히는 재미있는 책입니다.

7. 폴 볼커·교텐 토요오, 안근모 옮김, 『달러의 부활』, 어바웃어북, 2020

《글로벌모니터》의 안근모 편집장님이 직접 번역하신 책입니다. Fed의 전 의장이자 매파 중의 매파라고 하는 폴 볼커(Paul Adolph Volcker)가 쓴 책이죠. 1950~1980년대까지의 미국 금융시장의 역사를 공부하기에 더없이 좋은 책입니다. 다만 초심자가 읽기에는 다소 부담스러운 것은 사실이죠. 중앙은행 정책에 대한 일정 수준의 이해가 선행된 이후에 읽어보면 좋을 책입니다.

8. 박종훈, 『부의 골든타임』, 인플루엔셜, 2020

박종훈 기자님이 쓰신 책입니다. 현재 저성장·저물가 국면을 만들어내는 핵심인 글로벌 부채 사이클을 중심으로 금융위기 이후의 금융시장 흐름을 재미있게 풀어줍니다. 중앙은행이 쓰고 있는 정책과 그런 정책들이 시장에 미치는 변화들에 대해 깊이 있으면서도 편안하게 공부할 수 있는 책이라고 생각합니다.

9. 김동주, 『절대수익 투자법칙』, 이레미디어, 2020

김동주(김단테)님은 과거에 레이 달리오의 『Big Debt Crises』를 직접 번역하여 네이버 블로그에 공유해줄 때부터 익히 듣던 분입니다. 달리오의 '올웨더 포트폴리오(All-weather Portfolio)'를 적용한 투자 방식을 쉽게 공부할 수 있는 책입니다(참고로 레이 달리오의 책은 2020년에 『레이 달리오의 금융 위기 템플릿』이라는 이름으로 국내에 번역 출간

되었습니다).

10. 차현진, 『숫자 없는 경제학』, 인물과사상사, 2011

개인적으로 이런 책을 써보고 싶습니다. 단 하나의 그래프도 없이 금융 역사에 대해 담백하고 재미있게 풀어가는 책입니다. 쉬운 내용은 아니지만 초심자들이 역사책을 읽듯이 편하게 읽을 수 있게 구성되어 있는데요, 저자가 최근에도 이어가고 있는 언론사 기고도 함께 곁들이면 보다 흥미롭게 공부할 수 있을 겁니다.

부의
시나리오

초판 1쇄 발행 2021년 6월 7일
초판 31쇄 발행 2024년 10월 21일

지은이 오건영
펴낸이 김선준

편집이사 서선행
책임편집 최구영
편집3팀 최한솔, 오시정
마케팅팀 권두리, 이진규, 신동빈
홍보팀 조아란, 장태수, 이은정, 권희, 유준상, 박미정, 이건희, 박지훈
디자인 김세민
경영관리팀 송현주, 권송이, 정수연
외주 교정교열 이주희   **본문디자인** 두리반   **일러스트** Jin Jung

펴낸곳 페이지2북스   **출판등록** 2019년 4월 25일 제 2019-000129호
주소 서울시 영등포구 여의대로 108 파크원타워1 28층
전화 070)4203-7755   **팩스** 070)4170-4865
이메일 page2books@naver.com
종이 (주)월드페이퍼   **인쇄** 더블비   **제본** 책공감

ISBN 979-11-90977-26-5 (03320)